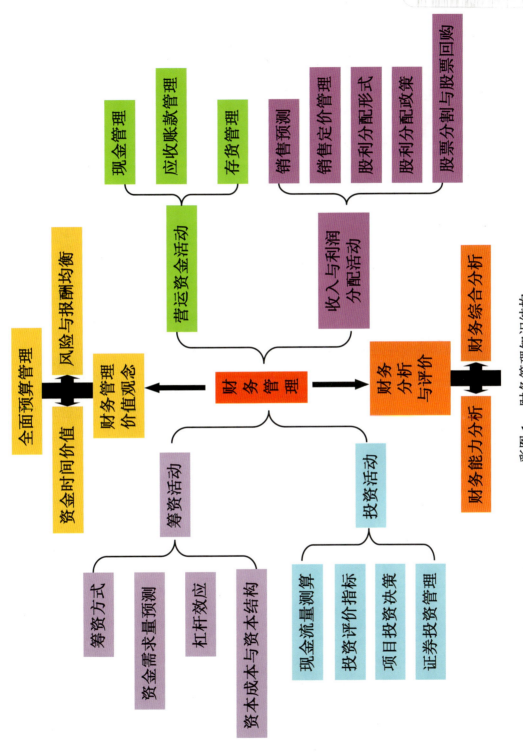

彩图 1　财务管理知识结构

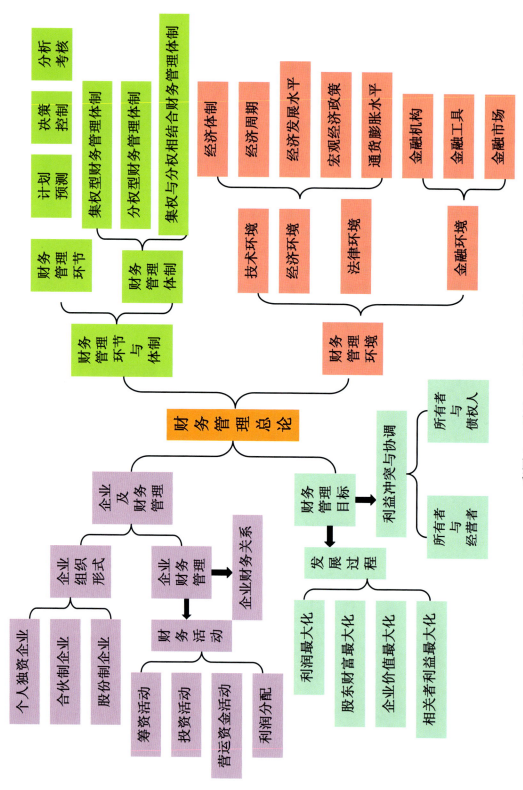

彩图 2　项目 1—财务管理总论

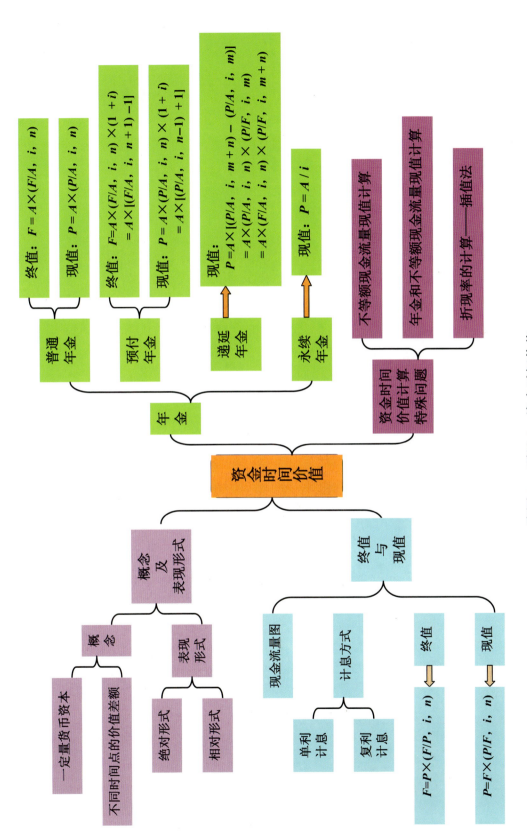

彩图 3　项目 2——资金时间价值

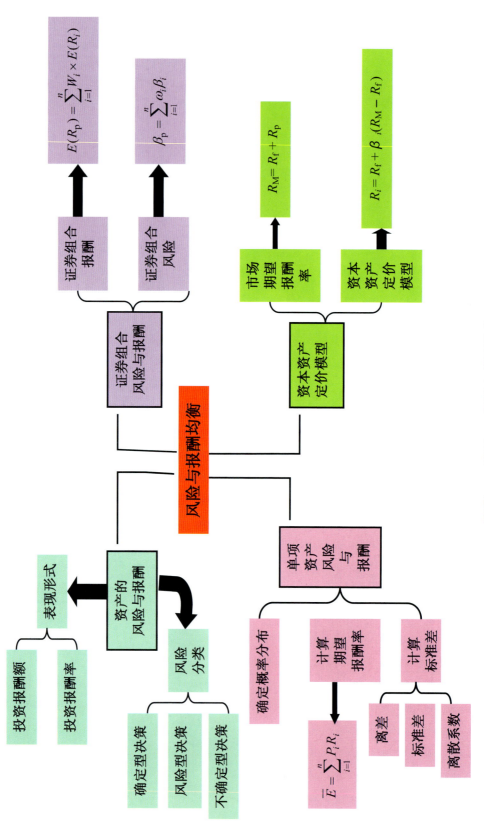

彩图 4 项目 2—风险与报酬均衡

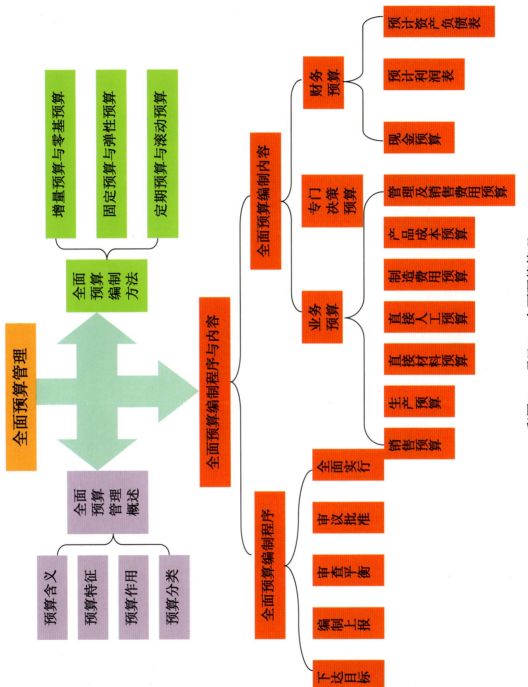

彩图 5　项目 3—全面预算管理

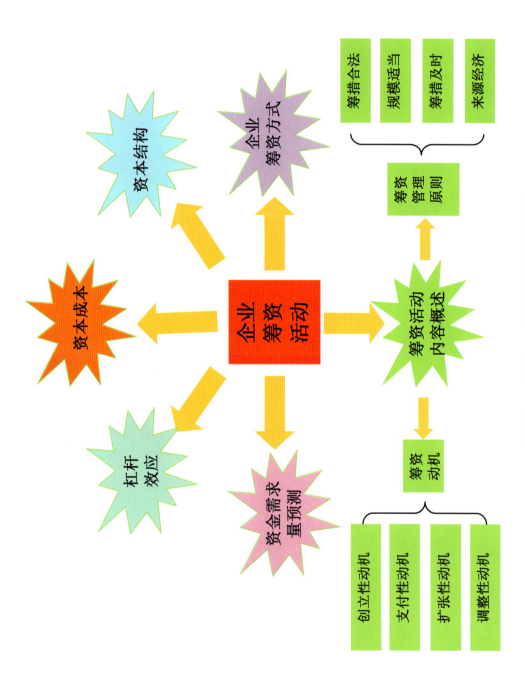

彩图 6　项目 3——企业筹资活动内容概述

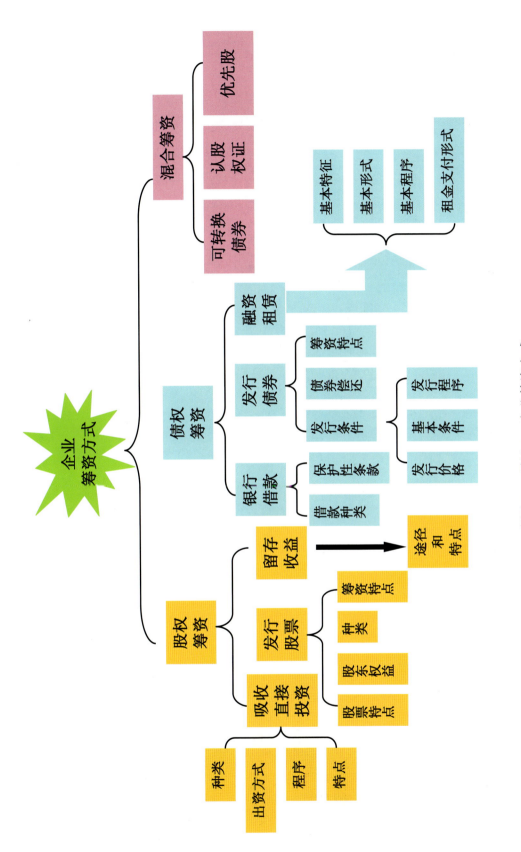

彩图 7　项目 4—企业筹资方式

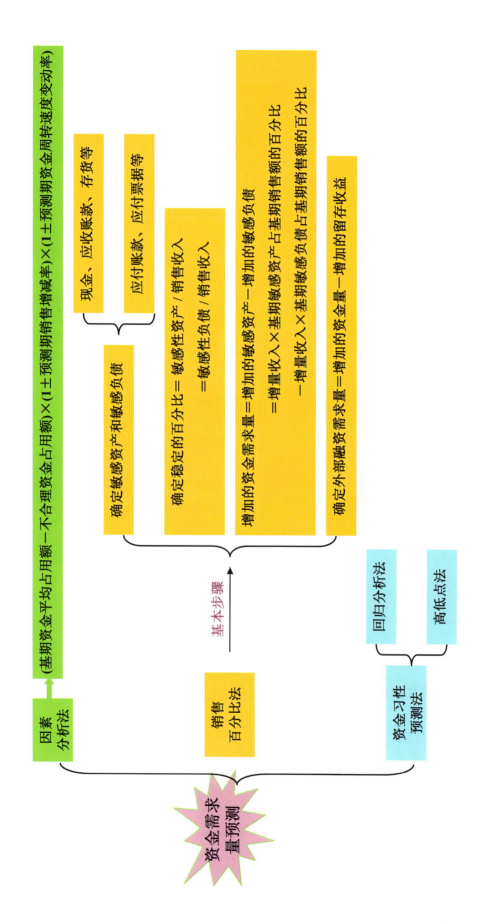

彩图 8　项目 4——资金需求量预测

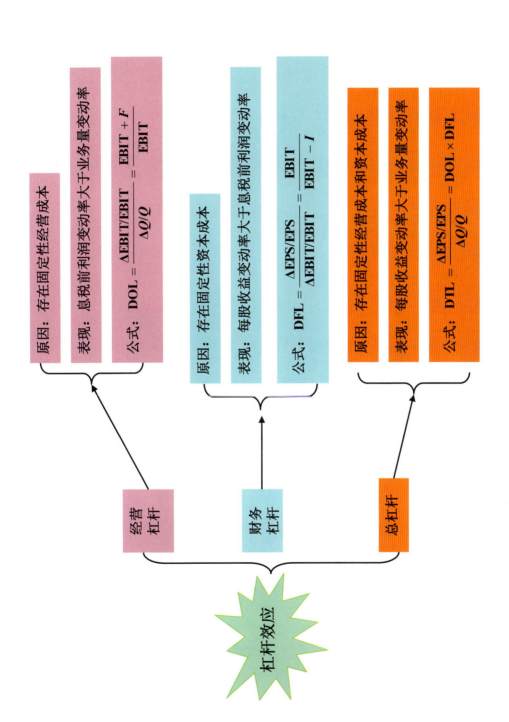

彩图 9　项目 4—杠杆效应

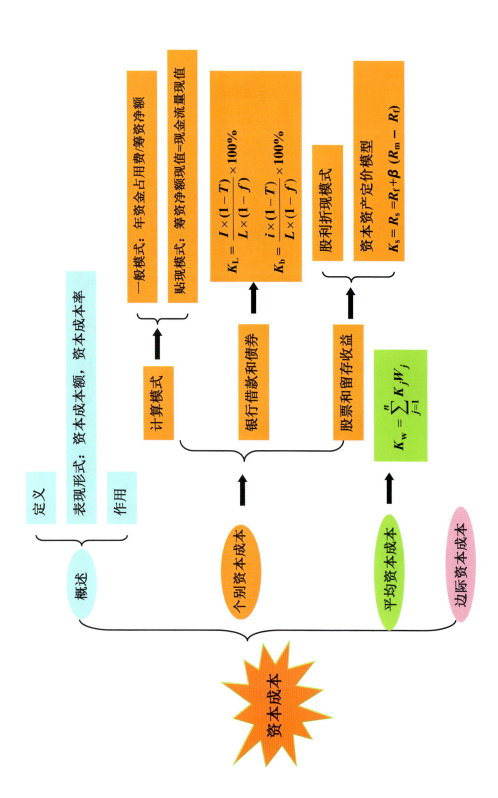

彩图 10　项目 4—资本成本

资本结构：长期债务资本与股权资本的构成及其比例关系

最佳资本结构：企业价值达到最高，资本成本达到最低

① 资本成本比较法：$K_w = \sum\limits_{j=1}^{n} K_j W_j$ 低者为优

② 每股收益分析法：$EPS = \dfrac{(EBIT - I) \times (1-T) - D}{N}$

$\dfrac{(EBIT - I_1) \times (1-T) - D_1}{N_1} = \dfrac{(EBIT - I_2) \times (1-T) - D_2}{N_2}$

预期息税前利润>息税前利润均衡点，选择债务筹资；

预期息税前利润<息税前利润均衡点，选择股权筹资

③ 企业价值分析法：计算公司价值 V

计算平均资本成本 K

选择平均资本成本最低，企业价值最高的资本结构

最佳资本结构

资本结构优化方法

资本结构

彩图 11 项目 4—资本结构

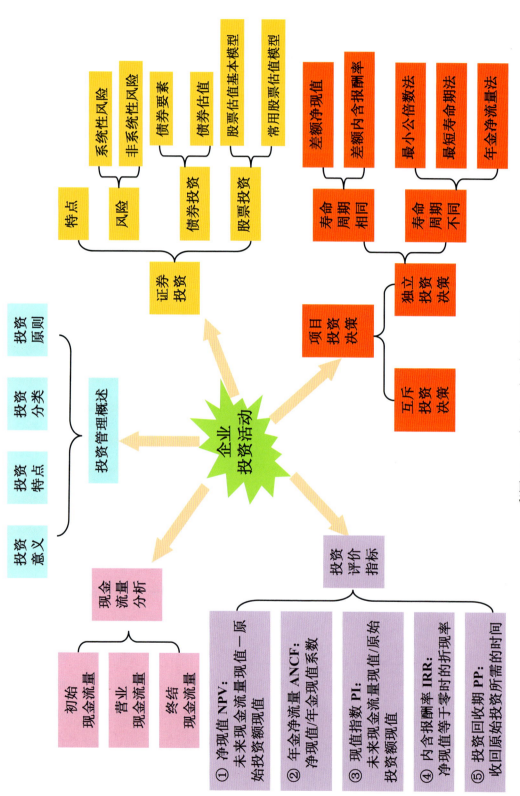

彩图 12　项目 5—企业投资活动

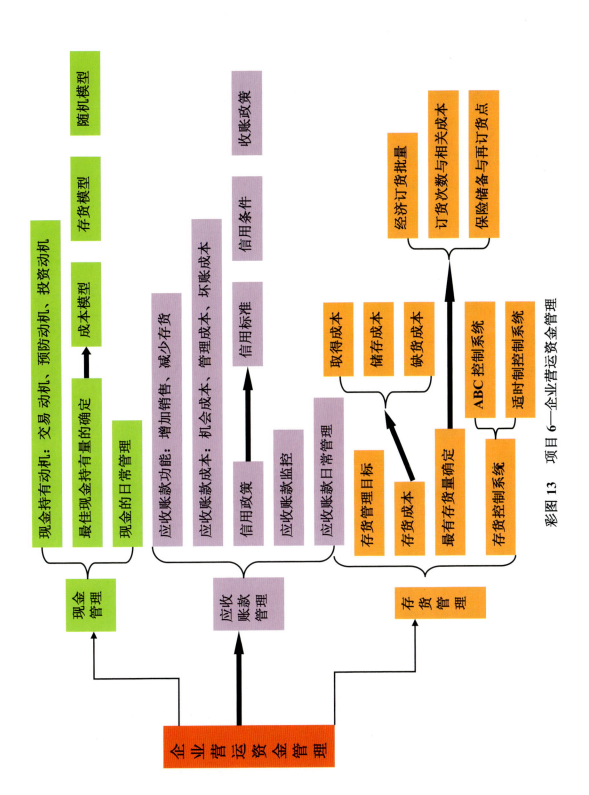

彩图 13　项目 6—企业营运资金管理

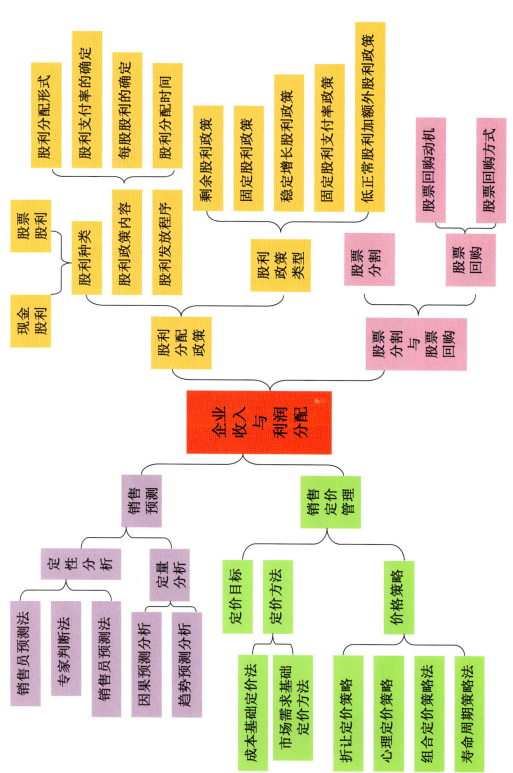

彩图 14　项目 7—企业收入与利润分配

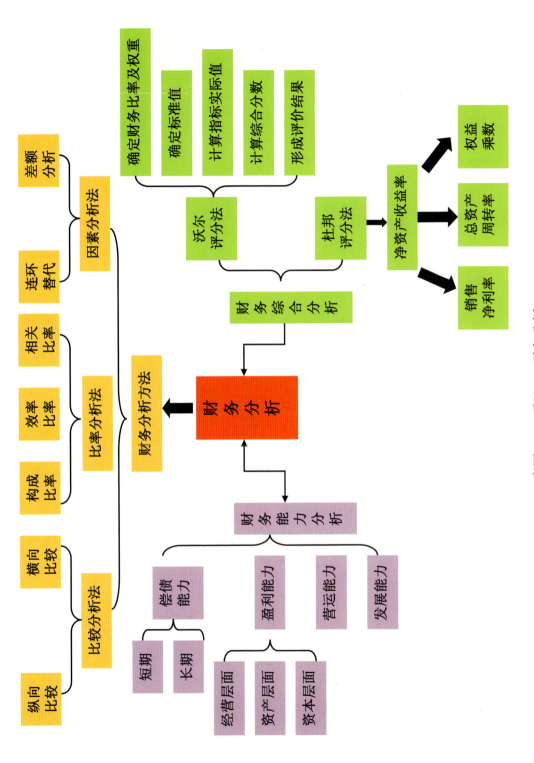

彩图 15　项目 8—财务分析

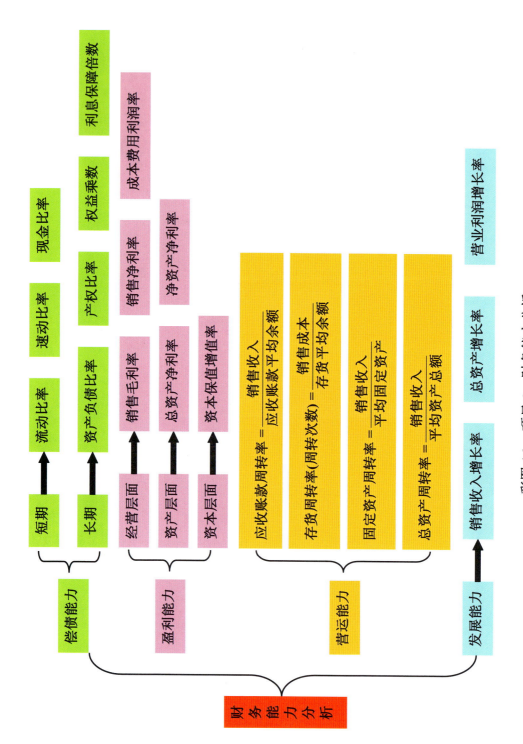

彩图 16　项目 8—财务能力分析

高等学校经管类系列教材

财 务 管 理

主 编 王 培 郑 楠 黄 卓

副主编 于松波 高 祥 陈小伟 李金灵

西安电子科技大学出版社

内 容 简 介

本书共 8 个项目，主要内容包括：财务管理总论、财务管理价值基础、全面预算管理体系、企业筹资活动、企业投资活动、企业营运资金、企业收入与利润分配以及财务分析。为了适应现代经济的发展，书中提供了一些相关理论模型和实践案例，使其内容更加丰富，更适用于相关专业的财务管理本科教学。

本书适合高等院校会计学、财务管理、金融工程、工商管理、市场营销、经济学等专业的教学，同时可作为高等院校财务管理和会计学专业双学位教学用书，也可作为经济管理类专业硕士研究生入学考试的参考教材。

图书在版编目(CIP)数据

财务管理 / 王培，郑楠，黄卓主编. —西安：西安电子科技大学出版社，2019.5
(2022.4 重印)
ISBN 978-7-5606-5224-5

Ⅰ. ① 财⋯　Ⅱ. ① 王⋯　② 郑⋯　③ 黄⋯　Ⅲ. ① 财务管理—高等学校—教材
Ⅳ. ① F275

中国版本图书馆 CIP 数据核字(2019)第 001764 号

策划编辑　刘玉芳
责任编辑　宁晓青　雷鸿俊
出版发行　西安电子科技大学出版社(西安市太白南路 2 号)
电　　话　(029)88202421　88201467　　　邮　　编　710071
网　　址　www.xduph.com　　　　　　　电子邮箱　xdupfxb001@163.com
经　　销　新华书店
印刷单位　陕西日报社
版　　次　2019 年 5 月第 1 版　　2022 年 4 月第 3 次印刷
开　　本　787 毫米×1092 毫米　1/16　印 张 14.5　彩插 8
字　　数　341 千字
印　　数　5001～8000 册
定　　价　38.00 元

ISBN 978 - 7 - 5606 - 5224 - 5 / F

XDUP 5526001-3

如有印装问题可调换

前　言

世界经济一体化，全球金融市场高度融合，我国经济飞速发展，资本市场不断发育与成长，推动了财务管理理念和方法的创新。金融体系的不确定性、汇率与利率的波动、股票市场的动荡、通货膨胀等外部环境的复杂变化，使得高等院校财务管理专业的理论、教学与实践面临新的挑战。

财务管理是利用资金价值形式对企业筹资管理活动、投资管理活动、营运资金管理活动和利润分配活动等四项财务活动，以及所体现的投资与受资关系、债权与债务关系、供应与需求关系、雇佣与被雇佣关系等财务关系进行综合性管理的工作。财务管理是企业管理的重要组成部分，科学高效的财务管理是企业生存及可持续发展的基础和前提。

为了适应现代经济发展的需要，本书在编写过程中，通过加入相关模型对书中部分内容进行了阐述，从而使内容更加精炼，更加适合经济管理类专业财务管理课程的教学需要。

本书由王培、郑楠和黄卓担任主编，于松波、高祥、陈小伟和李金灵担任副主编。具体分工如下：项目一由王培、于松波执笔，项目二由王培、李金灵执笔，项目三由郑楠、黄卓执笔，项目四和项目五由王培、郑楠执笔，项目六和项目八由王培、陈小伟执笔，项目七由郑楠、高祥执笔。

由于财务管理这一学科正处于迅速发展时期，很多问题有待进一步深入探讨，加之时间仓促及编者水平有限，书中欠妥之处在所难免，恳请各位专家、读者批评指正。

王　培

2019 年 3 月

目　录

项目一　财务管理总论

学习目标 ✍

(1) 掌握企业的组织形式；

(2) 熟悉财务管理活动及主要财务关系；

(3) 掌握财务管理的含义和对象；

(4) 明确财务管理目标的主要观点；

(5) 理解影响企业财务管理的环境因素。

【思维导图】

参照彩图 1 和彩图 2。

案例导入 📄

　　恒远公司是一家软件开发企业，注册资本 300 万元，由三位出资人共同出资创立，并各占三分之一股权。企业发展初期，三位创始股东都以企业的长远发展为目标，关注企业的持续增长能力，注重加大研发投入，不断开发新产品，有力地提高了企业的竞争力，使企业实现了营业收入的快速增长。在初创阶段，销售业绩以年均 50% 的速度增长。但是随着利润的快速增长，创始股东在收益分配上产生了分歧。股东李维和赵佳倾向于分红，而股东章华则认为应该继续利用企业的资本积累扩大企业的规模，以提高企业的持续发展能力，实现长远利益的最大化。分歧逐渐加大，矛盾开始升级，最终导致坚持企业长远发展的章华出让其持有的三分之一股权，离开企业。

　　此结果引起了广大供应商和分销商的不满，供应商和分销商的业务发展都与恒远密不可分，恒远的持续发展壮大将会给他们带来更多的发展机会。于是，供应商和分销商要求章华回到企业，否则将终止与恒远的合作。面对这一情况，李维和赵佳回应，两位创始股东可以离开，但是要求章华收购其三分之二的股权。由于章华的长期发展战略本就需要较大的资金投入，再加上收购其三分之二的股权，这样的资金缺口将导致企业的生产运营出现困难。此时，供应商和分销商通过延长应收账款和预付货款的形式伸出援手，章华最终重新回到企业。恒远公司在章华的带领下，加大资本投入，扩大产销规模，逐渐占据行业的领先地位，竞争力和企业价值不断提升。

第一节 企业及企业财务管理

一、企业及其组织形式

(一) 企业的含义及作用

1．企业的含义

企业是一个契约型的经济组织，它是从事生产、流通、服务等经济活动，以生产或服务满足社会需求，实行自主经营、独立核算、依法设立的营利性经济组织。企业的最终目标是创造财富。

2．企业的作用

在社会主义市场经济体制下，企业作为国民经济细胞，发挥着越来越重要的作用。

首先，企业是市场经济活动的重要参与者。市场经济活动的顺利进行离不开企业的生产和销售活动。创造价值是企业经营行为动机的内在要求，企业的生产状况和经济效益直接影响社会经济实力的增长和人民物质生活水平的提高。只有培育出大量充满生机和活力的企业，社会才会稳定且健康有序地发展。

其次，企业是社会生产和服务的主要承担者。社会经济活动的生产和服务过程，大多是由企业来承担和完成的。许多企业通过组织社会生产，使劳动者将劳动工具作用于劳动对象，从而获得商品，并通过本企业或其他流通企业把商品销售出去，这个过程正是企业组织社会生产和服务的过程。所以企业是社会生产和服务的直接承担者。

最后，企业可以推动社会经济技术进步。企业为了在竞争中立于不败之地，就需要积极采用先进的技术，引进先进的设备，这将在客观上推动整个社会经济技术的进步。企业的发展对整个社会的经济技术进步有着不可替代的作用。

(二) 企业的组织形式

典型的企业组织形式有三种：个人独资企业、合伙企业和公司制企业。

1．个人独资企业

个人独资企业是由一个自然人投资，全部资产为投资人个人所有，全部债务由投资者个人承担的经营实体。

个人独资企业的优点：创立容易；经营管理灵活；无需缴纳企业所得税。

个人独资企业的缺点：首先，需要业主对企业债务承担无限责任，当企业的损失超过业主最初对企业的投资时，需要用业主个人的其他财产清偿；其次，难以从企业外部获得大量资金用于经营；再次，个人独资企业所有权的转移比较困难；最后，企业的生命有限，将随着业主的死亡而自动消亡。

2．合伙企业

合伙企业是由两个或两个以上自然人合伙经营，由各合伙人订立合伙协议，共同出资、合伙经营、共享收益、共担风险，并对合伙债务承担无限连带责任的营利性经济组织。

合伙企业的优点和缺点与个人独资企业类似。

此外，合伙企业法规定，每个合伙人对企业债务必须承担无限连带责任。如果某个合伙人无力偿还其应承担的债务，其他合伙人必须承担连带责任，即有责任替其偿还债务。合伙人转让其所有权时需经过其他合伙人的同意，有时还需要修改合伙协议。

3．公司制企业

公司制企业(公司)是指由投资人(自然人或法人)依法出资组建，有独立法人资格，自主经营、自负盈亏的法人企业。出资者以其出资额为限对公司承担有限责任。

根据我国的公司法，公司的主要形式有两种：有限责任公司和股份有限公司。

有限责任公司简称有限公司，是指股东以其认缴的出资额为限对公司承担责任，公司以其全部资产为限对公司的债务承担责任的企业法人。根据中国公司法的规定，必须在公司名称中表明"有限责任公司"或者"有限公司"字样。

股份有限公司简称股份公司，是指其全部资本分为等额股份，股东以其所持股份为限对公司承担责任，公司以其全部资产为限对公司的债务承担责任的企业法人。

有限责任公司和股份有限公司的区别：首先，公司设立时对股东人数要求不同。设立有限责任公司的股东人数可以为 1 人或 50 人以下。设立股份有限公司，应当有 2 人以上200 人以下为发起人。其次，股东的股权表现形式不同。有限责任公司的权益总额不作等额划分，股东的权利通过投资人所拥有的比例来表示。股份有限公司的权益总额平均划分为相等的股份，股东的股权是用持有多少股份来表示的。最后，股份转让限制不同。有限责任公司不发行股票，对股东只发放一张出资证明书，股东转让出资需要由股东会或董事会讨论通过。股份有限公司可以发行股票，股票可以自由转让和交易。

公司制企业的优点：首先，容易转让所有权。公司的所有者权益被划分为若干股权份额，每个份额可以单独转让。其次，有限债务责任。公司债务是法人的债务，不是所有者的债务。所有者对公司承担的责任以其出资额为限，当公司资产不足以偿还其债务时，股东无须承担连带清偿责任。再次，公司制企业可以无限存续。一个企业在最初的所有者和经营者退出后仍然可以继续存在。最后，公司制企业融资渠道较多，筹集资金更加便捷。

公司制企业的缺点：首先，组建公司的成本较高。公司法对于设立公司的要求比设立独资企业或合伙企业复杂，并且需要提交一系列法律文件，花费的时间较长。公司成立后，政府对其监管比较严格，需要定期提交各种报告。其次，存在委托代理问题。所有者和经营者分开后，所有者成为委托人，经营者成为代理人，代理人可能为了自身利益而伤害委托人利益。最后，双重课税。公司作为独立法人，其利润需要缴纳企业所得税，企业利润分配给股东后，股东还需要缴纳个人所得税。

二、企业财务管理

(一) 企业财务活动

企业的财务活动主要包括三个方面的内容：企业要采用一定的方式、通过一定的渠道筹集到生产经营活动所需要的资金；筹集到资金后，为达到企业经营目标，就需要将资金运用到生产经营中，或投放于企业的发展项目以及外部的投资项目上；企业筹资、用资的目的在于取得盈利，因此，企业的另一个重要财务活动内容是利润和利润分配管理。

1. 资金筹集

企业资金来源主要有两方面：一是自有资金；二是借入资金。自有资金是企业所有者投入企业的资金或是企业通过生产经营活动创造的税后留用资金。借入资金是企业向金融机构或通过发行债券借入的资金。企业需要根据生产经营的实际需要，通过不同的渠道、采用不同的方式筹集到所需资金。

2. 资金运用

资金运用也称为资金的使用和投放，是指企业取得资金后，将其运用于企业内部或外部，以实现其增值的目的。资金使用于企业内部生产经营活动或再生产过程中，将转化为相应的资产，如流动资产、固定资产、无形资产等；资金投放于企业外部则形成投资。

3. 利润和利润分配管理

企业通过生产和销售活动，取得销售收入，同时也发生了各种消耗，将收入减去成本费用并缴纳了企业所得税后，就是利润(或是亏损)，企业需要对税后利润进行合理的分配。

(二) 企业财务关系

企业财务关系是指企业在组织财务活动中与各有关方面形成的经济关系，主要有以下几个方面。

1. 企业与所有者之间的财务关系

企业所有者按照出资比例、章程或合同规定履行出资义务，向企业投入资金，形成企业的所有者权益。企业在实现利润后，应向投资者分配利润。

2. 企业与债权人、债务人之间的财务关系

企业与债权人、债务人之间的债权、债务关系，主要包括企业与其他单位之间由于购销商品、提供劳务等形成的资金结算关系，以及与债权人或债务人之间的借款、付息、还款等资金借贷关系。

3. 企业和被投资单位之间的财务关系

企业和被投资单位之间的财务关系主要是指企业将闲置资金投资于其他单位股票或直接投资所形成的经济关系。企业按出资比例或合同、章程的规定，参与被投资单位的利润分配和经营管理。

4．企业与职工之间的财务关系

企业与职工之间的财务关系主要是指企业根据职工的劳动数量、质量和业绩，支付工资、津贴、奖金等发生的资金结算关系，以及企业根据国家有关政策规定应负责缴纳的职工养老保险、医疗保险和住房公积金等。

5．企业与税务机关和行政管理部门之间的财务关系

企业与税务机关和行政管理部门之间的财务关系主要是指企业按照税法及有关行政管理规定应向税务部门、管理部门缴纳有关税费的义务。

(三) 企业财务管理

财务管理是企业管理活动的一个重要组成部分，它是根据财经法规制度，按照财务管理的原则，组织企业财务活动，处理财务关系的一项经济管理工作。简单地说，财务管理工作包括两项内容：组织企业财务活动和处理财务关系。

(四) 财务管理研究对象

财务管理研究的对象就是企业的资金和资金运动。

资金是企业在生产经营过程中财产物资的货币表现。企业要进行正常的生产，必须具有资金。资金周转正常，企业就充满活力；资金周转不灵，企业就难以生存。

资金运动就是再生产过程中有关资金的投入、使用、增值、收回、分配等活动的总称。在正常情况下，企业的生产经营活动依次经过采购、生产、销售三个阶段，循环往复，不断发展。在每一个经营活动完成后，要进入下一个新循环之前，通常穿插一个过渡阶段，我们可以将其称为准备阶段。而资金则伴随着企业的生产经营活动和财务活动分别表现为货币资金、储备资金、生产资金、成品资金、结算资金、待分配货币资金等形态，周而复始地循环运转，如图 1-1 所示。

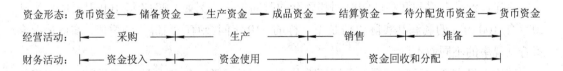

图 1-1　资金形态与生产经营活动和财务活动关系图

储备资金是指企业用于购买原材料等物资所占用的资金；生产资金是指将原材料等物资投入到生产中，由劳动者利用生产设备等生产工具，将原材料加工为产品过程中的在产品、半成品所占用的资金；成品资金是指生产出的完工产品在未销售以前所占用的资金；结算资金是指企业将产成品销售出去后，企业通过银行结算尚未到账或赊销所占用的资金；待分配货币资金是实现了增值后准备进行利润分配的货币资金；分配给投资人的货币将随着分配完成退出生产经营过程，其他的货币资金将直接进入新一轮的资金循环周转之中。

第二节　企业财务管理目标

财务管理目标是指企业财务管理活动所希望达到的境地或标准。目标具有导向作用、激励作用、凝聚作用和考核作用。由于财务管理是企业管理的一部分，所以财务管理的目标取决于企业的总目标，同时受财务管理自身特点的制约。财务管理理论关于财务管理目标的演变经历了四个阶段：利润最大化，股东财富最大化，企业价值最大化和相关者利益最大化。

一、利润最大化

利润最大化就是假定企业财务管理以实现利润最大为目标。

(一) 以利润最大化作为财务管理目标的原因

首先，人类从事生产经营活动的目的是为了创造更多的剩余产品，在市场经济条件下，剩余产品的多少可以用利润这个指标来衡量。

其次，在自由竞争的资本市场，资本的使用权最终属于获利最多的企业。

最后，只有每个企业都最大限度地创造利润，整个社会的财富才会实现最大化，从而带来社会的进步和发展。

(二) 利润最大化目标的优点

企业追求利润最大化，就必然讲究成本核算，加强管理，改进技术，更新设备，以降低产品成本。这些举措都有利于企业资源的优化配置，有利于整个企业经济效益的提高。

(三) 利润最大化目标的缺陷

首先，没有考虑利润实现的时间和资金的时间价值。例如，2017 年 100 万元的利润和 2027 年 100 万元的利润其实际价值是不一样的，10 年间会有时间价值的增值，增值情况会随着贴现率的不同而不同。

其次，没有考虑风险问题。不同行业具有不同的风险，同等利润在不同行业的意义也就不同。例如，高科技企业风险较高，而传统制造业的风险较低，同样是 100 万元的利润，对于这两类企业而言，意义有很大的不同。

再次，没有反映创造利润与投入资本之间的关系。

最后，可能导致企业短期财务决策行为倾向，影响企业长远发展。由于企业利润指标通常按年计算，因此，企业决策也往往会服务于年度指标的完成或实现。

二、股东财富最大化

股东财富最大化是指企业财务管理以实现股东财富最大化为目标。就上市公司而言，股东财富是由其所拥有的股票数量和股票市场价格两方面决定的。在股票数量一定时，股票价格达到最高，股东财富也就达到最大。

(一) 股东财富最大化的优点

第一，考虑了风险因素，因为通常股票价格会对风险作出比较敏感的反应；第二，在一定程度上能避免企业短期行为，因为不仅目前的利润会影响股票价格，预期未来的利润同样会对公司的股票价格产生重大影响；第三，对于上市公司而言，股东财富最大化目标比较容易量化，便于考核和奖惩。

(二) 股东财富最大化目标的缺陷

通常只适用于上市公司，非上市公司难以应用，因为非上市公司无法像上市公司一样随时准确获取公司的股票价格；股票价格受众多因素影响，特别是企业外部因素，有些可能是非正常因素。例如，上市公司处于破产边缘，股票价格可能还会因为存在某些机会而走高；股东财富最大化目标更多地强调的是股东的利益，而忽略了其他利益相关者的利益。

三、企业价值最大化

企业价值最大化是指企业财务管理行为是以实现企业的价值最大为目标。企业价值可以理解为企业所有者权益和债权人权益的市场价值，或者是企业所能创造的预计未来现金流量的现值。未来现金流量包含了资金时间价值和风险报酬两个方面的因素。

企业价值最大化目标要求企业通过采用最优的财务政策，充分考虑资金时间价值和风险报酬的关系，在保证企业长期稳定发展的基础上使企业价值达到最大。

(一) 企业价值最大化目标的优点

考虑了取得报酬的时间，并用时间价值的原理进行了计量；考虑了风险与报酬的关系；将企业长期稳定的发展和持续获利能力放在首位，能克服企业在追求利润上的短期行为；用价值代替价格，避免了过多外界市场因素的干扰，有效地规避了企业的短期行为。

(二) 企业价值最大化目标的缺陷

以企业价值最大化作为财务管理目标，过于理论化，不易操作。而且，对于非上市公司而言，只有对企业进行专门的评估才能确定其价值，在评估企业的资产时，由于受评估标准和评估方式的影响，很难做到客观和准确。

四、相关者利益最大化

在现代市场经济形态下，企业的财务管理的主体更加细化和多元化。

(一) 相关者利益最大化目标的内容

强调风险与报酬的均衡，将风险控制在企业可以承受的范围之内；强调股东的首要地位，并强调企业与股东之间的协调关系；强调对代理人即企业经营者的监督和控制，建立有效的激励机制以便企业战略目标的顺利实施；关心本企业普通职工的利益，创造优美和谐的工作环境和提供合理恰当的福利待遇，培养职工长期努力为企业工作；不断加强与债权人的关系，培养可靠的资金供应者；关心客户的长远利益，以便保持销售收入的长期稳定增长；加强与供应商的协作，共同面对市场竞争，并注重企业形象的宣传，遵守承诺，讲究信誉；保持与政府部门的良好关系。

(二) 相关者利益最大化目标的优点

相关者利益最大化目标有利于企业长期稳定发展，注重企业在发展过程中考虑并满足各个利益相关者的利益关系，避免只站在股东的角度进行投资可能导致的系列问题；体现了合作共赢的价值理念，有利于实现企业经济效益和社会效益的统一；相关者利益最大化目标本身就是一个多元化、多层次的目标体系，较好地兼顾了各利益主体的利益；体现了前瞻性和现实性的统一。

综上所述，利润最大化、股东财富最大化、企业价值最大化以及相关者利益最大化等各种财务管理目标，都是以股东财富最大化为核心和基础的。没有股东财富最大化的目标，利润最大化、企业价值最大化和相关者利益最大化的目标也就不能实现。

五、利益冲突与协调

协调相关者的利益，要把握尽可能使企业相关者的利益分配在数量上和时间上达到动态平衡的原则。在所有的利益冲突中，所有者与经营者的冲突和所有者与债权人的冲突的协调是最为重要的。

(一) 所有者与经营者利益冲突与协调

在现代企业中，经营者一般不拥有占支配地位的股权，他们只是所有者的代理人。所有者期望经营者代表他们的利益工作，实现所有者财富最大化，而经营者则有其自身的利益考虑，二者的目标经常会不一致。通常而言，所有者支付给经营者的报酬多少，取决于经营者能够为所有者创造多少财富。经营者和所有者的主要利益冲突是经营者希望在创造财富的同时，能够获取更多的报酬，更多的享受，并避免各种风险；而所有者则希望以较小的代价(支付较少报酬)实现更多的财富。

利益冲突协调的方法：

(1) 解聘。解聘是一种通过所有者约束经营者的方法。所有者对经营者予以监督，如果经营者业绩不佳，就解聘经营者。经营者为了不被解聘就会努力工作，提高业绩，为实现财务管理目标服务。

(2) 接收。接收是一种通过市场约束经营者的方法。如果经营者决策失误，经营不力，绩效不佳，该企业就可能被其他企业强行接收或吞并，相应经营者也会被解聘。经营者为了避免这种接收，就必须努力实现财务管理目标。

(3) 激励。激励就是将经营者的报酬与其绩效直接挂钩，使经营者自觉采取能够提高所有者财富的措施。激励的方式通常有两种：

① 股票期权。它是赋予经营者一种权利，该权利使得经营者在未来的某个时间可以以约定的价格购买一定数量的本企业的股票。股票的市场价格高出约定价格的部分就是经营者的收益。经营者为了获得更大的股票涨价益处，就必然积极采取能够提高股票价格的措施，从而增加所有者财富。

② 绩效股。它是企业运用每股收益、资产收益率等指标来评价经营者绩效，并视其绩效大小给予经营者数量不等的股票作为报酬。如果经营者绩效未能达到规定目标，经营者将丧失原先持有的部分绩效股。这种方式使经营者不仅为了多得绩效股而不断采取措施提高经营绩效，而且为了使每股市价最大化，也会采取各种措施使股票价格稳定上升，从而增加所有者财富。即使由于客观原因股价并未提高，经营者也会因为获取绩效股而获利。

(二) 所有者和债权人的利益冲突与协调

所有者的目标可能与债权人期望实现的目标发生矛盾。首先，所有者可能要求企业经营者改变原有举债资金的原定用途，将其用于风险更高的项目，这会增大偿债风险，债权人的负债价值也必然会降低，造成债权人风险与收益的不对称。因为高风险的项目一旦成功，额外的利润就会被所有者独享；但若失败，债权人却要与所有者共同负担由此造成的损失。其次，所有者可能在未征得债权人同意的情况下，要求经营者举借新债，因为偿债风险相应增大，从而导致原有债权人的价值降低。

所有者与债权人利益冲突的协调方法有两种：

(1) 限制性借款。债权人通过事先规定借款用途限制、借款担保条款和借款信用条件，使所有者不能通过以上两种方式削弱债权人的债权价值。

(2) 收回借款或停止借款。当债权人发现企业有侵蚀其债权价值的意图时，采取收回债权或不再给予新的借款的措施，从而保护自身利益。

第三节　财务管理环节与体制

一、财务管理环节

财务管理环节是企业财务管理的工作步骤与工作程序。

(一) 计划与预算

1. 财务预测

财务预测是根据企业财务活动的历史资料，考虑实现的要求和条件，对企业未来的财务活动做出较为具体的预计和测算的过程。财务预测可以测算各项生产经营方案的经济效益，为决策提供可靠的依据；可以预计财务收支发展的变化情况，以确定经营目标；可以测算各项定额和标准，为编制计划、分解计划指标提供服务。财务预测的方法包括定性预测和定量预测两类。

2. 财务计划

财务计划是根据企业整体战略目标和规划，结合财务预测的结果，对财务活动进行规划，并以指标形式落实到每一计划期间的全过程。财务计划主要通过指标和表格，以货币形式反映在一定的计划期内企业生产经营活动所需要的资金及其来源、财务收支、财务成果及其分配的情况。

3. 财务预算

财务预算是根据财务战略、财务计划和各种预测信息，确定预算期内各种预算指标的过程。它是财务战略的具体化，是财务计划的分解和落实。财务预算的编制方法通常包括固定预算与弹性预算、增量预算与零基预算、定期预算与滚动预算等。

(二) 决策与控制

1. 财务决策

财务决策是指按照财务战略目标的总体要求，利用专门的方法对各种备选方案进行比较和分析，从中选出最佳方案的过程。财务决策是财务管理的核心，决策成功与否直接关系到企业的兴衰成败。

财务决策的方法主要有两类：一类是经验判断法，是根据决策者的经验来判断，常用的方法有淘汰法、排队法、归类法等；另一类是定量分析法，常用的方法有优选对比法、数学微分法、线性规划法、概率决策法等。

2. 财务控制

财务控制是指利用有关信息和特定手段，对企业的财务活动施加影响或调节，以便实现计划所规定的财务目标的过程。

财务控制的方法通常包括前馈控制、过程控制和反馈控制。

(三) 分析与考核

1. 财务分析

财务分析是指根据企业财务报表等信息资料，采用专门的方法，系统分析和评价企业财务状况、经营成果以及未来发展趋势的过程。

财务分析的方法通常有：比较分析法、比率分析法和因素分析法等。

2．财务考核

财务考核是指将报告期实际完成数与规定的考核指标进行对比，确定有关责任单位和个人完成任务的过程。财务考核与奖惩紧密联系，是贯彻责任制原则的要求，也是构建激励与约束机制的关键环节。

财务考核的形式多种多样，可以用绝对指标、相对指标来完成百分比考核，也可以采用多种财务指标进行综合评价考核。

二、财务管理体制

企业财务管理体制是明确企业各财务层级财务权限、责任和利益的制度，其核心问题是如何配置财务管理权限，企业财务管理体制决定着企业财务管理的运行机制和实施模式。财务管理体制的设计一般遵循这样几个原则：首先，与现代企业制度的要求相适应；其次，企业对各所属单位管理中的决策权、执行权和监督权三权分立；再次，明确财务综合管理和分层管理思想；最后，与企业组织体制相适应。

(一) 集权型财务管理体制

集权型财务管理体制是指企业对各所属单位的所有财务管理决策都集中统一，各所属单位没有财务决策权，企业总部财务部门不但参与决策和执行决策，在特定情况下还直接参与各所属单位的执行过程。

优点：企业内部的各项决策均由企业总部制定和部署，企业内部可充分展现其一体化管理的优势，利用企业的人才、智力、信息资源，努力降低资金成本和风险损失，使决策的统一化、制度化得到有力的保障。有利于在整个企业内部优化配置资源，有利于实行内部调拨价格，有利于内部采取避税措施及防范汇率风险等。

缺点：集权过度会使所属单位缺乏主动性、积极性、丧失活力，也可能因为决策程序相对复杂而错失适应市场的弹性，丧失市场机会。

(二) 分权型财务管理体制

分权型财务管理体制是指企业将财务决策权与管理权完全下放到各所属单位，各所属单位只需对一些决策结果报请企业总部备案即可。各所属单位在人、财、物、供、产、销等方面拥有决策权。

优点：由于各所属单位负责人有权对影响经营成果的因素进行控制，加之身在基层，了解情况，有利于针对本单位存在的问题及时作出有效决策，因地制宜地搞好各项业务，也有利于分散经营风险，促进所属单位管理人员及财务人员的成长。

缺点：各所属单位大多从本单位利益出发安排财务活动，缺乏全局观念和整体意识，从而可能导致资金管理分散、资金成本增大、费用失控和利润分配无效等。

(三) 集权与分权相结合财务管理体制

集权与分权相结合财务管理体制，其实质就是集权下的分权，企业对各所属单位在所有重大问题的决策与处理上实行高度集权，各所属单位则对日常经营活动具有较大的自主权，即企业内部重大决策权集中于企业总部，而又赋予各所属单位自主经营权。

其中，需要高度集权的包括：制度制订权、筹资及融资权、投资权、用资及担保权、固定资产购置权、财务机构设置权和收益分配权；需要分权的包括：经营自主权、人员管理权、业务定价权和费用开支审批权等。

第四节　财务管理环境

财务管理环境是指对企业财务活动和财务管理产生影响作用的企业内外各种条件的统称，主要包括技术环境、经济环境、金融环境、法律环境等。

一、技术环境

财务管理的技术环境是指财务管理得以实现的技术手段和技术条件，它决定着财务管理的效率和效果。目前，我国进行财务管理所依据的会计信息是通过会计系统所提供的，占企业经济信息总量的 60%～70%。在企业内部，会计信息主要是提供给管理层决策使用的，而在企业外部，会计信息则主要为企业的投资者、债权人等提供服务。目前我国正在全面推进会计信息化工作，此项工作会使我国的会计信息化达到或接近世界先进水平，必将促使企业财务管理的技术环境进一步完善和优化。

二、经济环境

在影响财务管理的各种外部环境中，经济环境是最为重要的。

经济环境内容十分广泛，包括经济体制、经济周期、经济发展水平、宏观经济政策及社会通货膨胀水平等。

(一) 经济体制

在计划经济体制下，国家统筹企业资本、统一投资、统负盈亏，企业利润统一上缴、亏损全部由国家补贴，企业虽然是一个独立的核算单位但无独立的理财权利，其财务管理活动的内容比较单一，财务管理方法比较简单。在市场经济体制下，企业成为"自主经营、自负盈亏"的经济体系，有独立的经营权，同时也有独立的理财权。企业可以从其自身需要出发，合理确定资本需要量，然后到市场上筹集资本，再把筹集到的资本投放到高效益的项目上获取更大的收益，最后将收益根据需要和可能进行分配，保证企业财务活动自始至终根据自身条件和外部环境作出各种财务管理决策并组织实施。因此，财务管理活动的内容比较丰富，方法也复杂多样。

(二) 经济周期

市场经济条件下，经济发展与运行带有一定的波动性。大体上经历复苏、繁荣、衰退和萧条几个阶段的循环，这种循环叫做经济周期。

在经济周期的不同阶段，企业应采用不同的财务管理战略。西方财务学者探讨了经济周期中不同阶段的财务管理战略，现择其要点归纳如表 1-1。

表 1-1　经济周期中不同阶段的财务管理战略

复　苏	繁　荣	衰　退	萧　条
增加厂房设备	扩充厂房设备	停止扩张	建立投资标准
实行长期租赁	继续建立存货	出售多余设备	保持市场份额
建立存货准备	提高产品价格	停产不利产品	压缩管理费用
开发新产品	开展营销规划	停止长期采购	放弃次要投资
增加劳动力	增加劳动力	削减存货	削减存货
		停止扩招雇员	裁减雇员

(三) 经济发展水平

财务管理的发展水平是和经济发展水平密切相关的，经济发展水平越高，财务管理水平也越高。财务管理水平的提高，将推动企业降低成本，改进效率，提高效益，从而促进经济发展水平的提高；而经济发展水平的提高，将改变企业的财务战略、财务理念、财务管理模式和财务管理的方法手段，从而促进企业财务管理水平的提高。财务管理应当以经济发展水平为基础，以宏观经济发展目标为导向，从业务工作角度保证企业经营目标和经营战略的实现。

(四) 宏观经济政策

不同的宏观经济政策，对企业财务管理影响不同。金融政策中的货币发行量、信贷规模会影响企业投资的资金来源和投资的预期收益；财税政策会影响企业的资金结构和投资项目的选择等；价格政策会影响资金的投向和投资的回收期及预期收益；会计制度的改革会影响会计要素的确认和计量，进而对企业财务管理的事前预测、决策及事后的评价产生影响等。

(五) 社会通货膨胀水平

通货膨胀对企业财务活动的影响是多方面的。它主要表现在：引起资金占用的大量增加，从而增加企业的资金需求；引起企业利润虚增，造成企业资金由于利润分配而流失；引起利润上升，加大企业的权益资金成本；引起有价证券价格下降，增加企业的筹资难度；引起资金供应紧张，增加企业的筹资难度。

三、金融环境

(一) 金融机构

金融机构是指银行和非银行金融机构。非银行金融机构主要包括保险公司、信托投资公司、证券公司、财务公司、金融资产管理公司、金融租赁公司等机构。银行是指经营存款、贷款、汇兑、储蓄等金融业务，承担信用中介的金融机构，包括各种商业银行和政策性银行，如中国工商银行、中国农业银行、中国银行、中国建设银行、国家开发银行、中国农业发展银行。

(二) 金融工具

金融工具是指融通资金双方在金融市场上进行资金交易、转让的工具，借助金融工具，资金从供给方转移到需求方。金融工具分为基本金融工具和衍生金融工具两大类。常见的基本金融工具有货币、票据、债券、股票等；衍生金融工具又称为派生金融工具，是在基本金融工具的基础上通过特定技术设计形成的新的融资工具，如各种远期合约、互换、掉期、资产支持证券等，种类非常复杂、繁多，具有高风险、高杠杆效应的特点。

金融工具一般具有流动性、风险性和收益性的显著特征。

(三) 金融市场

金融市场是指资金供应者和资金需求者双方通过一定的金融工具进行交易进而融通资金的场所。金融市场的构成要素包括资金供应者(或称为资金剩余者)和资金需求者(或称为资金不足者)、金融工具、交易价格、组织方式等。金融市场的主要功能就是把社会各单位和个人的剩余资金有条件的转让给社会各个缺乏资金的单位和个人，使财尽其用，促进社会发展。资金供应者为了获取利息或利润，期望在利率最高的条件下贷出；资金需求者则期望在最低利率条件下借入。因利率、时间、安全性条件不会使借贷双方都十分满意，于是就出现了金融机构和金融市场兴中协调，使之各得其所。

金融市场按照不同的标准可以进行不同的分类：以期限为标准可以分为货币市场和资本市场；以功能为标准可以分为发行市场和流通市场；以融资对象为标准可以分为资本市场、外汇市场和黄金市场；按所交易金融工具的属性可以分为基础性金融市场和金融衍生品市场；以地理范围为标准可以分为地方性金融市场、全国性金融市场和国际性金融市场。

四、法律环境

法律环境是指企业与外部发生经济关系时应遵守的有关法律、法规和规章制度，主要包括《中华人民共和国公司法》(以下简称《公司法》)、《中华人民共和国证券法》(以下简称《证券法》)、《中华人民共和国金融法》(以下简称《金融法》)、《中华人民共和国证券交易法》(以下简称《证券交易法》)、《中华人民共和国经济合同法》(以下简称《经济合同法》)、《中华人民共和国税法》(以下简称《税法》)、《企业财务通则》、《内部控制基本规范》等。市场经济是法制经济，企业的一些经济活动总是在一定法律规范内进行的。法律既约束企业的非法经济行为，也为企业从事各种合法经济活动提供保护。

国家相关法律法规按照对财务管理内容的影响情况可以分为以下几类：

(1) 影响企业筹资的各种法规主要有：《公司法》、《证券法》、《金融法》、《证券交易法》、《合同法》等。这些法规可以从不同方面规范或制约企业的筹资活动。

(2) 影响企业投资的各种法规主要有：《证券交易法》、《公司法》、《企业财务通则》等。这些法规从不同角度规范企业的投资活动。

(3) 影响企业收益分配的各种法规主要有：《税法》、《公司法》、《企业财务通则》等。这些法规从不同方面对企业收益分配进行了规范。

法律环境对企业的影响是多方面的，影响范围包括企业组织形式、公司治理结构、投融资活动、日常经营、收益分配等。比如《公司法》规定，企业可以采用独资、合伙、公司制等企业组织形式。企业组织形式不同，业主(股东)权利责任、企业投融资、收益分配、纳税、信息披露、公司治理等也不同。不同类型的法律、法规，分别从不同方面约束企业的经济行为，对企业财务管理产生影响。

✦✦✦✦✦ 复习思考题 ✦✦✦✦✦

1. 什么是企业财务？什么是企业财务管理？
2. 如何理解财务管理的目标？
3. 财务管理者应如何认识财务管理环境对决策的影响？

项目二　财务管理价值基础

学习目标 ✎

(1) 掌握时间价值的含义；

(2) 掌握复利终值与复利现值的含义与计算方法；

(3) 掌握年金终值与年金现值的含义与计算方法；

(4) 掌握折现率、期数的推算方法；

(5) 熟悉风险的类别和衡量方法以及两大理念。

【思维导图】

参照彩图 3 和彩图 4。

案例导入 📄

　　面对一张事先不知道的 1260 亿美元的账单，你一定会大吃一惊。但这样的事情在瑞士田纳西镇的居民身上真实地发生了。纽约布鲁克林法院判决田纳西镇应向美国投资者支付这笔巨款。最初，田纳西镇的居民以为这是一件小事，但当收到账单时，他们惊呆了。田纳西镇居民的律师指出，如果高级法院支持判决，田纳西镇居民为了偿还这笔债务，只能借助麦当劳等廉价快餐来度过余生。

　　田纳西镇的问题源于 1966 年的一笔存款。斯兰黑不动产公司在内部交换银行(田纳西镇的一个银行)存入一笔 6 亿美元的存款。存款协议要求银行按照每周 1% 的利率(复利)付息，该银行第二年破产。1994 年，纽约布鲁克林法院作出判决：从存款日到田纳西镇对该银行进行清算的 7 年中，这笔存款按照每周 1% 复利计息，而在银行清算后的 21 年里，每年按照 8.54% 的复利计息。

第一节　资金时间价值

一、资金时间价值的概念

　　企业的财务活动都是在特定的时空中进行的，离开了时间价值因素，就无法正确计算不同时期的财务收支，也无法正确评价企业盈亏。资金时间价值原理揭示了在不同时点上资金之间的换算关系，是财务决策的基本依据。

　　关于时间价值的概念和成因并没有统一的定论，国外传统的定义是：在没有风险、没有通货膨胀的条件下，今天的 1 美元比将来某一时点的 1 美元更有价值。股东投资 1 美元，就丧失了当时使用这 1 美元的机会和权力，按时间计算的这种付出的代价或投资报酬，就称作时间价值。

　　资金投入经营后，劳动者会生产出新的产品，创造出新的价值，产品销售以后得到的收入要大于原来投入的资金额，形成资金的增值，即时间价值是在生产经营中产生的。在一定时期内，资金从投放到回收形成一次周转循环，每次资金周转循环的时间越短，资金增值就越大，投资者获得的报酬也就越多。因此随着时间的推移，资金总量在循环周转中不断增长，使得资金具有时间价值。

　　但是将资金作为资本投入生产过程所获得的价值增加并不全是货币的时间价值。因为，所有的经营都不可避免地具有风险，而投资者承担风险也要获得相应的报酬，此外，通货膨胀也会影响货币的实际购买力，对所投资项目也会产生影响。资金的供应者在通货膨胀的情况下，必然要求索取更高的报酬以补偿其购买力损失，这部分补偿称为通货膨胀贴水。可见，资金在经营过程中产生的报酬不仅包括时间价值，还包括资金提供者提供要求的风险报酬和通货膨胀贴水。

　　所以本书认为，资金时间价值是指一定量货币资本在不同时点上的价值量差额，通常指没有风险没有通货膨胀情况下的真实报酬率。

　　资金时间价值有两种表现形式：相对数形式和绝对数形式。相对数形式是指扣除风险报酬和通货膨胀贴水后的平均资金利润率或平均报酬率；绝对数形式即时间价值额，是指资金与时间价值率的乘积。时间价值虽然有这两种表现形式，但在实际工作中并没有严格的区分。因此在述及资金时间价值的时候，有时候用相对数，有时用绝对数。

　　银行存款利率、贷款利率、各种债券利率、股票的股利率都可以看做投资报酬率，它们与时间价值都是有区别的，只有在没有风险和通货膨胀的情况下，资金价值才与上述各报酬率相等。

二、终值与现值

　　终值和现值可以用于财务价值和财务决策的各个方面的评估。

(一) 现金流量图

　　计算资金时间价值，首先要了解资金运动发生的时间和方向，也就是每笔资金发生在哪个时点，是流入还是流出。现金流量图提供了一个重要的计算资金时间价值的工具，可以直观、便捷地反映资金运动发生的时间和方向。

　　图 2-1 中横轴为时间轴，箭头所指的方向表示时间的增加；横轴上的坐标代表各个时点，$t=0$ 表示现在，$t=1,2,3,\cdots$，分别表示从现在开始的第 1 期期末、从现在开始的第 2 期期末，依次类推。如果每一期的时间间隔为 1 年，则 $t=1$ 表示从现在起第 1 年年末，$t=2$ 表示从现在起第 2 年年末。$t=1$ 也表示第 2 年年初。

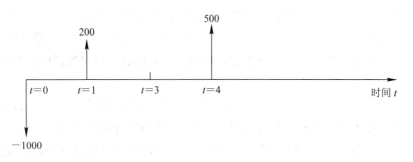

图 2-1 现金流量图(单位：元)

图 2-1 中纵轴表示现金流，箭头的长短与现金流大小基本成比例。上图表示在方案开始时，即第 1 年年初支出现金 1000 元，在第 1 年年末(第 2 年年初)收入现金 200 元，第 3 年年末(第 4 年年初)收入现金 500 元。

现金流量图对于更好地理解和计算资金时间价值很有帮助，运用它能够在后面章节中解决很多复杂的问题。

(二) 复利终值和复利现值

计算利息的方法有单利和复利两种。

单利是指在一定时期内根据本金计算利息，利息不计算利息。例如：本金为 10 000 元，年利率为 3% 的 3 年期单利定期存款，到期时的利息为 900 元，每年的利息收入为 300 元 (10 000 × 3%)。

复利则指在一定时期内本金和利息都要计算利息，逐期滚动计算，即利滚利。这里的本金和本利和就相当于资金时间价值的现值和终值。复利充分体现了资金时间价值的含义，因为资金可以再投资，且理性的投资人总是尽可能快地把资金投入到合适的方案，来赚取报酬。本书在讨论资金时间价值时，一般都按复利计算。

1. 复利终值

复利终值指一定量的资金按复利计息若干期以后的本利和。复利终值的计算公式：

$$F = P \times (1 + i)^n = P \times (F / P, i, n)$$

式中：F 表示终值，P 表示现值，i 表示利率，n 表示期数。$(1 + i)^n$ 为复利终值系数，记作 $(P/F, i, n)$，n 为计算利息的期数。

【例 2-1】 1000 元存银行 3 年，年利率 3%，三年后的本利和为多少？

$$\begin{aligned} F &= P \times (1 + i)^n = P \times (F / P, i, n) \\ &= 1000 \times (1+3\%)^3 = 1000 \times (F/P, 3\%, 3) \\ &= 1000 \times 1.0927 \\ &= 1092.7 \text{ (元)} \end{aligned}$$

2. 复利现值

复利现值指未来某时点的一定量的资金，按复利计息的现在的价值。由终值求现值称为折现，折现时使用的利息率称为折现率。复利现值的计算公式可由复利终值的公式推导出来：

$$P = F \times (1 + i)^{-n} = F \times (P / F, \ i, \ n)$$

式中：$(1 + i)^{-n}$ 为复利现值系数，记作 $(F / P, \ i, \ n)$，n 为计算利息的期数。

【例2-2】　3年末要从银行取出 1092.7 元，年利率 3%，则现在应存入多少钱？

$$P = F \times (1 + i)^{-n} = F \times (P / F, \ i, \ n)$$
$$= 1092.7 \times (1 + 3\%)^{-3} = 1092.7 \times (P / F, \ 3\%, \ 3)$$
$$= 1092.7 \times 0.9151$$
$$= 1000 \ (元)$$

通过上述计算可知：复利终值和复利现值是逆运算，复利终值系数和复利现值系数互为倒数。

(三) 年金终值和现值

年金指一定时期内每期相等金额的收付款项。折旧、利息、租金、保险费等都表现为年金的形式。年金按付款方式，可分为普通年金(后付年金)、即付年金(先付年金、预付年金)、递延年金和永续年金。

1. 普通年金终值和现值的计算

普通年金(后付年金)是指每期期末有等额收付款项的年金，是最常见的年金。

(1) 普通年金的终值：犹如零存整取的本利和，它是一定时期内每期期末等额收付款项的复利终值之和。

假设：A 代表年金数额，i 代表利息率，n 代表计息期数，F 代表年金终值，则普通年金的终值的计算可以用图 2-2 来说明。

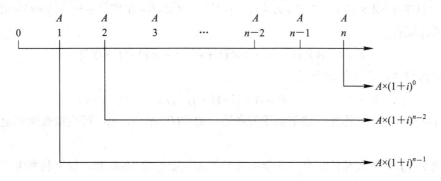

图 2-2　普通年金终值的计算示意图

由图 2-2 可知，普通年金终值的计算式为

$$F = A \times (1 + i)^{n-1} + A \times (1 + i)^{n-2} + A \times (1 + i)^{n-3} + \cdots + A \times (1 + i)^0$$

将上式两边同乘以 $(1+i)$ 得

$$F \times (1 + i) = A \times (1 + i)^n + A \times (1 + i)^{n-1} + A \times (1 + i)^{n-2} + \cdots + A \times (1 + i)^1$$

两式相减得

$$F \times i = A \times (1 + i)^n - A = A \times [(1 + i)^n - 1]$$

即普通年金终值的计算公式为

$$F = A \times [(1 + i)^n - 1] / i = A \times (F / A, i, n)$$

式中：$[(1 + i)^n - 1] / i$ 称为年金终值系数，记作 $(F/A, i, n)$，可直接查阅年金终值系数表。

【例2-3】 某人在5年中每年年底存入银行1000元，年存款利率为8%，复利计息，则第5年年末年金终值为

$$F = A(F / A, i, n) = 1000 \times (F / A, 8\%, 5) = 1000 \times 5.867 = 5867 \, (元)$$

(2) 普通年金的现值：一定时期内每期期末等额的系列收付款项的现值之和，称为普通年金现值，即把每一期期末所发生的年金都统一地折合成现值，然后再求和。

普通年金的现值的计算可以用图2-3来说明。

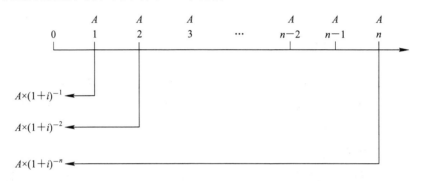

图2-3　普通年金现值计算示意图

由上图可知，普通年金现值的计算式为

$$P = A \times (1 + i)^{-n} + A \times (1 + i)^{-(n-1)} + A \times (1 + i)^{-(n-2)} + \cdots + A \times (1+i)^{-1}$$

上式两边同乘以 $(1 + i)$ 得

$$P \times (1 + i) = A \times (1 + i)^{-(n-1)} + A \times (1 + i)^{-(n-2)} + A \times (1 + i)^{-(n-3)} + \cdots + A \times (1 + i)^0$$

两式相减得

$$P \times i = A \times (1 + i)^0 - A \times (1 + i)^{-n} = A \times [1 - (1 + i)^{-n}]$$

可以得普通年金现值的公式：

$$P = A \times [1 - (1 + i)^{-n}] / i$$

式中：$[1 - (1 + i)^{-n}] / i$ 称为普通年金现值系数，记作 $(P / A, i, n)$，可直接查阅年金现值系数表。

【例2-4】 某人准备在今后5年中每年年末从银行取1000元，如果利率为10%，则现在应该存入多少元，即现值为

$$P = A(P / A, i, n) = 1000 \times (P / A, 10\%, 5) = 1000 \times 3.791 = 3791 \, (元)$$

2. 即付年金终值和现值的计算

即付年金(先付年金、预付年金)是指一定时期内，各期期初等额的系列收付款项。普通年金和即付年金，即后付年金与先付年金的区别仅在于付款时间不同。由于普通年金是最常用的，因此年金终值和现值的系数是按照普通年金编制的，为了便于计算和查表，必须根据普通年金的计算公式，推导出即付年金的计算公式。

(1) 即付年金终值，n 期即付年金与 n 期普通年金的付款次数相同，但由于付款时间不同，n 期即付年金比 n 期普通年金多计算一期利息，因此，可先求出 n 期普通年金的终值，然后再乘以 $1+i$，就可以求出 n 期即付年金的终值，其计算公式为

$$F = A(F/A, \ i, \ n) \times (1+i)$$

此外，还可以根据 n 期即付年金终值与 $n+1$ 期普通年金的关系推导出另一计算公式。n 期即付年金与 $n+1$ 期普通年金的计息期数相同，但比 $n+1$ 期普通年金少付一次款，因此还可以将普通年金的终值减去一期付款额 A，就可以求出 n 期即付年金的终值。公式计算如下：

$$F = A(F/A, \ i, \ n+1) - A = A \times [(F/A, \ i, \ n+1) - 1]$$

【例 2-5】　某人每年年初存入银行 1000 元，银行存款利率为 8%，则第 10 年年末的本利和为多少？

$$F = 1000(F/A, \ 8\%, \ 10) \times (1+8\%) = 1000 \times 14.487 \times 1.08 = 15\,656 \,(元)$$

或

$$F = 1000[(F/A, \ 8\%, \ 11) - 1] = 1000 \times (16.645 - 1) = 15\,645 \,(元)$$

(2) 即付年金现值，n 期即付年金现值与 n 期普通年金现值的付款次数是相同的，但是付款时间不同，在计算现值时，n 期普通年金比 n 期即付年金多折现一次。因此，可先求出 n 期普通年金的现值，然后再乘以 $(1+i)$，便可求出 n 期即付年金的现值。其计算公式为

$$P = A \times (P/A, \ i, \ n) \times (1+i)$$

此外，还可以根据 n 期即付年金现值与 $n-1$ 期普通年金的现值折现期数相同，但比 $n-1$ 期普通年金多一期不用折现的付款 A，因此，只要将 $n-1$ 期普通年金的现值加上上一期不用折现的付款 A，就可以求出 n 期即付年金现值。其计算公式为

$$P = A \times (P/A, \ i, \ n-1) + A = A[(P/A, \ i, \ n-1) + 1]$$

【例 2-6】　某企业租用一套设备，在 10 年中每年年初要支付租金 5000 元，年利息率为 8%，则折现租金的现值为

$$P = 5000 \times (P/A, \ 8\%, \ 10) \times (1+8\%) = 5000 \times 6.71 \times 1.08 = 36\,234 \,(元)$$

或

$$P = 5000[(P/A, \ 8\%, \ 9) + 1] = 36\,235 \,(元)$$

3. 递延年金现值的计算

递延年金是指最初若干期没有收付款项，后面若干期有等额的系列收付款项的年金。假定最初有 m 期没有收付款项，后面 n 期有等额的系列收付款项，则此延期的年金现值即为后 n 期年金先折现至 m 期期初，再折现至第一期期初的现值。

方法一：先求出递延年金在 n 期期初(m 期期末)的现值，再将其作为终值折现至 m 期的第一期期初，就可以求出递延年金的现值。其计算公式为

$$P = A \times (P/A, \ i, \ n) \times (P/F, \ i, \ m)$$

方法二：先求出 $m+n$ 期普通年金现值，减去没有付款的前 m 期普通年金现值，得出 m 期递延年金的现值。其计算公式为

$$P = A \times [(P/A,\ i,\ m+n)-(P/A,\ i,\ m)]$$

方法三：先求出递延年金在 n 期期末($m+n$ 期期末)的终值，再将其作为终值折现至第一期期初，就可以求出递延年金的现值。其计算公式为

$$P = A \times (F/A,\ i,\ n) \times (P/F,\ i,\ m+n)$$

【例 2-7】 某企业向银行借入一笔款项，银行贷款的年利率为 8%，银行规定前 10 年不需还本付息，但第 11～20 年每年年末偿还本息 1000 元，则这笔款项的现值为

$$P = 1000 \times (P/A,\ 8\%,\ 10) \times (P/F,\ 8\%,\ 10) = 1000 \times 6.710 \times 0.463 = 3107\ (元)$$

或

$$P = 1000 \times [(P/A,\ 8\%,\ 20)-(P/A,\ 8\%,\ 10)] = 1000 \times (9.818-6.710) = 3108\ (元)$$

4. 永续年金现值的计算

永续年金是指期限无穷的年金。英国和加拿大有一种国债是没有到期日的债券，这种债券的利息可以视为永续年金。绝大多数优先股因为有固定的股利而没有到期日，而被视为永续年金。永续年金因为没有到期日而没有终值。其现值的计算公式为

$$P = \frac{A}{i}$$

【例 2-8】 一项每年年底的收入为 800 元的永续年金投资，利息为 8%，其现值为

$$P = \frac{A}{i} = \frac{800}{8\%} = 10\ 000$$

(四) 资金时间价值计算中的几个特殊问题

以上都是资金时间价值的基本原理，下面对时间价值计算中的几个特殊问题加以说明。

1. 不等额现金流量现值的计算

在财务管理实践中出现比较多的情况是每次收入和支出的款项是不相等的，经常需要计算这些不等额现金流入量或流出量的现值之和。

【例 2-9】 某人从 2012 年工作开始每年年末都将节省下来的工资存入银行，其存款如下，2012 年 1000 元，2013 年 2000 元，2014 年 100 元，2015 年 3000 元，2016 年 4000 元，折现率为 5%，求这笔不等额存款在 2013 年初的现值。

$$\begin{aligned}
P &= 1000 \times (P/F,\ 5\%,\ 0) + 2000 \times (P/F,\ 5\%,\ 1) + 100 \times (P/F,\ 5\%,\ 2) \\
&\quad + 3000 \times (P/F,\ 5\%,\ 3) + 4000 \times (P/F,\ 5\%,\ 4) \\
&= 1000 \times 1.000 + 2000 \times 0.952 + 100 \times 0.907 + 3000 \times 0.864 + 4000 \times 0.823 \\
&= 8878.7\ (元)
\end{aligned}$$

2. 年金和不等额现金流量混合情况下的现值

年金和不等额现金流量混合的情况下，不能用年金计算的部分就用复利公式计算，然后与用年金计算的部分加总，就可以得出。

【例 2-10】 某公司投资了一项新项目，新项目投产后每年获得的现金流入量如下：

前四年流入量都为 1000 元，第五到九年流入量为 2000 元，第十年的流入量为 3000 元，折现率为 9%，求这一项目的现金流入量现值。

第五到九年可以视为递延年金，则

$$P = 1000 \times (P/A，9\%，4) + 2000 \times [(P/A，9\%，9)-(P/A，9\%，4)]$$
$$+ 3000 \times (P/F，9\%，10)$$
$$= 1000 \times 3.204 + 2000 \times 2.755 + 3000 \times 0.422$$
$$= 10\ 016\ (元)$$

3．折现率的计算

在财务管理中经常会遇到已知计息期数、终值和现值，求折现率的问题。

一般来说分两步：一是求出换算系数；二是根据换算系数和有关系数表求折现率。复利终值、复利现值、年金终值、年金现值的换算系数公式如下：

$$(F/P，i，n) = F/P \qquad (P/F，i，n) = P/F$$
$$(F/A，i，n) = F/A \qquad (P/A，i，n) = P/A$$

【例 2-11】　将 100 元存入银行，10 年后可以获得 259.4 元，问银行存款利率。

$$(P/F，i，n) = P/F = 100/259.4 = 0.386$$

查复利现值系数表，与 10 年相对应的折现率中，10% 的系数为 0.386，因此所求利率为 10%。

【例 2-12】　现在向银行存入 5000 元，在利率为多少时，才能保证在今后 10 年中每年得到 750 元。

$$(P/A，i，n) = P/A = 5000/750 = 6.667$$

查年金现值系数表，当利率为 8% 时，系数为 6.710；当利率为 9% 时，系数为 6.418。所以所求利率 i 应该在 8%～9% 之间，用插值法计算 i 的值为

$$(i-8\%)/(9\%-8\%) = (6.710-6.667)/(6.710-6.418)$$

解得：$i = 8.15\%$。

4．计息期短于一年的时间价值的计算

有的时候会有计息期短于一年的情况：债券利息一般每半年支付一次，某公司股利每季度就支付一次，这就出现了以半年、一个季度、一个月甚至以天为期间的计息期。与计息期对应的一个概念是复利计息频数，即利息在一年中累计复利多少次。

当计息期短于一年，而利率又是年利率时，计息期数和计息利率均应按下式进行换算：

$$R = i/m，\quad t = m \times n$$

其中：R 表示期利率；i 表示年利率；m 表示每年的复利计息频数；n 表示年数；t 表示换算后的计息期数。

【例 2-13】　某人准备在第五年年末获得 1000 元，年利息率为 10%。试计算：如果每年计息一次，则现在应存入多少钱？如果半年计息一次，则现在应存入多少钱？

如果每年计息一次，即 $n = 5$，$i = 10\%$，$F = 1000$，则

$$P = 1000 \times (P/F, 10\%, 5) = 1000 \times 0.621 = 621 \, (元)$$

如果每半年计息一次，即 $m = 2$，则

$$R = i/m = 10\%/2 = 5\%$$

$$t = m \times n = 2 \times 5 = 10$$

$$P = 1000 \times (P/F, 5\%, 10) = 1000 \times 0.614 = 614 \, (元)$$

第二节　风险与报酬均衡

一、资产的风险与报酬

报酬是描述投资项目财务绩效的一种方式，其大小可以通过报酬率来衡量。假设某投资者购入 10 万元的短期国库券，利率为 10%，一年后获得 11 万元，那么这一年的投资报酬率为 10%，即

投资报酬率 = (投资所得–初始投资) / 初始投资 = (11–10) / 10 = 10%

事实上，投资者获得的投资报酬率就是国库券的票面利率，一般认为该投资是没有风险的。然而，如果将这 10 万元投资于一家刚成立的高科技公司，该投资的报酬就无法明确估计，即投资面临风险。

公司的财务决策几乎都是在包含风险和不确定的情况下做出的，离开了风险，就无法正确评价公司投资报酬的高低。风险是客观存在，按风险的程度，可以把公司的财务决策分为三种类型。

(一) 确定性决策

决策者对未来的情况是完全确定的或已知的决策称为确定性决策。例如，前述投资者将 10 万元投资于利息率为 10% 的短期国库券，由于国家实力雄厚，到期得到 10% 的报酬几乎是肯定的，因此，一般认为这种情况下的决策为确定性决策。

(二) 风险性决策

决策者对未来的情况不能完全确定，但不确定性出现的可能性——概率的具体分布是已知的或可以估计的，这种情况下的决策称为风险性决策。

(三) 不确定性决策

决策者不仅对未来的情况不能完全确定，而且对不确定性可能出现的概率也不清楚，这种情况下的决策称为不确定性决策。

从理论上讲，不确定性是无法计量的，但在财务管理中，通常为不确定性规定了一些主观概率，以便进行定量分析。不确定性在被规定了主观概率以后，就与风险十分相似了。

因此，在企业财务管理中，对风险与不确定性并不作严格区分，当谈到风险时，可能是风险，更可能是不确定性。

投资者之所以愿意投资风险高的项目，是因为其获得的报酬率足够高，能够补偿其投资风险。很明显，在上述例子中，如果投资高科技公司的期望报酬率与短期国库券一样，那么几乎没有投资者愿意投资。

二、单项资产的风险与报酬

如前所述，对投资活动而言，风险是与投资报酬的可能性相联系的，因此，对风险的衡量就要从投资报酬的可能性入手。

(一) 确定概率分布

概率是衡量随机事件发生可能性的一个数学概念，例如掷一次硬币，正面向上的概率为 50%。如果将所有可能的事件或结果都列示出来，并对每个事件都赋予一个概率，则得到事件或结果的概率分布。以掷硬币为例，可以建立如表 2-1 所示的概率分布表。

表 2-1　概率分布表

事件结果(1)	概率(2)
正面向上	50%
反面向上	50%
合计	100%

第 1 列列示了可能的事件结果，第 2 列列示了不同事件结果的概率。请注意，概率分布必须符合以下两个要求：① 出现每种结果的概率都在 0~1 之间；② 所有结果的概率之和应等于 1。

同样，也可以为投资的可能结果(即报酬)赋予概率。假设有两家企业 A 企业和 B 企业，其股票报酬率的概率分布如表 2-2 所示，从表中可以看出，市场需求旺盛的概率为 30%，此时两家企业的股东都将获得很高的报酬率；市场需求正常的概率为 40%，此时股票报酬率适中；而市场需求低迷的概率为 30%，此时 B 企业的股东只能获得低报酬率，A 企业的股东甚至会遭受损失。

表 2-2　A 企业与 B 企业的概率分布图

市场需求类型	各类需求发生概率	各类需求状况下股票报酬率	
		A 企业	B 企业
旺盛	0.3	100%	20%
正常	0.4	15%	15%
低迷	0.3	−70%	10%
合计	1.0		

(二) 计算期望报酬率

期望报酬率是将各种可能结果与其所对应的发生概率相乘，并将乘积相加，则得到各种结果的加权平均数。此处权重系数为各种结果发生的概率，加权平均数则为期望报酬率 $\overline{E}$，如表 2-3 所示，表中显示 A 企业和 B 企业的期望报酬率均为 15%。

表 2-3　　期望报酬率的计算

市场需求类型 (1)	各类需求发生概率 (2)	A 企业		B 企业	
		各类需求的报酬率 (3)	乘积 (2)×(3)=(4)	各类需求的报酬率 (5)	乘积 (2)×(5)=(6)
旺盛	0.3	100%	30%	20%	6%
正常	0.4	15%	6%	15%	6%
低迷	0.3	−70%	−21%	10%	3%
合计	1.0		$\overline{E}=15\%$		$\overline{E}=15\%$

期望报酬率的计算过程如下：

$$\overline{E} = P_1R_1 + P_2R_2 + \cdots + P_nR_n = \sum_{i=1}^{n} P_iR_i$$

式中：R 表示第 i 种可能结果；P 表示第 i 种结果的概率；n 表示所有可能结果的数目；$\overline{E}$ 表示各种可能结果(即 R 值)的加权平均数，各结果的权重即为其发生的概率。

A 企业的期望报酬率计算过程如下：

$$\overline{E} = 0.3 \times 100\% + 0.4 \times 15\% + 0.3 \times (-70\%) = 15\%$$

B 企业的期望报酬率计算过程如下：

$$\overline{E} = 0.3 \times 20\% + 0.4 \times 15\% + 0.3 \times 10\% = 15\%$$

本例仅假设可能出现三种情况：旺盛、正常、低迷。事实上，需求量可以分布在极度低迷与极度旺盛之间，且有无数种可能。如果时间与精力允许找出每种可能的需求水平对应的概率(概率之和应当等于 1.0)，并找到每种需求水平下的股票报酬率。那么同样也可以得到一个类似于表 2-3 的表格，只不过各列将包括更多条目。

概率分布图越集中，那么实际结果接近期望值的可能性越大，其背离期望报酬的可能性则越小。因此，概率分布越集中，股票对应的风险越小。与 A 企业相比，B 企业股票报酬的概率分布相对更为集中，因此其实际报酬率将更接近 15% 的期望报酬率。

(三) 计算标准差

利用概率分布的概念能够对风险进行衡量，即期望未来报酬的概率分布越集中，则该投资的风险越小。据此定义可知，B 企业的风险比 A 企业更小，因为其实际报酬背离其期望报酬的可能性更小。

为了准确度量风险的大小，我们引入标准差这一度量概率分布密度的指标，标准差越小，概率分布越集中，同时，相应的风险也就越小，标准差的具体计算过程如下(式中符号含义同前)。

(1) 计算期望报酬率：

$$\overline{E} = \sum_{i=1}^{n} P_i R_i$$

(2) 每个可能的报酬率减去期望报酬率得到一组相对于 $\overline{E}$ 的离差：

$$离差 = R_i - \overline{E}$$

(3) 求各离差的平方，并将结果与该结果对应的发生概率相乘，然后将这些乘积相加，得到概率分布的方差：

$$方差 = \sigma^2 = \sum_{i=1}^{n} (R_i - \overline{E})^2 P_i$$

(4) 求出方差的平方根，即得到标准差：

$$标准差 = \sigma = \sqrt{\sum_{i=1}^{n} (R_i - \overline{E})^2 P_i}$$

可见，标准差实际上是偏离期望值的离差的加权平均值，它度量的是实际值偏离期望值的程度。

前例中，A 企业的标准差为

$$\sigma = \sqrt{(100\% - 15\%)^2 \times 0.3 + (15\% - 15\%)^2 \times 0.4 + (-70\% - 15\%)^2 \times 0.3} = 65.84\%$$

B 企业的标准差为

$$\sigma = \sqrt{(20\% - 15\%)^2 \times 0.3 + (15\% - 15\%)^2 \times 0.4 + (10\% - 15\%)^2 \times 0.3} = 3.87\%$$

A 企业的标准差更大，说明其报酬的离差程度更大，即无法实现期望报酬的可能性更大。由此可以判断，当单独持有时，A 企业的股票比 B 企业的股票风险更大。

5. 计算离散系数

如果两个项目期望报酬率相同、标准差不同，理性投资者会选择标准差较小，即风险较小的那个，类似地，如果两项目具有相同风险(标准差)、但期望报酬率不同，投资者通常会选择期望报酬率较高的项目。因为投资者都希望冒尽可能小的风险，而获得尽可能高的报酬。但是，如果有两项投资：一项期望报酬率较高而另一项标准差较低，投资者该如

何抉择呢？此时另一个风险度量指标——离散系数(V)可以较好地解决这一问题，其计算公式为(式中符号含义同前)

$$V = \frac{\sigma}{E} \times 100\%$$

离散系数度量了单位报酬的风险，为项目的选择提供了更有意义的比较基础。由于 A 企业与 B 公司企业的期望报酬率相同，故前例中并无必要计算离散系数，当期望报酬率相等时，标准差较大的 A 企业的离散系数应当较大，事实上，A 企业的离散系数为 4.39，B 企业的离散系数则为 0.26。可见，以此标准，A 企业的风险约是 B 企业的 17 倍。

【例 2-14】　甲项目的期望报酬率为 60%，标准差为 15%；乙项目的期望报酬率为 8%，而标准差仅为 3%，则投资者应该选择哪个项目进行投资？

甲项目的离散系数：

$$V = \frac{15}{60} = 0.25$$

乙项目的离散系数：

$$V = \frac{3}{8} = 0.375$$

因此投资者应该选择甲项目。

(四) 风险规避与必要报酬

假设有两个项目可以投资，投资额均为 10 万元，第一个项目是购买利率为 5% 的短期国债，第 1 年年末将获得 0.5 万元期望报酬，期望报酬率为 0.5/10 × 100% = 5%；第二个项目是购买 A 公司的股票，如果 A 公司的产品研发顺利，则 10 万元投资额将增值到 21 万元，而如果公司产品研发失败，股票价格跌至 0 元，10 万元投资额血本无归。A 公司成功与失败的概率各占 50%，则投资 A 公司股票的报酬为 0.5 × 0 + 0.5 × 21 = 10.5(万元)，扣除 10 万元的初始投资成本，净收益也为 0.5 万元，即期望报酬率亦为 5%。

两个项目的期望报酬率一样，但是作为理性投资者，就会选择第一个项目，表现出风险规避，而且在财务决策实务中，多数投资者都是风险规避者。

这些价格变化将导致两只股票期望报酬率的变动。例如假设 B 公司的股价从 30 元/股升至 45 元/股，而 A 公司的股价由 30 元/股跌至 15 元/股，这将导致 B 公司的期望报酬率降为 10%，A 公司的期望报酬率则会升到 30%，两者报酬率之差(30%−10% = 20%)是投资者对 A 公司股票较 B 公司股票的额外风险而要求的额外补偿，即风险溢价。

三、证券组合的报酬与风险

投资者在进行证券投资的时候，一般并不把所有资金投资于一种证券，而是同时持有多种证券。这种同时投资于多种证券的方式，称为证券的投资组合，又称证券组合或投资组合。由多种证券构成的投资组合，会减少风险，报酬率高的证券会抵消报酬率低的证券带来的负面影响。因此，绝大多数法人投资者如工商业企业、信托投资公司、投资基金公司等都同时投资于多种证券，即使是个人投资者，一般也是持有证券的投资组合而不只是投资于某一个公司的股票或债券。所以，了解证券组合的风险与报酬对于公司财务人员来说非常重要。

(一) 证券组合的报酬

证券组合的期望报酬是指组合中单项证券期望报酬的加权平均值，权重为整个组合中投入各项证券的资金占总投资额的比重。其计算公式为

$$证券组合的期望报酬率 = E(R_p) = \sum_{i=1}^{n} W_i \times E(R_i)$$

式中：$E(R_p)$表示投资组合的期望报酬率；$E(R_i)$表示单只证券的期望报酬率；证券组合中有 n 种证券，W_i 表示第 i 只证券所占的比重。

【例 2-15】 某投资公司的一项投资组合中所含 A、B、C 三种股票，权重分别为 30%、40%和 30%，三种股票的预期收益率分别为 15%、12%、10%。试计算该投资组合的预期收益率。

该投资组合的预期收益率为

$$E(R_p) = 30\% \times 15\% + 40\% \times 12\% + 30\% \times 10\% = 12.3$$

1 年以后，各只股票的实际报酬率为 R_i，很可能与期望值不相等，因此，投资组合的实际报酬率很可能不等于 12.3%。也就是说，证券组合同样存在风险。

(二) 证券组合的风险

与投资组合的报酬不同，投资组合的风险通常并非组合内部单项资产标准差的加权平均数。事实上，我们可以利用某些有风险的单项资产组成一个完全无风险的投资组合。

W 与 M 这两只股票在单独持有时都具有相当的风险，但当二者的报酬率相互呈反周期变动时，即 W 的报酬率下降时 M 的报酬率上升，反之亦然。此时 W 和 M 构成投资组合 WM 时就不再具有风险。两个变量同时变动的趋势称为相关性，相关系数 P 度量了这种趋势。当 $P=-1.0$ 时，股票 W 与 M 的报酬率完全负相关。

完全负相关($P=-1.0$)的反面即完全正相关($P=+1.0$)。两只完全正相关的股票的报酬将会同时增减，由这样两只股票组成的投资组合与单只股票具有相同的风险。而且此时投资组合的标准差等于单只股票的标准差，即若投资组合由完全正相关的股票组成，则无法分散风险。

股票报酬完全负相关时，所有的风险都能被分散掉；而当股票报酬完全正相关时，则风险无法分散。事实上，多数股票的报酬都呈正相关关系，但并非完全正相关。平均而言，随机挑选两只股票，其报酬的相关系数大约等于+0.6，且对于多数股票来说，其报酬的两

两相关系数 P 都在 0.5～0.7 之间。在此情况下，股票投资组合能够降低风险但不能完全消除风险。

若投资组合包含的股票多于两只，通常情况下，投资组合的风险将随所包含股票数量的增加而降低。

想要找到期望报酬率呈负相关的股票很困难。因为当经济繁荣时，多数股票都走势良好，而当经济低迷时，多数股票都表现不佳。因此，即使是非常大的投资组合，也仍然存在一些风险。

任意一只股票所包含的风险，几乎有一半能够通过构建一个适度最大分散化的投资组合而消除。不过，由于总会残留一些风险，因此几乎不可能完全分散那些影响所有股票报酬的整个股票市场的波动。

股票风险中通过投资组合能够被消除的部分称为可分散风险，而不能够被消除的部分则称为市场风险。如果组合中股票数量足够多，则任意单只股票的可分散风险都能够被消除。

可分散风险是由某些随机事件导致的，如个别公司遭受火灾，公司在市场竞争中的失败等。这种风险可以通过证券持有的多样化来抵消，即多买几家公司的股票，其中某些公司的股票报酬上升，另一些公司的股票报酬下降，从而将风险抵消。市场风险则产生于那些影响大多数公司的因素：经济危机、通货膨胀、经济衰退以及高利率。由于这些因素会对大多数股票产生负面影响，因此无法通过分散化投资消除市场风险。

市场风险的程度通常用 β 系数来衡量，如果以 ρ_{iM} 表示第 i 只股票的报酬与市场组合报酬的相关系数，σ_i 表示第 i 只股票报酬的标准差，σ_M 表示市场组合报酬的标准差，则股票 i 的 β 系数可由下式得出：

$$\beta_i = \left(\frac{\sigma_i}{\sigma_M}\right)\rho_{iM}$$

从中可以看出，对于标准差 σ_i 较高的股票而言，其 β 系数也较大。因此在其他条件都相同的情况下，高风险的股票将为投资组合带来更多的风险。同时，与市场组合间相关系数 ρ_{iM} 较高的股票也具有较大的 β 系数，从而风险也更高，此时意味着分散化的作用将不大，该股票将给投资组合带来较多风险。

根据上述定义，与市场水平同步波动的股票可以视为平均风险股票。此类股票的 β 系数为 1.0。这意味着如果市场报酬率上升 10%，则通常此类股票的报酬率也将上升 10%；如果市场报酬率下降 10%，该股票报酬率也将同样下降 10%。由 β 系数为 1 的股票所组成的投资组合将随整体市场指数上下波动，其风险程度也与这些市场指数相同。若 $\beta = 0.5$，则该股票的波动性仅为市场波动水平的一半；若 $\beta = 2$，则该股票的波动性将为平均股票的 2 倍，因而此类股票投资组合的风险程度也将为平均组合的 2 倍。

β 系数值度量了股票相对于平均股票的波动程度，而根据定义，平均股票的 β 值为 1.0。如果向一个 $\beta = 1.0$ 的投资组合中加入一只 β 值大于 1.0 的股票，那么投资组合的 β 值及其风险都将上升；反之，如果向一个 $\beta = 1.0$ 的投资组合中加入一只 β 值小于 1.0 的股票，那么投资组合的 β 值及其风险都将下降。由于股票 β 值衡量了其对投资组合风险的贡献程度，因此 β 值即为股票风险理论上的合理度量。

β 系数一般不需投资者自觉计算，而由一些投资服务机构定期计算并公布。

以上介绍了单只股票 β 系数的相关情况。证券组合中的 β 系数是单只股票 β 系数的加权平均，权数为各种股票在证券组合中所占的比重。其计算公式为

$$\beta_p = \sum_{i=1}^{n} \omega_i \beta_i$$

(三) 证券组合中的风险与报酬

投资者进行证券组合投资与进行单项投资一样，都要求对所承担的风险进行补偿，股票的风险越大，要求的报酬越高。但是，与单项投资不同，证券组合投资要求补偿的风险只是市场风险，而不要求对可分散风险的补偿。如果可分散风险的补偿存在，善于科学的进行投资组合的投资者将会购买这部分股票，并抬高其价格，其最后的报酬率只反映市场风险。因此，证券组合的风险报酬率是投资者因承担不可分散风险而要求的，超过时间价值的那部分额外报酬率，可用下列公式计算：

$$R_p = \beta_p (R_M - R_f)$$

式中：R_p 表示证券组合的风险报酬率；β_p 表示证券组合的 β 系数；R_M 表示所有股票的平均报酬率，也就是由市场上所有股票组成的证券组合的报酬率，简称市场报酬率；R_f 表示无风险报酬率，一般用国债的利息率来衡量。

【例 2-16】　某投资机构持有 A、B、C 三只股票构成的证券组合，它们的 β 系数分别为 2.0、1.0 和 0.5，它们在证券组合中所占的比例分别为 60%、30% 和 10%，股票市场的平均报酬率为 14%，无风险报酬率为 10%，试确定这种证券组合的风险报酬率。

先确定证券组合的 β 系数：

$$\beta_p = 60\% \times 2.0 + 30\% \times 1.0 + 10\% \times 0.5 = 1.55$$

再计算证券组合的风险报酬率：

$$R_p = \beta_p (R_M - R_f) = 1.55 \times (14\% - 10\%) = 6.2\%$$

计算出风险报酬率后，便可根据投资额和风险报酬率计算出风险报酬额。从以上计算可以看出，调整各种证券在证券组合中的比重，可以改变证券组合的风险、风险报酬率和风险报酬额。

同时还可以看出，在其他因素不变的情况下，风险报酬取决于证券组合的 β 系数，β 系数越大，风险报酬越大；反之亦然。或者说，β 系数反映了股票报酬对于系统性风险的反

应程度。

(四) 资本资产定价模型

众所周知，投资者只有在期望报酬足以补偿其承担的投资风险时才会购买风险性资产。由风险报酬均衡原则可知，风险越高，必要报酬率也就越高。多高的必要报酬率才足以抵补特定数量的风险，市场又是怎样决定必要报酬率的。一些基本的资产定价模型将风险与报酬率联系在一起，把报酬率表示成风险的函数，资本资产定价模型就是其中之一。

市场的期望报酬率是无风险资产的报酬率加上因市场组合的内在风险所需的补偿，用公式表示为

$$R_M = R_f + R_p$$

式中：R_M 表示市场的期望报酬率；R_f 表示无风险资产的报酬率；R_p 表示投资者因持有市场组合而要求的风险溢价。

因为股票具有风险，所以期望报酬与实际报酬往往不同，某一时期市场的实际报酬可能低于无风险资产的报酬，甚至出现负值。但投资者要求风险与报酬均衡，所以风险溢价一般都假定为正值。这个值应该是多少呢？实际操作中通常用过去风险溢价的平均值作为未来风险溢价的最佳估计值。

在构造证券投资组合并计它们的报酬率之后，资本资产定价模型(Capitalasset Pricing Model，CAPM)可以进一步测算投资组合中的每一种证券的报酬率。资本资产定价模型建立在一系列严格假设的基础之上：

(1) 所有投资者都关注单一持有期。通过基于每个投资组合的期望报酬率和标准差，在可选择的投资组合中选择，他们都寻求最终财富效用的最大化；

(2) 所有投资者都可以给定的无风险利率无限制地借入或借出资金，卖空任何资产均没有限制；

(3) 投资者对期望报酬率、方差以及任何资产的协方差评价一致，即投资者有相同的期望；

(4) 所有资产都是无限可分的，并有完美的流动性，即在任何价格均可交易；

(5) 没有交易费用；

(6) 没有税收；

(7) 所有投资者都是价格接受者，即假设单个投资者的买卖行为不会影响股价；

(8) 所有资产的数量都是确定的。

资本资产定价模型的一般形式为

$$R_i = R_f + \beta_i (R_M - R_f)$$

式中：R_i 表示第 i 种股票或第 i 种证券组合的必要报酬率；R_f 表示无风险报酬率；β_i 表示第 i 种股票或第 i 种证券组合的 β 系数；R_M 表示所有股票或所有证券的平均报酬率。

【例 2-17】 某公司股票的系数为 2.0，无风险利率为 6%，市场上所有股票的平均报酬率为 10%。那么，该公司股票的报酬率应为

$$R_i = R_f + \beta_i (R_M - R_f) = 6\% + 2.0 \times (10\% - 6\%) = 14\%$$

也就是说，只有在该公司股票的报酬率达到或超过 14%时，投资者方可进行投资，如果低于 14%，则投资者不会购买该公司的股票。

✦✦✦✦✦ 复习思考题 ✦✦✦✦✦

1. 简述货币时间价值观念。
2. 简述年金的概念及其种类。
3. 请解释名义利率和实际年利率。
4. 简述证券组合的风险。
5. 简述资本资产定价模型。

✦✦✦✦✦ 计 算 题 ✦✦✦✦✦

1. A 企业将闲置资金 10 万元投资债券，期限 5 年，年利率 10%，每半年复利一次。计算实际年利率和该债券持有至到期的本息和。

2. B 企业 2017 年 1 月 1 日将一笔闲置资金存入银行，计划在第 2020 年到 2025 年每年末取出 20 万元用于偿还购房支出，假定银行利率为 6%。试问企业现在应存入的现金数额是多少？

项目三　全面预算管理体系

学习目标 ✍

(1) 掌握企业预算管理的内容;

(2) 熟悉企业全面预算管理体系;

(3) 掌握企业预算编制的方法;

(4) 明确全面预算编制的全过程。

【思维导图】

参照彩图 5。

案例导入 📄

全面预算管理是以资金有效运作为主线,通过事前预算,事中控制,解决传统经营管理中管事与管钱分离的问题,大大提高了资金的可控性和利用效果,减少不必要的支出,实现资金流和物流的有效整合。辽宁清河发电有限责任公司是中国电力国际有限公司控股的独立发电公司,2002 年开始实施全面预算管理,该公司仅用半年时间就实现了各项成本同期下降 5%的目标。全面预算管理为何如此行之有效,让我们通过本章的学习来寻找答案吧。

第一节　全面预算管理概述

一、预算的含义、特征和作用

(一) 预算的含义

预算是企业在预测、决策的基础上,以数量和金额的形式反映企业未来一定时期内经营、投资、财务等活动的具体计划,是为实现企业目标而对各种资源和企业活动作出的详细安排。预算是一种可据以执行和控制经济活动的,最为具体的计划,是对目标的具体化,是对企业活动导向预定目标的有力工具。

(二) 预算的特征

预算具有两个显著特征:首先,预算与企业的战略或目标保持一致,因为预算是为实现企业目标而对各种资源和企业活动作出的详细安排；其次，预算是数量化的并具有可执行性，因为预算作为一种数量化的详细计划，它是对未来活动细致、周密的安排，是未来经营活动的依据。因此，数量化和可执行性是预算最为主要的特征。

(三) 预算的作用

预算的作用主要表现在以下三个方面：

1. 预算通过引导和控制经济活动，使企业经营达到预期目标

通过预算指标可以控制实际活动过程，随时发现问题，采取必要的措施，纠正不良偏差，避免经营活动的漫无目的、随心所欲，通过有效的方式实现预期目标。因此，预算具有规划、控制、引导企业经济活动有序进行、以最经济有效的方式实现预定目标的功能。

2. 预算可以实现企业内部各个部门之间的协调

从系统论的观点来看，局部计划的最优化，对全局来说不一定是最合理的。为了使各个职能部门向着共同的战略目标前进，它们的经济活动必须密切配合，相互协调，统筹兼顾，全面安排，搞好综合平衡。各部门的预算经过综合平衡，能促使各部门管理人员清楚地了解本部门在全局中的地位和作用，尽可能地做好部门之间的协调工作。各级各部门因其职责不同，往往会出现相互冲突的现象。各部门之间只有协调一致，才能最大限度地实现企业整体目标。例如，企业的销售、生产、财务等各部门可以分别编制出对自己来说是最好的计划，但该计划在其他部门却不一定能行得通。销售部门根据市场预测提出了一个庞大的销售计划，生产部门可能没有那么大的生产能力；生产部门可能编制一个充分利用现有生产能力的计划，但销售部门可能无力将这些产品销售出去；销售部门和生产部门都认为应该夸大生产能力，财务部门却认为无法筹到必要的资金。全面预算经过综合平衡后可以提供解决各级各部门冲突的最佳办法，代表企业的最优方案，可以使各级各部门的工作在此基础上协调地进行。

3. 预算可以作为业绩考核的标准

预算作为企业财务活动的行为标准，使各项活动的实际执行有章可循。预算标准可以作为各部门责任考核的依据。经过分解落实的预算规划目标能与部门、责任人的业绩考评结合起来，成为奖勤罚懒、评估优劣的准绳。

二、预算的分类

根据内容不同，企业预算一般可以分为业务预算(经营预算)、专门决策预算和财务预算三类。

(一) 业务预算

业务预算是指与企业日常经营活动直接相关的经营业务的各种预算。它主要包括销售预算、生产预算、直接材料预算、直接人工预算、制造费用预算、产品成本预算、销售费用预算和管理费用预算等，其中，销售预算是全面预算编制的起点。

(二) 专门决策预算

专门决策预算是指企业不经常发生、一次性的重要决策预算。专门决策预算直接反映相关决策的结果，是实际中选方案的进一步规划，如资本支出预算、长期借款预算等。

(三) 财务预算

财务预算是指企业在计划期内反映有关预计现金收支、财务状况和经营成果的预算，主要包括现金预算和预计财务报表。财务预算作为全面预算体系的最后环节，它是从价值方面总括的反映企业业务预算和专门决策预算的结果，又称为总预算，其他预算则相应的成为辅助预算或分预算。

三、预算工作的组织

预算工作的组织包括决策层、管理层、执行层和考核层，具体分工如下：

企业董事会或类似机构应当对企业预算工作的管理负总责。企业董事会或者经理办公室可以根据情况设立预算委员会或指定财务管理部门负责预算管理事宜，并对企业法定代表负责。

预算委员会或财务管理部门主要拟定预算的目标、政策，制订预算管理的具体措施和办法，审议、平衡预算方案，组织下达预算，协调解决预算编制和执行中的问题，组织审计、考核预算的执行情况，督促企业完成预算目标。

企业财务管理部门具体负责企业预算的跟踪管理，监督预算的执行情况，分析预算与实际执行的差异及其原因，提出改进管理的意见与建议。

企业内部生产、投资、物资、人力资源、市场营销等职能部门具体负责本部门业务涉及的预算编制、执行、分析等工作，并配合预算委员会或财务管理部门做好企业总预算的综合平衡、协调、分析、控制与考核等工作。其主要负责人参与企业预算委员会的工作，并对本部门预算执行结果承担责任。

企业所属基层单位是企业预算的基本单位，在企业财务管理部门的指导下，负责本单位现金流量、经营成果和各项成本费用预算的编制、控制、分析工作，接受企业的检查、考核。其主要负责人对本单位财务预算的执行结果承担责任。

第二节　全面预算的编制方法

一、增量预算与零基预算

(一) 增量预算

增量预算是指以基期成本费用水平为基础，结合预算期业务量水平及有关降低成本的措施，通过调整有关费用项目而编制预算的方法。增量预算以过去的费用发生水平为基础，主张不需在预算内容上作较大的调整，它的编制遵循如下假定：

企业现有业务活动是合理的，不需要进行调整；企业现有各项业务的开支水平是合理的，在预算期内保持不变；以现有业务活动和各项活动的开支水平，确定预算期各项活动的预算数。

增量预算的缺点：可能导致无效费用开支项目无法得到有效控制，因为不加以分析的保留或接受原有的成本费用项目，可能使原来不合理的费用继续开支而得不到控制，形成不必要的开支合理化，造成预算上的浪费。

(二) 零基预算

零基预算的全称为"以零为基础的编制计划和预算的方法"，它不考虑以往会计期间所发生的费用项目或费用数额，而是一切以零为出发点，根据实际需要逐项审议预算期内各项费用的内容及开支标准是否合理，在综合平衡的基础上编制费用预算。

零基预算的优点：① 不受现有费用项目的限制；② 不受现行预算的束缚；③ 能调动各方面节约费用的积极性；④ 有利于促使基层单位精打细算，合理使用资金。

零基预算的缺点：预算编制工作量大。

二、固定预算与弹性预算

编制预算的方法按其业务量基础数量特征不同，可以分为固定预算和弹性预算。

(一) 固定预算

固定预算又称静态预算，是指在编制预算时，只根据预算期内正常、可实现的某一固定的业务量(产量、销量等)水平作为唯一基础来编制预算的方法。

固定预算的缺点：

1. 适应性差

因为编制预算的业务量基础是事先假定的某个业务量。在这种方法下，不论预算期内业务量水平实际可能发生哪些变动，都只是按照事先确定的某一个业务量水平作为编制预算的基础。

2. 可比性差

当实际的业务量与编制预算所依据的业务量发生较大差异时，有关预算指标的实际数与预算数就会因为业务量基础不同而失去可比性。

(二) 弹性预算

弹性预算又称为动态预算，是在成本性态分析的基础上，依据业务量、成本和利润之间的联动关系，按照预算期内可能的一系列业务量(如生产量、销售量、工时等)水平编制系列预算的方法。弹性预算主要适用于成本费用预算和利润预算。

弹性预算法所采用的业务量范围，视企业或部门的业务量变化情况而定，必须使实际业务量不至于超出相关的业务量范围。一般来说，可定在正常生产能力的70%～110%之间，或以历史上最高业务量和最低业务量为其上限和下限。弹性预算法编制预算的准确性，在很大程度上取决于成本性态分析的可靠性。

弹性预算的特征：弹性预算是按照一系列业务量水平编制的，从而扩大了预算的适用范围；弹性预算是按照成本性态分类列示的，在预算执行中可以计算一定实际业务量的预算成本，以便于预算执行的评价和考核。

弹性预算的编制步骤：选择业务量的计量单位；确定适用的业务量范围；逐项研究并确定各项成本和业务量之间的数量关系；计算各项预算成本，并用一定的方式来表达。

弹性预算的编制方法：

1. 公式法

公式法是运用总成本性态模型，测算预算期的成本费用数额，并编制成本费用预算的方法。根据成本性态，成本与业务量之间的数量关系可用公式表示为

$$Y = a + bx$$

其中：Y 表示某项预算成本总额；a 表示该项成本中的预算固定成本额；b 表示该项成本中的预算单位变动成本额；x 表示预计业务量。

【例 3-1】　A 企业制造费用中修理费用可以通过修理工时来衡量。经测算，预算期修理费用中固定修理费用为 2800 元，单位工时的变动修理费用为 3 元，预计预算期的修理工时为 4000 小时。

运用公式法，测算预算期的修理费用的公式为

$$Y = 2800 + 3x$$

所以，当预算期修理工时为 4000 小时时，修理费用为

$$2800 + 3 \times 4000 = 14\,800 \, (\text{元})$$

【例 3-2】　B 企业经过分析得出某种产品的制造费用与生产工时直接相关，采用公式法编制的制造费用预算如表 3-1 所示。

表 3-1　制造费用预算(公式法)

业务量范围	490～770(生产工时)	
费用项目	固定费用/(元/月)	变动费用/(元/生产工时)
运输费用		0.4
电力费用		1.2
材料费用		0.3
修理费用	100	1.0
油料费用	120	0.3
折旧费用	300	
人工费用	160	
合计	680	3.2
备注	当业务量超过 700 工时后，修理费用中的固定修理费用将由 100 元上升到 200 元	

本例中，针对制造费用，在业务量为490~700工时的情况下，$Y = 680 + 3.2x$；在业务量在700~770工时的情况下，$Y = 780 + 3.2x$。

公式法的优点：便于在一定范围内计算任何业务量的预算成本，可比性和适应性较强，编制预算的工作量相对较小。

公式法的缺点：按公式进行成本分解比较麻烦，对每个费用子项目甚至细目逐一进行成本分解，工作量很大。必要时，还要在"备注"中说明适用不同业务量范围的固定费用和单位变动费用。

2. 列表法

列表法是在预计的业务量范围内将业务量分为若干个水平，然后按不同的业务量水平编制预算。

应用列表法编制预算，首先要在确定的业务量范围内，划分出若干个不同水平，然后分别计算各项预算值，汇总列入一个预算表格。

列表法的优点：不管实际业务量多少，不必经过计算即可找到与业务量相近的预算成本。

列表法的缺点：运用列表法编制预算，在评价和考核实际成本时，往往需要使用插值法来计算"实际业务量的预算成本"，比较麻烦。

【例3-3】 根据表3-1，A企业采用列表法编制2017年10月制造费用预算，如表3-2所示。

表3-2 制造费用预算(列表法)

业务量(生产工时)	490	560	630	700	770
占正常生产能力百分比	70%	80%	90%	100%	110%
变动成本：					
运输费用(b=0.4)	196	224	252	280	308
电力费用(b=1.2)	588	672	756	840	924
材料费用(b=0.3)	147	168	189	210	231
合计：	931	1064	1197	1330	1463
混合成本：					
修理费用	590	660	730	800	870
油料费用	267	288	309	330	351
合计：	857	948	1039	1130	1221
固定成本：					
折旧费用	300	300	300	300	300
人工费用	160	160	160	160	160
合计：	460	460	460	460	460
总计	2248	2472	2696	2920	3144

在表 3-2 中，分别列示了五种业务量水平的成本预算数据。这样，无论实际业务量达到何种水平，都有适用的一套成本数据来发挥控制作用。

采用弹性预算可以根据各项成本与业务量的不同关系，采用不同的方法确定"实际业务量的预算成本"，去评价和考核。

例如，当实际业务量为 600 小时时，运输费用等各项变动费用可以用实际工时乘以单位变动费用来计算，运输费用为 $600 \times 0.4 = 240$ 元，电力费用为 $600 \times 1.2 = 720$ 元，材料费用为 $600 \times 0.3 = 180$ 元，固定总成本不随业务量变动而变动，还是 460 元。混合成本可以用插值法逐项计算：600 小时介于 560 小时和 630 小时之间，修理费应该在 660 元到 730 元之间，设实际业务量的修理费用为 x，则有

$$\frac{600 - 560}{630 - 560} = \frac{x - 660}{730 - 660}$$

解得：$x = 700$ 元。

同理，油料费用为 300 元。

综上所述，当实际业务量为 600 小时的情况下，预算期总成本为

$$240 + 720 + 180 + 460 + 700 + 300 = 2600 \text{ 元}$$

三、定期预算与滚动预算

预算编制方法按照预算期的时间特征不同，可以分为定期预算和滚动预算两类。

(一) 定期预算

定期预算是指在编制预算时，以不变的会计期间(如日历年度)作为预算期的一种编制预算的方法。这种方法的优点是能够使预算期间与会计期间相对应，便于将实际数与预算数进行对比，也有利于对预算执行情况进行分析和考核，但这种方法固定以 1 年为预算期，在执行一段时间之后，往往使管理人员只考虑剩下的几个月业务量，缺乏长远打算，导致一些短期行为的出现。

(二) 滚动预算

滚动预算又称为连续预算或永续预算，是指在编制预算时，将预算期与会计期间脱离开，随着预算的执行不断地补充预算，逐期向后滚动，使预算期始终保持为一个固定的时间长度(一般为 12 个月)的一种预算编制方法。滚动预算的基本做法是使预算期始终保持 12 个月，每过 1 个月或 1 个季度，立即在期末增列 1 个月或 1 个季度的预算，逐期往后滚动，因而在任何一个时期都使预算保持为 12 个月的时间长度。这种预算能使企业各级管理人员对未来始终保持整整 12 个月时间的考虑和规划，从而保证企业的经营管理工作能够稳定而有序地进行。

1. 逐月滚动

逐月滚动是指在预算编制过程中，以月份为预算的编制和滚动单位，每个月调整一次

预算的方法。例如，在 2017 年 1 月至 12 月的执行过程中，需要在 1 月末根据当时预算的执行情况修订 2 月至 12 月的预算，同时补充下一年 1 月份的预算；到 2 月末可根据当月的执行情况，修订 3 月至 2018 年 1 月的预算，同时补充 2018 年 2 月份的预算；以此类推。逐月滚动预算方法示意图如图 3-1 所示。

图 3-1 逐月滚动预算方式示意图

按照逐月滚动方式编制的预算比较准确，但工作量较大。

2．逐季滚动

逐季滚动是指在预算编制过程中，以季度为预算的编制和滚动单位，每个季度调整一次预算的方法。逐季滚动编制的预算比逐月滚动的工作量小，但精确度较差。

3．混合滚动

混合滚动是指在预算编制过程中，同时以月份和季度作为预算的编制和滚动单位的方法。这种预算方法的理论依据是：人们对未来的了解程度具有对近期把握较大、对远期把握较小的特征。混合滚动示意图如图 3-2 所示。

图 3-2 混合滚动预算方式示意图

运用滚动预算法编制预算，使预算期间依时间顺序向后滚动，能够保持预算的持续性，有利于结合企业近期目标和长期目标，考虑未来业务活动。使预算随时间的推进不断加以调整和修订，能使预算与实际情况更适应，有利于充分发挥预算的指导和控制作用。

第三节　全面预算的编制程序和内容

一、全面预算的编制程序

企业编制预算，一般应按照"上下结合、分级编制、逐级汇报"的程序进行。

(一) 下达目标

企业董事会或经理办公会根据企业发展战略和预算期经济形势的初步预测，在决策的基础上，提出下一年度企业预算目标，包括销售或营业目标、成本费用目标、利润目标和现金流量目标，并确定预算编制的政策，由预算委员会下达各预算执行单位。

(二) 编制上报

各预算执行单位按照企业预算委员会下达的预算目标和政策，结合自身特点以及预测的执行条件，提出详细的本单位预算方案，上报企业财务管理部门。

(三) 审查平衡

企业财务管理部门对各预算执行单位上报的财务预算方案进行审查、汇总，提出综合平衡意见。在审查、汇总、平衡过程中，预算委员会应当进行充分协调，对发现的问题提出初步调整意见，并反馈给有关预算执行单位予以修正。

(四) 审议批准

企业财务管理部门在有关预算执行单位修正调整的基础上，编制出企业预算方案，报财务预算委员会讨论。对于不符合企业发展战略或者预算目标的事项，企业预算委员会应当责成有关预算执行单位进一步修订、调整。在讨论、调整的基础上，企业财务管理部门正式编制企业年度预算草案，提交董事会或经理办公会审议批准。

(五) 下达执行

企业财务管理部门对董事会或经理办公会审议批准的年度总预算，一般在次年 3 月底以前，分解成一系列的指标体系，由预算委员会逐级下达各预算执行单位执行。

二、全面预算编制的内容

(一) 业务预算的编制

1. 销售预算

销售预算是在销售预测的基础上编制的，用于规划预算期销售活动的一种业务预算。

销售预算是整个预算的编制起点，其他预算的编制都以销售预算作为基础。表 3-3 是 A 公司 2017 年的销售预算(本章不考虑增值税)。

表 3-3　销 售 预 算　　　　　　　　　　　　　　单位：元

季　度	一	二	三	四	全年
预计销售量/件	100	150	200	180	630
预计单位售价	200	200	200	200	200
销售收入	20 000	30 000	40 000	36 000	126 000
预计现金收入					
上年应收账款	6200				6200
第一季度(销货 20 000)	12 000	8000			20 000
第二季度(销货 30 000)		18 000	12 000		30 000
第三季度(销货 40 000)			24 000	16 000	40 000
第四季度(销货 36 000)				21 600	21 600
现金收入合计	18 200	26 000	36 000	37 600	117 800

销售预算的主要内容是销量、单价和销售收入。销量是根据市场预测或销货合同并结合企业生产能力确定的；单价是通过价格决策确定的；销售收入是两者的乘积，在销售预算中计算得出。

销售预算中通常还包括预计现金收入的计算，其目的是为编制现金预算提供必要的资料。第一季度的现金收入包括两部分，即上年应收账款在本年第一季度收到的货款，以及本年第一季度销售收入中可能收到的货款。本例中，假设每个季度的销售收入，本季度收回 60%，下个季度收回 40%。

2．生产预算

生产预算是为规划预算期生产规模而编制的一种业务预算，它是在销售预算的基础上编制的，并可以作为编制直接材料预算和产品成本预算的依据。其主要内容有销售量、期初和期末产成品存货、生产量。在生产预算中，只涉及实物量指标，不涉及价值量指标。表 3-4 是 A 公司 2017 年的生产预算。

表 3-4　生 产 预 算　　　　　　　　　　　　　　单位：件

季　度	一	二	三	四	全年
预计销售量	100	150	200	180	630
加：预计期末产成品存货	15	20	18	20	20
合计	115	170	218	200	650
减：预计期初产成品存货	10	15	20	18	10
预计生产量	105	155	198	182	640

通常，企业的生产和销售不能同时做到"同步同量"，需要设置一定的存货，以保证能在意外需求时按时供货，并可以均衡生产，节省赶工的额外支出。期末产成品存货数量通常是按照下期销售量的一定百分比确定，本例中按照 10% 安排期末产成品存货。年初产成品存货是编制预算时预计的，年末产成品存货根据长期销售趋势确定。

预计期末产成品存货 = 下季度销售量 × 10%

预计期初产成品存货 = 上季度期末产成品存货

预计生产量 = 预计销售量 + 预计期末产成品存货 − 预计期初产成品存货

3. 直接材料预算

直接材料预算是为了规划预算期直接材料采购金额的一种业务预算。直接材料预算以生产预算为基础编制，同时要考虑原材料存货水平。

表 3-5 是 A 公司 2017 年的直接材料预算。其主要内容有材料的单位产品用量，生产需用量、期初和期末存量等。"预计生产量"来源于生产预算，"单位产品材料用量"的数据来源于标准成本资料或定额资料，"生产需用量"是两者的乘积。各季度"期末材料存量"根据下一季度生产需用量的一定百分比确定，本例中是按照 20% 确定的。

预计采购量 = 生产需用量 + 期末存量 − 期初存量

表 3-5　直接材料预算

季　　度	一	二	三	四	全年
预计生产量/件	105	155	198	182	640
单位产品材料用量/千克	10	10	10	10	10
生产需用量/千克	1050	1550	1980	1820	6400
加：预计期末存量/千克	310	396	364	400	400
减：预计期初存量/千克	300	310	396	364	300
预计材料采购量/千克	1060	1636	1948	1856	6500
材料单价/(元/千克)	5	5	5	5	5
预计采购金额	5300	8180	9740	9280	32 500
预计现金支出					
上年应付账款	2350				2350
第一季度(采购 5300 元)	2650	2650			5300
第二季度(采购 8180 元)		4090	4090		8180
第三季度(采购 9740 元)			4870	4870	9740
第四季度(采购 9280 元)				4640	4640
合　　计	5000	6740	8960	9510	30 210

　　为了便于以后编制现金预算，通常要预计材料采购各季度的现金支出，每个季度的现金支出包括偿还上期应付账款和本期应支付的采购货款。本例假设材料采购货款本季度支付50%，下个季度支付50%。

4．直接人工预算

　　直接人工预算是一种既反映预算期内人工工时消耗水平，又规划人工成本开支的业务预算。直接人工预算也是以生产预算为基础编制的。其主要内容有预计产量、单位产品工时、人工总工时、每小时人工成本和人工总成本。"预计产量"数据来源于生产预算，单位产品人工工时和每小时人工成本数据来源于标准成本资料，人工总工时和人工总成本是在直接人工预算中计算出来的。人工工资均为现金支付，所以直接参加现金预算的汇总。A公司2017年的直接人工预算如表3-6所示。

表3-6　直接人工预算

季　度	一	二	三	四	全年
预计产量/件	105	155	198	182	640
单位产品工时/(小时/件)	10	10	10	10	10
人工总工时/小时	1050	1550	1980	1820	6400
每小时人工成本/(元/小时)	2	2	2	2	2
人工总成本/元	2100	3100	3960	3640	12 800

5．制造费用预算

　　制造费用预算通常分为变动制造费用和固定制造费用两部分。变动制造费用预算以生产预算为基础来编制。如果有完善的标准成本资料，用单位产品的标准成本与产量相乘，即可得到相应的预算金额。如果没有标准成本资料，就需要逐项预计计划产量需要的各项制造费用。固定制造费用，需要逐项进行预计，通常与本期产量无关，按季度实际需要的支付额预计，然后求出全年数。表3-7为A公司2017年的制造费用预算。

　　为了便于以后编制产品成本预算，需要计算小时费用率：

　　　　变动制造费用小时费用率 = 3200÷6400 = 0.5 (元/小时)
　　　　固定制造费用小时费用率 = 9600÷6400 = 1.5 (元/小时)

　　为了便于以后编制现金预算，需要预计现金支出，制造费用中，除折旧费外都需要现金支付，所以，根据每个季度制造费用数额扣除折旧费后，即可得出现金支出的费用。

6．产品成本预算

　　产品成本预算，是销售预算、生产预算、直接材料预算、直接人工预算、制造费用预算的汇总。其主要内容是产品的单位成本和总成本。单位产品成本的有关数据来源于直接材料预算、直接人工预算和制造费用预算。生产量、期末存货量来自生产预算，销售量来源于销售预算。生产成本、存货成本和销售成本等数据，根据单位成本和有关数据计算得出。表3-8为A公司2017年的产品成本预算。

表 3-7 制造费用预算

季　度	一	二	三	四	全年
变动制造费用：					
间接人工(1 元/件)	105	155	198	182	640
间接材料(1 元/件)	105	155	198	182	640
修理费(2 元/件)	210	310	396	364	1280
水电费(1 元/件)	105	155	198	182	640
小计	525	775	990	910	3200
固定制造费用：					
修理费	1000	1140	900	900	3940
折旧	1000	1000	1000	1000	4000
管理人员工资	200	200	200	200	800
保险费	75	85	110	190	460
财产税	100	100	100	100	400
小计	2375	2525	2310	2390	9600
合计	2900	3300	3300	3300	12 800
减：折旧	1000	1000	1000	1000	4000
现金支出的费用	1900	2300	2300	2300	8800

表 3-8 产品成本预算

	单位成本			生产成本	期末成本	销货成本
	每千克或每小时	投入量	成本/元	(640 件)	(20 件)	(630 件)
直接材料	5	10 千克	50	32 000	1000	31 500
直接人工	2	10 小时	20	12 800	400	12 600
变动制造费用	0.5	10 小时	5	3200	100	3150
固定制造费用	1.5	10 小时	15	9600	300	9450
合　计			90	57 600	1800	56 700

7. 销售及管理费用预算

销售费用预算，是指为了实现销售预算所需支付的费用预算。它以销售预算为基础，分析销售收入、销售利润和销售费用的关系，力求实现销售费用的最有效使用。在安排销售费用时，要利用本量利分析方法，费用的支出应能够获取更多的收益。在草拟销售费用预算时，要对过去的销售费用进行分析，考察过去的销售费用的必要性和效果。销售费用预算应与销售预算相配合，应有按品种、按地区、按用途的具体预算数额。管理费用是做好一般管理业务所必要的费用。随着企业规模的扩大，一般管理职能日益重要，其费用也相应增加。在编制管理费用预算时，要分析企业的业务成绩和一般经济状况，务必做到费用合理化。管理费用多属于固定成本，所以，一般是以过去的实际开支为基础，按预算期可预见变化来调整。重要的是，必须充分考察每种费用的必要性，以便提高费用效率。表 3-9 是 A 公司 2017 年的销售及管理费用预算。

表 3-9 销售及管理费用预算

项 目	金 额
销售费用:	
销售人员工资	2000
广告费	5500
包装、运输费	3000
保管费	2700
折旧	1000
管理费用:	
管理人员薪金	4000
福利费	800
保险费	600
办公费	1400
折旧	1500
合　计	22 500
减：折旧	2500
每季度支付现金(20 000÷4)	5000

(二) 专门决策预算的编制

专门决策预算主要是长期投资预算(又称资本支出预算)，通常是指与项目投资决策相关的专门预算，它往往涉及长期建设项目的资金投放与筹集，并经常跨越多个年度。编制专门决策预算的依据，是项目财务可行性分析资料以及企业筹资决策资料。

专门决策预算的要点是准确反映项目资金投资支出与筹资计划，它同时也是编制现金预算和预计资产负债表的依据。表 3-10 是 A 公司 2017 年的专门决策预算。

表 3-10 专门决策预算

项 目	一季度	二季度	三季度	四季度	全年
投资支出预算(购买设备)	50 000	—	—	80 000	130 000
借入长期借款	30 000	—	—	60 000	90 000

(三) 财务预算的编制

1. 现金预算

现金预算是以业务预算和专门决策预算为依据编制的，专门反映预算期内预计现金收入和现金支出，以及为满足理想现金余额而进行筹资或归还借款等的预算。现金预算由可供使用现金、现金支出、现金余缺、现金筹措与运用四部分构成。A 公司 2017 年的现金预算如表 3-11 所示。

表 3-11　现 金 预 算

季　度	一	二	三	四	全年
期初现金余额	8000	3200	3060	3040	8000
加：现金收入(表 3-3)	18 200	26 000	36 000	37 600	117 800
可供使用现金	26 200	29 200	39 060	40 640	125 800
减：现金支出					
直接材料(表 3-5)	5000	6740	8960	9510	30 210
直接人工(表 3-6)	2100	3100	3960	3640	12 800
制造费用(表 3-7)	1900	2300	2300	2300	8800
销售及管理费用(表 3-9)	5000	5000	5000	5000	20 000
所得税费用	4000	4000	4000	4000	16 000
购买设备(表 3-10)	50 000			80000	130 000
股利				8000	
现金支出合计	68 000	21 140	24 220	112 450	225 810
现金余缺	(41 800)	8060	14 840	(71 810)	(100 010)
现金筹措与运用					
借入长期借款(表 3-10)	30 000			60 000	90 000
取得短期借款	20 000			22 000	42 000
归还短期借款			6800		6800
短期借款利息(年利 10%)	500	500	500	880	2380
长期借款利息(年利 12%)	4500	4500	4500	6300	19 800
期末现金余额	3200	3060	3040	3010	3010

说明：表中括号标注的数据表示负数。

表中：可供使用现金 = 期初现金余额 + 现金收入

现金余缺 = 可供使用现金 − 现金支出

期末现金余额 = 现金余缺 + 现金筹措 − 现金运用

其中："期初现金余额"是在编制预算时预计的，下一季度的期初现金余额等于上一季度的期末现金余额；"现金收入"的主要来源是销售取得的收入，销货取得的现金收入数据来源于销售预算；"现金支出"部分包括预算期内的各项现金支出。"直接材料"、"直接人工"、"制造费用"、"销售及管理费用"、"购买设备"的数据来源于前面所述的各项业务预算和专门决策预算。

财务管理部门应根据现金余缺与理想期末现金余额的比较，并结合固定的利息支出数额以及其他因素，来确定预算期内现金运用或筹措的数额。本例中理想的现金余额为 3000 元。如果资金不足，可以取得短期借款，银行规定借款额必须是 1000 的整数倍，如果现金富裕，可以归还短期借款，同时银行规定，借款归还额必须是 100 的整数倍。借款发生于季度初，还款发生于季度末，借款利息按季度支付。

本例中，A公司2016年年末的长期借款余额为120 000元(见表3-13)，所以第一季度、第二季度、第三季度法人长期借款利息为4500元，即(120 000 + 30 000) × 12%/4，第四季度的长期借款利息为6300元，即(120 000 + 30 000 + 60 000) × 12%/4。

由于第一季度的长期借款利息支出为4500元，理想的现金余额为3000元，所以，现金余缺+借入长期借款(30 000)的结果只要小于7500元，就必须取得短期借款，而第一季度的现金余缺为-41 800元，所以需要取得短期借款，本例中A公司2016年末不存在短期借款，假设第一季度需要取得的短期借款为 X 元，则根据理想的期末现金余额要求可知：-41 800 + 30 000 + X - X × 10%/4 - 4500 = 3000，解得：X = 19 794.88元，而银行要求借款金额必须是1000的整数倍，所以，第一季度的短期借款额为20 000元，支付短期借款利息500元(20 000 × 10%/4 = 500)，期末现金余额为3200元(-41 800 + 30 000 + 20 000 - 500 - 4500 = 3200)。

第二季度的现金余缺是8060元，既不增加短期借款也不归还短期借款，则需要支付500元的短期借款利息和4500元的长期借款利息，期末现金余额 = 8060 - 500 - 4500 = 3060元，刚好符合要求。

第三季度的现金余缺为14 840元，短期借款和长期借款的利息支出为500 + 4500 = 5000元，所以，按照理想现金余额是3000元的要求，最多可归还14 840 - 5000 - 3000 = 6840元，由于归还短期借款金额必须是100的整数倍，所以归还6800元短期借款，期末现金余额为14 840 - 5000 - 6800 = 3040元。

第四季度的现金余缺是-71 810元，短期借款利息为(20 000 - 6800) × 10%/4 = 330元，长期借款的利息为(120 000 + 30 000 + 60 000) × 12%/4 = 6300元，第四季度的现金余缺+借入的长期借款 = -71 810 + 60 000 = -11 810元，所以需要借入短期借款。假设需要借入的短期借款为 Y，则根据理想的期末现金余额要求可知：-11 810 + Y - Y × 10%/4 - 330 - 6300 = 3000，解得：Y = 21 989.74元，由于借款金额必须是1000的整数倍，所以第四季度应该取得短期借款22 000元，支付短期借款利息(20 000 - 6800 + 22 000) × 10%/4 = 880元，期末现金余额为3010元。

全年的期末现金余额指的是年末的现金余额，即第四季度的期末现金余额。

2. 预计利润表的编制

预计利润表用来综合反映企业在计划期的预计经营成果，是企业最主要的财务预算之一。通过编制利润表预算，可以了解企业预期的盈利水平。如果预算利润与最初编制方针中的目标利润有较大差异，就需要调整部门预算，设法达到目标，或者经企业领导批准后修改目标利润。编制预计利润表的依据是各业务预算、专门决策预算和现金预算。表3-12是A公司2017年的利润表预算。

其中："销售收入"项目的数据来源于销售预算；"销售成本"项目的数据来源于产品成本预算；"毛利"项目的数据是前两项的差额；"销售及管理费用"项目的数据来源于销售及管理费用预算；"利息"项目的数据来源于现金预算。

表 3-12 预计利润表

项　　目	金　　额
销售收入(表 3-3)	126 000
销售成本(表 3-8)	56 700
毛利	69 300
销售及管理费用(表 3-9)	22 500
利息(表 3-11)	22 180
利润总额	24 620
所得税费用(估计)	16 000
净利润	8620

另外,"所得税费用"项目是在利润规划时估计的,并列入现金预算。它通常不是根据"利润总额"和所得税税率计算出来的,因为有诸多纳税调整的事项存在。

3. 预计资产负债表的编制

预计资产负债表用来反映企业在计划期末预计的财务状况。编制预计资产负债表的目的,在于判断预算反映的财务状况的稳定性和流动性。如果通过预计资产负债表的分析,发现某些财务比率不佳,必要时可修改有关预算,以改善财务状况。预计资产负债表的编制需要以计划期开始日的资产负债表为基础,结合计划期各项业务预算、专门决策预算、现金预算和预计利润表进行编制。它是编制全面预算的终点。表 3-13 是 A 公司 2017 年的预计资产负债表。

表 3-13 预计资产负债表

资　产	年初余额	年末余额	负债和股东权益	年初余额	年末余额
流动资产:			流动负债:		
货币资金	8000	3010	短期借款	0	35 200
应收账款	6200	14 400	应付账款	2350	4640
存货	2400	3800	流动负债合计	2350	39 840
流动资产合计	16 600	21 210	非流动负债:		
非流动资产			长期借款	120 000	210 000
固定资产	43 750	37 250	非流动负债合计	120 000	210 000
在建工程	100 000	230 000	负债合计	122 350	249 840
非流动资产合计	143 750	267 250	股东权益		
			股本	20 000	20 000
			资本公积	5000	5000
			盈余公积	10 000	10 000
			未分配利润	3000	3620
			股东权益合计	38 000	38 620
资产总计	160 350	288 460	负债和股东权益合计	160 350	288 460

"货币资金"的数据来源于现金预算中的期初现金余额和期末现金余额。

"应收账款"的年初数 6200 来源于销售预算的"上年应收账款",年末余额 14 400 = 36 000 − 21 600 = 36 000 × (1 − 60%)。

"存货"包括直接材料和产成品，直接材料年初余额 = 300 × 5 = 1500 元，年末余额 = 400 × 5 = 2000 元；产成品成本年初余额 = (20 + 630 – 640) × 90 = 900 元，年末余额 = 20 × 90 = 1800 元；存货年初余额 = 1500 + 900 = 2400 元，年末余额 = 2000 + 1800 = 3800 元。

"固定资产"的年末余额 37 250 = 43 750 – 6500，其中 6500 = 4000 + 1000 + 1500，指的是本年计提的折旧，数据来源于制造费用预算和销售及管理费用预算。

"在建工程"的年末余额 230 000 = 100 000 + 130 000，本年增加额 130 000 来源于专门决策预算。

"短期借款"本年的增加额 35 200 = 20 000 – 6800 + 22 000，来源于现金预算。

"应付账款"的年初数 2350 来源于直接材料预算"上年应付账款"，年末余额 4640 = 9280 – 4640 = 9280 × 50%。

"长期借款"本年的增加额 90 000 来源于专门决策预算。

"未分配利润"本年的增加额 620 = 本年的净利润 8620 – 本年支付的股利 8000，数据来源于现金预算和预计利润表。

✦✦✦✦✦ 复习思考题 ✦✦✦✦✦

1. 什么是全面预算？为什么要编制全面预算？
2. 全面预算的特点是什么？
3. 全面预算包括哪些内容？各预算之间的相互关系如何？
4. 为什么编制全面预算要以销售预算为起点？
5. 什么是弹性预算？为什么要编制弹性预算？
6. 滚动预算是怎样产生的？有何优点？

✦✦✦✦✦ 计　算　题 ✦✦✦✦✦

1. 已知 A 公司生产经营甲产品，在预算年度内预计各季度的销售量分别为：1800 件，2400 件，2600 件和 3000 件；其销售单价为 50 元，假定该公司的销售收入在当季收回 60%，剩余部分于下一季度收讫，年初的应收账款为 42 000 元。

要求：编制 A 公司销售预算表和预计现金收入计算表。

2. 已知 B 公司根据销售预测，对乙产品预算期内四个季度的销售量预测如表所示，为保证供应的连续性，该公司预计预算期内的期末产品存货应该达到下一季度销售量的 20%。同时，根据与客户的长期合作关系，公司预算年末的产品存量应维持和年初一致的水平，即 200 件期末存货。

摘要	第一季度	第二季度	第三季度	第四季度
预计销售量	800	1100	1500	1200

要求：编制 B 公司预算年度的生产预算表。

项目四　企业筹资活动

学习目标 ✍

(1) 熟悉企业筹资方式的内容；

(2) 掌握企业资金需求量预测的方法；

(3) 掌握企业杠杆效应的原理及杠杆系数的计算；

(4) 掌握企业资本结构决策的方法。

【思维导图】

参照彩图 6～彩图 11。

案例导入 📄

迅达航空公司于 2010 年实行杠杆式收购后，负债比率一直居高不下。直至 2015 年年末，公司的负债比率仍然很高，2018 年年末到期的债务就高达 15 亿元。为此，公司需要采用适当的筹资方式追加筹资，降低负债比率。2016 年年初，公司董事长和总经理开始研究公司筹资方式的选择问题。两人都是公司的主要持股人，也都是财务管理的专业人士，两位都倾向于增发普通股筹资方式，并开始向投资银行进行咨询。

投资银行的首次建议是按照每股 20 元的价格增发普通股，但是经过分析之后发现，受到公司机票打折策略和现役机龄老化等问题的影响，每股 20 元的发行价格过高。最后，投资银行建议按照每股 13 元的价格增发普通股 2000 万股，提升股权资本比重，降低负债比率。对此，你有什么看法，普通股筹资到底有何优势呢？

第一节　企业筹资方式

企业筹资活动是指企业为了满足经营活动、投资活动、资本结构管理和其他需要，运用一定的筹资方式，通过一定的筹资渠道，筹措和获取所需资金的一种财务行为。

筹资活动是企业资金流转运动的起点，筹资管理要求解决企业为什么要筹资、需要筹集多少资金、从什么渠道以什么方式筹集资金，以及如何协调财务风险和资本成本，合理安排资本结构等问题。所以企业筹资活动要做好如下三项工作：首先要科学预测资金需求量；其次要合理安排筹资渠道、选择筹资方式；最后要降低资本成本、控制财务风险。

一、企业筹资的主要内容

(一) 企业筹资的动机

企业筹资最基本的目的，是为了企业经营的维持和发展，为企业的经营活动提供资金保障，但每次具体的筹资行为，往往受特定动机的驱动。各种具体的筹资原因，归纳起来表现为下述四类筹资动机。

(1) 创立性筹资动机是指企业设立时，为取得资本金并形成开展企业经营活动的基本条件而产生的筹资动机。

(2) 支付性筹资动机是指为了满足经营业务活动的正常波动所形成的支付需求而产生的筹资动机。

(3) 扩张性筹资动机是指企业因为扩大经营规模或对外投资需要而产生的筹资动机。

(4) 调整性筹资动机是指企业因为调整现有资本结构而产生的筹资动机。

(二) 企业筹资分类及管理原则

1. 企业筹资的分类

(1) 按照所取得资金的权益特性分类。① 股权筹资：股权筹资形成股权资本。股权资本也称股东权益资本、自有资本、主权资本，是企业依法长期拥有、能够自主调配运用的资本。② 债务筹资：银行借款、债券等筹资形成债务资本，是企业按合同取得的在规定期限内需要清偿的债务。③ 混合筹资：包括兼具股权与债务特性的混合融资和其他衍生工具融资，主要包括可转换债券和认股权证。

(2) 按照是否以金融机构为媒介分类。① 直接筹资：直接与资金供应者协商筹集资金。直接筹资方式主要有发行股票、发行债券、吸收直接投资等。② 间接筹资：企业通过银行和非银行金融机构而筹集资金，主要包括银行借款和融资租赁。

(3) 按照资金的来源范围分类。① 内部筹资：企业通过利润留存而形成的筹资来源。② 外部筹资：向企业外部筹措资金而形成的筹资来源。

(4) 按照所筹集资金的使用期限分类。① 长期筹资：企业筹集使用期限在 1 年以上的资金筹集活动。② 短期筹资：企业筹集使用期限在 1 年以内的资金筹集活动。

2. 企业筹资管理原则

企业筹资管理原则如表 4-1 所示。

表 4-1　企业筹资管理原则

(1) 遵循国家法律法规，合法筹措资金	筹措合法
(2) 分析生产经营情况，正确预测资金需要量	规模适当
(3) 合理安排筹资时间，适时取得资金	筹措及时
(4) 了解各种筹资渠道，选择资金来源	来源经济
(5) 研究各种筹资方式，优化资本结构	结构合理

(三) 企业筹资方式

企业筹资方式是指企业筹集资金所采取的具体形式，受到法律环境、经济体制、融资市场等因素的制约，特别是受到国家对金融市场和融资行为方面的法律法规的制约。一般来说，企业最基本的筹资方式就是两种：股权筹资和债务筹资，如表 4-2 所示。

表 4-2　企业筹资方式

筹资方式	具体方式	说　明
股权筹资	吸收直接投资	企业以投资合同、协议等形式，定向的吸收国家、法人单位、自然人等投资主体资金的筹资方式
	发行股票	企业以发售股票的方式取得资金的筹资方式，只有股份有限公司才能发行股票
	留存收益	企业从税后利润中提取的盈余公积金以及从企业可供分配的利润中留存的未分配利润
债务筹资	金融机构借款	企业根据借款合同从银行或非银行金融机构取得资金的筹资方式
	发行债券	企业以发售公司债券的方式取得资金的筹资方式
	融资租赁	也称为资本租赁或财务租赁，企业与租赁公司签订租赁合同，从租赁公司取得租赁物资产，通过对租赁物的占有、使用取得资金的筹资方式
	商业信用	企业之间在商品或劳务交易中，由于延期付款或延期交货所形成的借贷信用关系。商业信用是由于业务供销活动而形成的，是一种短期资金的来源

二、债务筹资

债务筹资方式一般包括银行借款、发行公司债券、融资租赁等方式。

(一) 银行借款

1. 银行借款的种类

(1) 按机构对贷款有无担保要求，分为信用贷款和担保贷款。信用贷款是指以借款人的信誉或保证人的信用为依据而获得的贷款。企业取得这种贷款无须以财产作抵押。对于这种贷款，由于风险较高，银行通常要收取较高的利息，往往还附加一定的限制条件。担保贷款是指由借款人或第三方依法提供担保而获得的贷款。担保包括保证责任、财产抵押、财产质押，由此，担保贷款包括保证贷款、抵押贷款和质押贷款三种基本类型。

保证贷款是指按照《担保法》规定的保证方式，以第三方作为保证人承诺在借款人不能偿还借款时，按照约定承担一定保证责任或连带责任而取得的贷款。

抵押贷款是指按照《担保法》规定的抵押方式，以借款人或第三方的财产作为抵押物而取得的贷款。抵押，是指债务人或第三方并不转移对财产的占有，只将该财产作为对债权人的担保。债务人不能履行债务时，债权人有权将该财产折价或者拍卖、变卖的价款优先受偿。作为贷款担保的抵押品，可以是不动产、机器设备、交通运输工具等实物资产，可以是依法有权处分的土地使用权，也可以是股票、债券等有价证券等，它们必须是能够变现的资产。如果贷款到期借款企业不能或不愿意偿还贷款，银行可以取消企业对抵押品的赎回权。抵押贷款有利于降低银行贷款的风险，提高贷款的安全性。

质押贷款是指按照《担保法》规定的质押方式，以借款人或第三方的动产或财产权利作为质押物而取得的贷款。质押，是指债务人或第三方将其动产或财产权利移交给债权人占有，将该动产或财产权利作为债权的担保。债务人不能履行债务时，债权人有权以该动产或财产权利折价或者拍卖、变卖的价款优先受偿。作为贷款担保的质押品，可以是汇票、支票、债券、存款单、提单等信用凭证，可以是依法可以转让的股份、股票等有价证券，也可以是依法可以转让的商标专用权、专利权、著作权中的财产权利等。

(2) 根据提供贷款的机构，分为政策性银行贷款、商业银行贷款和其他金融机构贷款。

政策性银行贷款是指执行国家政策性贷款业务的银行向企业发放的贷款，一般为长期贷款。政策性银行包括国家开发银行、中国进出口信贷银行和中国农业发展银行。

商业性银行贷款是指由中国工商银行、中国建设银行、中国农业银行和中国银行等商业银行向企业提供的贷款，用于满足企业生产经营的资金需求，包括长期贷款和短期贷款。

其他金融机构贷款包括信托投资公司、财务公司和保险公司等取得的贷款。

2. 银行借款常见保护性条款

(1) 例行性保护条款。例行性保护条款要求定期向提供贷款的金融机构提交财务报表，以使债权人随时掌握公司的财务状况和经营成果；不准在正常情况下出售较多的非产成品存货，以保持企业正常生产经营能力；如期清偿应缴纳税金和其他到期债务，以防被罚款而造成不必要的现金流失；不准以资产作其他承诺的担保或抵押；不准贴现应收票据或出售应收账款，以避免或有负债等。

(2) 一般性保护条款。一般性保护条款是对企业资产的流动性及偿债能力等方面的要求条款，这类条款应用于大多数借款合同。保持企业的资产流动性，要求企业需持有一定最低额度的货币资金及其他流动资产，以保持企业资产的流动性和偿债能力，一般规定了企业必须保持的最低营运资金数额和最低流动比率数值。限制企业非经营性支出，如限制支付现金股利、购入股票和职工加薪的数额规模，以减少企业资金的过度外流。限制企业资本支出的规模，控制企业资产结构中的长期性资产的比例，以减少公司日后不得不变卖固定资产以偿还贷款的可能性。限制公司再举债规模，目的是防止其他债权人取得对公司资产的优先索偿权。限制公司的长期投资，如规定公司不准投资于短期内不能收回资金的项目，不能未经银行等债权人同意而与其他公司合并等。

(3) 特殊性保护条款。这类条款是针对特殊情况而出现在部分借款合同中的条款，只有在特殊情况下才能生效。要求公司的主要领导人购买人身保险；借款的用途不得改变；

违约惩罚条款等。

(二) 发行公司债券

公司债券又称企业债券，是企业依照法定程序发行的、约定在一定期限内还本付息的有价证券。债券是持券人拥有公司债权的书面证书，它代表债券持券人与发债公司的债权债务关系。

1. 债券的种类

1) 根据债券是否记名分类

(1) 记名公司债券，应当在公司债券存根簿上载明债券持有人的姓名及住所、债券持有人取得债券的日期及债券的编号等信息。记名公司债券，由债券持有人以背书方式或者法律、行政法规规定的其他方式转让，转让后由公司将受让人的姓名或者名称及住所记载于公司债券存根簿。

(2) 无记名公司债券，应当在公司债券存根簿上载明债券总额、利率、偿还期限和方式、发行日期及债券的编号。无记名公司债券的转让，由债券持有人将该债券交付给受让人后即发生转让的效力。

2) 根据债券能否转换成公司股权分类

(1) 可转换债券，是指债券持有者可以在规定的时间内按规定的价格转换为发债公司股票的一种债券。这种债券在发行时，对债券转换为股票的价格和比率等都作了详细规定。《公司法》规定，可转换债券的发行主体是股份有限公司中的上市公司。

(2) 不可转换债券，是指不能转换为发债公司股票的债券，大多数公司债券属于这种类型。

3) 根据债券有无特定财产担保分类

(1) 担保债券是指以抵押方式担保发行人按期还本付息的债券，主要是指抵押债券。抵押债券按其押品的不同，又分为不动产抵押债券、动产抵押债券和证券信托抵押债券。

(2) 信用债券是无担保债券，是仅凭公司自身的信用发行的、没有抵押品作抵押担保的债券。在公司清算时，信用债券的持有人因无特定的资产做担保品，只能作为一般债权人参与剩余财产的分配。

2. 发行债券的条件

1) 发行资格

在我国，根据《公司法》的规定，股份有限公司、国有独资公司和两个以上的国有公司或者两个以上的国有投资主体投资设立的有限责任公司，具有发行债券的资格。

2) 发行条件

根据《证券法》规定，公开发行公司债券，应当符合下列条件：

(1) 股份有限公司的净资产不低于人民币3000万元，有限责任公司的净资产不低于人民币6000万元。

(2) 累计债券余额不超过公司净资产的 40%。

(3) 最近 3 年平均可分配利润足以支付公司债券 1 年的利息。

(4) 筹集的资金投向符合国家产业政策。

(5) 债券的利率不超过国务院限定的利率水平。

(6) 国务院规定的其他条件。

资金用途公开发行公司债券筹集的资金，必须用于核准的用途，不得用于弥补亏损和非生产性支出。

3. 公司债券发行的程序

(1) 作出发债决议，提出发债申请。拟发行公司债券的公司，需要由公司董事会制订公司债券发行的方案，并由公司股东大会批准，作出决议。根据《证券法》规定，公司申请发行债券由国务院证券监督管理部门批准。公司申请应提交公司登记证明、公司章程、公司债券募集办法、资产评估报告和验资报告等正式文件。

(2) 公告募集办法。企业发行债券的申请经批准后，要向社会公告公司债券的募集办法。公司债券募集分为私募发行和公募发行。私募发行是以特定的少数投资者为指定对象发行债券，公募发行是在证券市场上以非特定的广大投资者为对象公开发行债券。

(3) 委托证券经营机构发售。按照我国公司债券发行的相关法律规定，公司债券的公募发行采取间接发行方式。在这种发行方式下，发行公司与承销团签订承销协议。承销团由数家证券公司或投资银行组成，承销方式有代销和包销两种。代销是指承销机构代为推销债券，在约定期限内未售出的余额可退还发行公司，承销机构不承担发行风险。包销是由承销团先购入发行公司拟发行的全部债券，然后再售给社会上的投资者，如果约定期限内未能全部售出，余额要由承销团负责认购。

(4) 交付债券，收缴债券款。债券购买人向债券承销机构付款购买债券，承销机构向购买人交付债券。然后，债券发行公司向承销机构收缴债券款，登记债券存根等，并结算发行代理费。

4. 债券的偿还

债券偿还时间按其实际发生与规定的到期日之间的关系，分为提前偿还与到期偿还两类，其中后者又包括分批偿还和一次偿还两种。

(1) 提前偿还。提前偿还又称提前赎回或收回，是指在债券尚未到期之前就予以偿还。只有在公司发行债券的契约中明确规定了有关允许提前偿还的条款，公司才可以进行此项操作。提前偿还所支付的价格通常要高于债券的面值，并随到期日的临近而逐渐下降。具有提前偿还条款的债券可使公司筹资有较大的弹性。当公司资金有结余时，可提前赎回债券；当预测利率下降时，也可提前赎回债券，而后以较低的利率来发行新债券。

(2) 到期分批偿还。如果一个公司在发行同一种债券的当时就为不同编号或不同发行对象的债券规定了不同的到期日，这种债券就是分批偿还债券。因为各批债券的到期日不同，它们各自的发行价格和票面利率也可能不相同，从而导致发行费较高但由于这种债券便于投资人挑选最合适的到期日，因而便于发行。

(2) 到期一次偿还。多数情况下，发行债券的公司在债券到期日，一次性归还债券本金，并结算债券利息。

5. 发行公司债券的筹资特点

发行公司债券的筹资特点如下：

(1) 一次筹资数额大。利用发行公司债券筹资，能够筹集大额的资金，满足公司大规模筹资的需要。这是与银行借款、融资租赁等债务筹资方式相比，企业选择发行公司债券筹资的主要原因，大额筹资能够适应大型公司经营规模的需要。

(2) 募集资金的使用限制条件少。与银行借款相比，发行债券募集的资金在使用上具有相对灵活性和自主性。特别是发行债券所筹集的大额资金，能够用于流动性较差的公司长期资产上。从资金使用的性质来看，银行借款一般期限短、额度小，主要用途为增加适量存货或增加小型设备等。反之，期限较长、额度较大，用于公司扩展、增加大型固定资产和基本建设投资的需求多采用发行债券方式筹资。

(3) 资本成本负担较高。相对于银行借款筹资，发行债券的利息负担和筹资费用都比较高，而且债券不能像银行借款一样进行债务展期，加上大额的本金和较高的利息，在固定的到期日，将会对公司现金流量产生巨大的财务压力。不过，尽管公司债券的利息比银行借款高，但公司债券的期限长、利率相对固定。在预计市场利率持续上升的金融市场环境下，发行公司债券筹资，能够锁定资本成本。

(4) 提高公司的社会声誉。公司债券的发行主体，有严格的资格限制。发行公司债券，往往是股份有限公司和有实力的有限责任公司所为。通过发行公司债券，一方面筹集了大量资金，另一方面也扩大了公司的社会影响。

(三) 融资租赁

租赁是指通过签订资产出让合同的方式，使用资产的一方(承租方)通过支付租金，向出让资产的一方(出租方)取得资产使用权的一种交易行为。在这项交易中，承租方通过得到所需资产的使用权，完成了筹集资金的行为。

1. 租赁的基本特征

租赁的基本特征包括：

(1) 所有权与使用权相分离。租赁资产的所有权与使用权分离是租赁的主要特点之一。银行信用虽然也是所有权与使用权相分离，但载体是货币资金，租赁则是资金与实物在相结合基础上的分离。

(2) 融资与融物相结合。租赁是以商品形态与货币形态相结合提供的信用活动，出租人在向企业出租资产的同时，解决了企业的资金需求，具有信用和贸易双重性质。它不同于一般的借钱还钱、借物还物的信用形式，而是借物还钱，并以分期支付租金的方式来体现租赁的这一特点使银行信贷和财产信贷融合在一起，成为企业融资的一种特定形式。

(3) 租金的分期支付。在租金的偿还方式上，租金与银行信用到期还本不一样，采取了分期支付方式。出租方的资金一次投入，分期收回。对于承租方面而言，通过租赁可以提前获得资产的使用价值，分期支付租金便于分期规划未来的现金流出量。

2. 租赁的分类

租赁分为经营租赁和融资租赁。

(1) 经营租赁是由租赁公司向承租单位在短期内提供设备，并提供维修、保养、人员培训等，是一种服务性业务，又称服务性租赁。经营租赁的特点主要包括：

① 出租的设备一般由租赁公司根据市场需要选定，然后再寻找承租企业；

② 租赁期较短，短于资产的有效使用期，在合理的限制条件内承租企业可以中途解约；

③ 租赁设备的维修、保养由租赁公司负责；

④ 租赁期满或合同中止以后，出租资产由租赁公司收回。经营租赁比较适用于租用技术过时较快的生产设备。

(2) 融资租赁是由租赁公司按承租单位要求出资购买设备，在较长的合同期内提供给承租单位使用的融资信用业务，它是以融通资金为主要目的的租赁。融资租赁的主要特点包括：

① 出租的设备根据承租企业提出的要求购买，或者由承租企业直接从制造商或销售商那里选定；

② 租赁期较长，接近于资产的有效使用期，在租赁期间双方无权取消合同；

③ 由承租企业负责设备的维修、保养；

④ 租赁期满，按事先约定的方法处理设备，包括退还租赁公司，或继续租赁，或企业留购。通常采用企业留购办法，即以很少的"名义价格"(相当于设备残值)买下设备。两者的区别如表 4-3 所示。

表 4-3　融资租赁与经营租赁的区别

对比项目	融资租赁	经营租赁
业务原理	融资融物于一体	无融资特征，只是一种融物方式
租赁目的	融通资金，添置设备	暂时性使用，预防无形损耗风险
租期	较长，相当于设备经济寿命大部分	较短
租金	包括设备价款	只是设备使用费
契约法律效力	不可撤销合同	经双方同意可中途撤销合同
租赁标的	一般为专用设备，也可为通用设备	通用设备居多
维修与修养	专用设备多为承租人负责，通用设备多为出租人负责	全部为出租人负责
承租人	一般为一个	设备经济寿命期内轮流租给多个承租人
灵活方便	不明显	明显

3．融资租赁的基本形式

融资租赁包括直接租赁、售后回租和杠杆租赁三种形式。

(1) 直接租赁。直接租赁是融资租赁的主要形式，承租方提出租赁申请时，出租方按照承租方的要求选购设备，然后再出租给承租方。

(2) 售后回租。售后回租是指承租方由于急需资金等各种原因，将自己资产售给出租方，然后以租赁的形式从出租方原封不动地租回资产的使用权。在这种租赁合同中，除资产所有者的名义改变之外，其余情况均无变化。

(3) 杠杆租赁。杠杆租赁是指涉及承租人、出租人和资金出借人三方的融资租赁业务。一般来说，当所涉及的资产价值昂贵时，出租方自己只投入部分资金，通常为资产价值的20%～40%，其余资金则通过将该资产抵押担保的方式，向第三方(通常为银行)申请贷款解决。租赁公司然后将购进的设备出租给承租方，用收取的租金偿还贷款，该资产的所有权属于出租方。出租人既是债权人也是债务人，如果出租人到期不能按期偿还借款，资产所有权则转移给资金的出借者。

4．融资租赁的基本程序

融资租赁的基本程序如下：

(1) 选择租赁公司，提出委托申请。当企业决定采用融资租赁方式以获取某项设备时，需要了解各个租赁公司的资信情况、融资条件和租赁费率等，分析比较选定一家作为出租单位。然后，向租赁公司申请办理融资租赁。

(2) 签订购货协议。由承租企业和租赁公司中的一方或双方，与选定的设备供应厂商进行购买设备的技术谈判和商务谈判，在此基础上与设备供应厂商签订购货协议。

(3) 签订租赁合同。承租企业与租赁公司签订租赁设备的合同，如需要进口设备，还应办理设备进口手续。租赁合同是租赁业务的重要文件，具有法律效力。融资租赁合同的内容可分为一般条款和特殊条款两部分。

(4) 交货验收。设备供应厂商将设备发运到指定地点，承租企业要办理验收手续。验收合格后签发交货及验收证书交给租赁公司，作为其支付货款的依据。

(5) 定期交付租金。承租企业按租赁合同规定，分期交纳租金，这也就是承租企业对所筹资金的分期还款。

(6) 合同期满处理设备。承租企业根据合同约定，对设备续租、退租或留购。

5．融资租赁租金的计算

1) 租金的支付方式

租金通常采用分次支付的方式，具体类型有：

(1) 按支付间隔期的长短，可以分为年付、半年付、季付和月付等方式。

(2) 按在期初和期末支付，可以分为先付租金和后付租金两种。

(3) 按每次支付额，可以分为等额支付和不等额支付两种。

2) 租金的计算

租金的计算大多采用等额年金法。等额年金法下，通常要根据利率和租赁手续费率确定一个租费率，作为折现率。

【例 4-1】　某企业于 2017 年 1 月 1 日从租赁公司租入一套设备，价值 60 万元，租期 6 年，租赁期满时预计残值为 5 万元，残值归属租赁公司。折现率为 10%，租金每年年末支付一次，要求计算每次支付的租金额。

每年租金 = [600 000−50 000 × (P/F，10%，6)] / (P/A，10%，6) = 131 283 (元)

为了便于有计划地安排租金的支付，承租企业可编制租金摊销计划表，如表 4-4 所示。

表 4-4　租金摊销计划表　　　　　　　　　　（单位：元）

年份	期初租金 ①	支付租金 ②	应计租费 ③＝①×10%	本金偿还额 ④＝②－③	本金余额 ⑤＝①－④
2007	600 000	131 283	60 000	71 283	528 717
2008	528 717	131 283	52 872	78 411	450 306
2009	450 306	131 283	45 031	86 252	364 054
2010	364 054	131 283	36 405	94 878	269 176
2011	269 176	131 283	26 918	104 365	164 811
2012	164 811	131 283	16 481	114 802	50 009
合计		787 698	237 707	549 991	50 009

注：50 009 即为到期残值，尾数 9 系中间计算过程四舍五入的误差导致的。

6. 融资租赁的筹资特点

融资租赁的筹资特点如下：

(1) 无须大量资金就能迅速获得资产。在资金缺乏情况下，融资租赁能迅速获得所需资产。融资租赁集"融资"与"融物"于一身，融资租赁使企业在资金短缺的情况下引进设备成为可能。特别是针对中小企业、新创企业而言，融资租赁是一条重要的融资途径。大型企业的大型设备、工具等固定资产，也经常通过融资租赁方式解决巨额资金的需要，如商业航空公司的飞机，大多是通过融资租赁取得的。

(2) 财务风险小，财务优势明显。融资租赁与购买的一次性支出相比，能够避免一次性支付的负担，而且租金支出是未来的、分期的，企业无须一次筹集大量资金偿还。还款时，租金可以通过项目本身产生的收益来支付，是一种基于未来的"借鸡生蛋、卖蛋还钱"的筹资方式。

(3) 筹资的限制条件较少。企业运用股票、债券、长期借款等筹资方式，都受到相当多的资格条件的限制，如足够的抵押品、银行贷款的信用标准、发行债券的政府管制等。相比之下融资租赁筹资的限制条件很少。

(4) 能延长资金融通的期限。通常为购置设备而贷款的借款期限比该资产的物理寿命要短得多，而融资租赁的融资期限却可接近其全部使用寿命期限，并且其金额随设备价款金额而定，无融资额度的限制。

(5) 资本成本负担较高。融资租赁的租金通常比银行借款或发行债券所负担的利息高得多，租金总额通常要比设备价值高出 30%，尽管与借款方式比，融资租赁能够避免到期一次性集中偿还的财务压力，但高额的固定租金也给各期的经营带来了负担。

(四) 债务筹资的优缺点

1. 债务筹资的优点

债务筹资的优点如下：

(1) 筹资速度较快。与股权筹资相比，债务筹资不需要经过复杂的审批手续和证券发行程序，如银行借款、融资租赁等，可以迅速地获得资金。

(2) 筹资弹性较大。发行股票等股权筹资，一方面需要经过严格的政府审批；另一方面从企业的角度出发，由于股权不能退还，股权资本在未来永久性地给企业带来了资本成本的负担。利用债务筹资，可以根据企业的经营情况和财务状况，灵活地商定债务条件，控制筹资数量，安排取得资金的时间。

(3) 资本成本负担较轻。一般来说，债务筹资的资本成本要低于股权筹资。其一是取得资金的手续费用等筹资费用较低；其二是利息、租金等用资费用比股权资本要低；其三是利息等资本成本可以在税前支付。

(4) 可以利用财务杠杆。债务筹资不改变公司的控制权，因而股东不会出于控制权稀释的原因而反对公司举债。债权人从企业那里只能获得固定的利息或租金，不能参加公司剩余收益的分配。当企业的资本报酬率(息税前利润率)高于债务利率时，会增加普通股股东的每股收益，提高净资产报酬率，提升企业价值。

(5) 稳定公司的控制权。利用债务筹资不会改变和分散股东对公司的经营管理和控制权。在信息沟通与披露等公司治理方面，债务筹资的代理成本也较低。

2. 债务筹资的缺点

债务筹资的缺点如下：

(1) 不能形成企业稳定的资本基础。债务资本有固定的到期日，到期需要偿还，只能作为企业的补充性资本来源。再加上取得债务往往需要进行信用评级，没有信用基础的企业和新创企业，往往难以取得足额的债务资本。现有债务资本在企业的资本结构中达到一定比例后，往往由于财务风险而不容易再取得新的债务资金。

(2) 财务风险较大。债务资本有固定的到期日，有固定的债息负担，抵押、质押等担保方式取得的债务、资本使用上可能会有特别的限制。这些都要求企业必须保证有一定的偿债能力，要保持资产流动性及其资产报酬水平，作为债务清偿的保障，对企业的财务状况提出了更高的要求，否则会带来企业的财务危机，甚至导致企业的破产。

(3) 筹资数额有限。债务筹资的数额往往受到贷款机构资本实力的制约，除发行债券方式外，一般难以像发行股票那样一次筹集到大笔资金，无法满足公司大规模筹资的需要。

三、股权筹资

股权筹资形成企业的股权资金，也称之为权益资本，是企业最基本的筹资方式。吸收直接投资、发行股票和利用留存收益，是股权筹资的三种基本形式。

(一) 吸收直接投资

吸收直接投资是指企业按照"共同投资、共同经营、共担风险、共享收益"的原则，直接吸收国家、法人、个人和外商投入资金的一种筹资方式。吸收投入资本不以证券为媒介，是非股份制企业筹集权益资本的基本方式。吸收直接投资实际出资额，注册资本部分形成实收资本；超过注册资本部分属于资本溢价，形成资本公积。

1. 吸收直接投资的种类

1) 吸收国家投资

国家投资是指有权代表国家投资的政府部门或机构，以国有资产投入公司，这种情况下形成的资本叫国有资本。根据《公司国有资本与公司财务暂行办法》的规定，在公司持续经营期间，公司以盈余公积、资本公积转增实收资本的，国有公司和国有独资公司由公司董事会或经理办公会决定，并报主管财政机关备案，股份有限公司和有限责任公司由董事会决定，并经股东大会审议通过。吸收国家投资一般具有以下特点：

(1) 产权归属国家；

(2) 资金的运用和处置受国家约束较大；

(3) 在国有公司中采用比较广泛。

2) 吸收法人投资

法人投资是指法人单位以其依法可支配的资产投入公司，这种情况下形成的资本叫法人资本。吸收法人投资一般具有以下特点：

(1) 发生在法人单位之间；

(2) 以参与公司利润分配或控制为目的；

(3) 出资方式灵活多样。

3) 合资经营

合资经营是指两个或者两个以上的不同国家的投资者共同投资，创办企业，并且共同经营、共担风险、共负盈亏、共享利益的一种直接投资方式。在我国，中外合资经营企业也称股权式合营企业，它是外国公司、企业和其他经济组织或个人同中国的公司、企业或其他经济组织在中国境内共同投资举办的企业。中外合资经营一般具有如下特点：

(1) 合资经营企业在中国境内，按中国法律规定取得法人资格，为中国法人；

(2) 合资经营企业为有限责任公司；

(3) 注册资本中，外方合营者的出资比例一般不低于25%；

(4) 合资经营期限，遵循《中外合资经营企业法》等相关法律规定；

(5) 合资经营企业的注册资本与投资总额之间应依法保持适当比例关系，投资总额是指按照合营企业合同和章程规定的生产规模需要投入的基本建设资金和生产流动资金的总和。

中外合资经营企业和中外合作经营企业都是中外双方共同出资、共同经营、共担风险和共负盈亏的企业。两者的区别主要是：合作企业可以依法取得中国法人资格，也可以办成不具备法人条件的企业，而合资企业必须是法人；合作企业属于契约式的合营，它不以合营各方投入的资本数额、股权作为利润分配的依据，而是通过签订合同具体规定各方的权利和义务，而合资企业属于股权式企业，即以投资比例来作为确定合营各方权利和义务的依据；合作企业在遵守国家法律的前提下，可以通过合作合同来约定收益或产品的分配，以及风险和亏损的分担，而合资企业则是根据各方注册资本的比例进行分配的。

4) 吸收社会公众投资

社会公众投资是指社会个人或本公司职工以个人合法财产投入公司，这种情况下形成的资本称为个人资本。吸收社会公众投资一般具有以下特点：

(1) 参加投资的人员较多；

(2) 每人投资的数额相对较少；

(3) 以参与公司利润分配为目的。

2．吸收直接投资的出资方式

1) 以货币资产出资

以货币资产出资是吸收直接投资中最重要的出资方式。企业有了货币资产，便可以获取其他物质资源，支付各种费用，满足企业创建开支和随后的日常周转需要。

2) 以实物资产出资

实物出资是指投资者以房屋、建筑物、设备等固定资产和材料、燃料、商品产品等流动资产所进行的投资。实物投资应符合以下条件：

(1) 适合企业生产、经营、研发等活动的需要；

(2) 技术性能良好；

(3) 作价公平合理。

实物出资中实物的作价，可以由出资各方协商确定，也可以聘请专业资产评估机构评估确定。国有及国有控股企业接受其他企业的非货币资产出资，必须委托有资格的资产评估机构进行资产评估。

3) 以土地使用权出资

土地使用权是指土地经营者对依法取得的土地在一定期限内有进行建筑、生产经营或其他活动的权利。土地使用权具有相对的独立性，在土地使用权存续期间，包括土地所有者在内的其他任何人和单位，不能任意收回土地和非法干预使用权人的经营活动。企业吸收土地使用权投资应符合以下条件：

(1) 适合企业生产经营、研发等活动的需要；

(2) 地理、交通条件适宜;

(3) 作价公平合理。

4) 以工业产权出资

工业产权通常是指专有技术、商标权、专利权、非专利技术等无形资产。投资者以工业产权出资应符合以下条件:

(1) 有助于企业研究、开发和生产出新的高科技产品;

(2) 有助于企业提高生产效率,改进产品质量;

(3) 有助于企业降低生产消耗、能源消耗等各种消耗;

(4) 作价公平合理。

吸收工业产权等无形资产出资的风险较大。因为以工业产权投资,实际上是把技术转化为资本,使技术的价值固定化了,而技术具有强烈的时效性,会因其不断老化落后而导致实际价值不断减少甚至完全丧失。此外,国家相关法律法规对无形资产出资方式另有限制: 股东或者发起人不得以劳务、信用、自然人姓名、商誉、特许经营权或者设定担保的财产等作价出资。

5) 以特定债权出资

特定债权指企业依法发行的可转换债券以及按照国家有关规定可以转作股权的债权。在实践中,企业可以将特定债权转为股权的情形主要有:上市公司依法发行的可转换债券;金融资产管理公司持有的国有及国有控股企业债权;企业实行公司制改建时,经银行以外的其他债权人协商同意,可以按照有关协议和企业章程的规定,将其债权转为股权;根据《利用外资改组国有企业暂行规定》,国有企业的境内债权人将持有的债权转给外国投资者,企业通过债转股改组为外商投资企业;按照《企业公司制改建有关国有资本管理与财务处理的暂行规定》,国有企业改制时,账面原有应付工资余额中欠发职工工资部分,在符合国家政策,职工自愿的条件下依法扣除个人所得税后可转为个人投资未退还职工的集资款也可转为个人投资。

3. 吸收直接投资的程序

吸收直接投资的程序如下:

(1) 确定筹资数量。企业在新建或扩大经营时,要先确定资金的需要量。资金的需要量根据企业的生产经营规模和供销条件等来核定,筹资数量与资金需要量应当相适应。

(2) 寻找投资单位。企业既要广泛了解有关投资者的资信、财力和投资意向,又要通过信息交流和宣传,使出资方了解企业的经营能力、财务状况以及未来预期,以便于公司从中寻找最合适的合作伙伴。

(3) 协商和签署投资协议。找到合适的投资伙伴后,双方进行具体协商,确定出资数额和出资方式及出资时间。企业应尽可能吸收货币投资,如果投资方确有先进而适合需要的固定资产和无形资产,也可采取非货币投资方式。对实物投资、工业产权投资、土地使用权投资等非货币资产投资,双方应按公平合理的原则协商定价。当出资数额、资产作价确定后，双方签署投资的协议或合同，以明确双方的权利和责任。

(4) 取得所筹集的资金。签署投资协议后，企业应按规定或计划取得资金，如果采取现金投资方式，通常还要编制拨款计划，确定拨款期限、每期数额及划分方式，有时投资者还要规定拨款的用途，如把拨款区分为固定资产投资拨款、流动资金拨款、专项拨款等。如为实物、工业产权、非专利技术、土地使用权投资，一个重要的问题就是核实财产。财产数量是否准确，特别是价格有无高估低估情况，关系到投资各方的经济利益，必须认真处理，必要时可聘请资产评估机构来评定，然后办理产权的转移手续取得资产。

4. 吸收直接投资的筹资特点

吸收直接投资的筹资特点包括：

(1) 能够尽快形成生产能力。吸收直接投资不仅可以取得一部分货币资金，而且能够直接获得所需的先进设备和技术，尽快形成生产经营能力。

(2) 容易进行信息沟通。吸收直接投资的投资者比较单一，股权没有社会化、分散化，投资者甚至于直接担任公司管理层职务，公司与投资者易于沟通。

(3) 资本成本较高。相对于股票筹资方式来说，吸收直接投资的资本成本较高。当企业经营较好、盈利较多时，投资者往往要求将大部分盈余作为红利分配，因为向投资者支付的报酬是按其出资数额和企业实现利润的比率来计算的。不过，吸收直接投资的手续相对比较简便，筹资费用较低。

(4) 公司控制权集中，不利于公司治理。采用吸收直接投资方式筹资，投资者一般都要求获得与投资数额相适应的经营管理权。如果某个投资者的投资额比例较大，则该投资者对企业的经营管理就会有相当大的控制权，容易损害其他投资者的利益。

(5) 不易进行产权交易。吸收投入资本由于没有证券为媒介，所以不利于产权交易，难以进行产权转让。

(二) 发行普通股股票

股票是股份有限公司为筹措股权资本而发行的有价证券，是公司签发的证明股东持有公司股份的凭证。股票作为一种所有权凭证，代表着对发行公司净资产的所有权。股票只能由股份有限公司发行。

1. 股票的特点

股票的特点如下：

(1) 永久性。公司发行股票所筹集的资金属于公司的长期自有资金，没有期限，无须归还。换言之，一般情况下不能要求发行企业退还股金。

(2) 流通性。股票作为一种有价证券，在资本市场上可以自由流通，也可以继承、赠送或作为抵押品。股票特别是上市公司发行的股票具有很强的变现能力，流动性很强。

(3) 风险性。由于股票的永久性，股东成为企业风险的主要承担者。风险的表现形式有：股票价格的波动性、红利的不确定性、破产清算时股东处于剩余财产分配的最后顺序等。

(4) 参与性。股东作为股份公司的所有者，拥有参与企业管理的权利，包括重大决策权、经营者选择权、财务监控权、公司经营的建议和质询权等。此外，股东还有承担有限责任、遵守公司章程等义务。

2. 股东的权利

股东最基本的权利是按投入公司的股份额，依法享有公司收益获取权、公司重大决策参与权和选择公司管理者的权利，并以其所持股份为限对公司承担责任。

(1) 公司管理权。股东对公司的管理权主要体现在重大决策参与权、经营者选择权、财务监控权、公司经营的建议和质询权、股东大会召集权等方面。

(2) 收益分享权。股东有权通过股利方式获取公司的税后利润，利润分配方案由董事会提出并经过股东大会批准。

(3) 股份转让权。股东有权将其所持有的股票出售或转让。

(4) 优先认股权。原有股东拥有优先认购本公司增发股票的权利。

(5) 剩余财产要求权。当公司解散、清算时，股东有对清偿债务、清偿优先股股东以后的剩余财产索取的权利。

3. 股票的种类

股票的种类如表 4-5 所示。

表 4-5　股票的种类

分类标志	类型	说　明
股东权利与义务	普通股	公司发行的代表着股东享有平等的权利、义务，不加特别限制的，股利不确定的股票，是公司最基本的股票，股份有限公司通常情况卜只发行普通股
	优先股	公司发行的相对于普通股具有一定优先权的股票，其优先权利主要表现在股利分配优先权和分取剩余财产优先权上。优先股股东在股东大会上无表决权，在参与公司管理上受到一定的限制，仅对涉及优先股股利的问题有表决权
票面是否记名	记名股票	股票票面上记载有股东姓名或将名称记入公司股东名册的股票
	无记名股票	不登记股东名称，公司只记载股票数量、编号及发行日期
发行对象和上市地点	A 股	境内发行、境内上市交易，以人民币标明面值，以人民币认购和交易
	B 股	境内公司发行，境内上市交易，以人民币标明面值，以外币认购和交易
	H 股	注册地在内地，在香港上市的股票
	N 股	在纽约上市
	S 股	在新加坡上市

注：我国《公司法》规定，向发起人、国家授权投资机构、法人发行的股票，为记名股票；向社会公众发行的股票，可以为记名股票，也可以为无记名股票。

4. 股份有限公司的设立、股票的发行与上市

1) 股份有限公司的设立

设立股份有限公司，应当有 2 人以上 200 人以下为发起人，其中须有半数以上的发起人在中国境内有住所。股份有限公司的设立，可以采取发起设立或者募集设立的方式。发起设立，是指由发起人认购公司应发行的全部股份而设立公司。募集设立，是指由发起人认购公司应发行股份的一部分，其余股份向社会公开募集或者向特定对象募集而设立公司。以募集设立方式设立股份有限公司的，发起人认购的股份不得少于公司股份总数的 35%，法律、行政法规另有规定的，从其规定。

股份有限公司的发起人应当承担下列责任：

(1) 公司不能成立时，对设立行为所产生的债务和费用负连带责任；

(2) 公司不能成立时，对认股人已缴纳的股款，不返还股款并加算银行同期存款利息的连带责任；

(3) 在公司设立过程中，由于发起人的过失致使公司利益受到损害的，应当对公司承担赔偿责任。

2) 股份有限公司首次发行股票

股份有限公司首次发行股票的一般程序如下：

(1) 发起人认足股份、交付股资。发起设立方式的发起人认购公司全部股份；募集设立方式的公司发起人认购的股份不得少于公司股份总数的 35%。发起人可以用货币出资，也可以非货币资产作价出资。发起设立方式下，发起人交付全部股资后，应选举董事会、监事会，由董事会办理公司设立的登记事项；募集设立方式下，发起人认足其应认购的股份并交付股资后，其余部分向社会公开募集或者向特定对象募集。

(2) 提出公开募集股份的申请。募集方式设立的公司，发起人向社会公开募集股份时，必须向国务院证券监督管理部门递交募股申请，并报送批准设立公司的相关文件，包括公司章程、招股说明书等。

(3) 公告招股说明书，签订承销协议。公开募集股份申请经国家批准后，应公告招股说明书。招股说明书应包括公司章程、发起人认购的股份数、本次每股票面价值和发行价格、募集资金的用途等。同时，与证券公司等证券承销机构签订承销协议。

(4) 招认股份，缴纳股款。发行股票的公司或其承销机构一般用广告或书面通知办法招募股份。认股者一旦填写了认股书，就要承担认股书中约定缴纳股款的义务。如果认股者总股数超过发起人拟招募总股数，可以采取抽签的方式确定哪些认股者有权认股。认股者应在规定的期限内向代收股款的银行缴纳股款，同时交付认股书。股款收足后，发起人应委托法定的机构验资，出具验资证明。

(5) 召开创立大会，选举董事会、监事会。发行股份的股款募足后，发起人应在规定期限内(法定 30 天内) 主持召开创立大会。创立大会由发起人、认股人组成，应有代表股份总数半数以上的认股人出席方可举行。创立大会通过公司章程，选举董事会和监事会成员，并有权对公司的设立费用进行审核，对发起人用于抵作股款的财产的作价进行审核。

(6) 办理公司设立登记，交割股票。经创立大会选举的董事会，应在创立大会结束后30天内，办理申请公司设立的登记事项。登记成立后，即向股东正式交付股票。

3) 股票的发行方式

(1) 公开间接发行。公开间接发行股票是指股份公司通过中介机构向社会公众公开发行股票。采用募集设立方式成立的股份有限公司，向社会公开发行股票时，必须由有资格的证券经营中介机构，如证券公司、信托投资公司等承销。这种发行方式的发行范围广，发行对象多，易于足额筹集资本。公开发行股票，同时还有利于提高公司的知名度，扩大其影响力，但公开发行方式审批手续复杂严格，发行成本高。

(2) 非公开直接发行。非公开直接发行股票是指股份公司只向少数特定对象直接发行股票，不需要中介机构承销。用发起设立方式成立和向特定对象募集方式发行新股的股份有限公司，向发起人和特定对象发行股票，采用直接将股票销售给认购者的自销方式。这种发行方式弹性较大，企业能控制股票的发行过程，节省发行费用。但发行范围小，不易及时足额筹集资本，发行后股票的变现性差。

4) 股票的上市交易

(1) 股票上市的目的。公司股票上市的目的是多方面的，主要包括：① 便于筹措新资金。证券市场是一个资本商品的买卖市场，证券市场上有众多的资金供应者。同时，股票上市经过了政府机构的审查批准并接受严格的管理，执行股票上市和信息披露的规定，容易吸引社会资本投资者。另外，公司上市后，还可以通过增发、配股、发行可转换债券等方式进行再融资。② 促进股权流通和转让。股票上市后便于投资者购买，提高了股权的流动性和股票的变现力，便于投资者认购和交易。③ 便于确定公司价值。股票上市后，公司股价有市价可循，便于确定公司的价值。对于上市公司来说，即时的股票交易行情，就是对公司价值的市场评价。同时，市场行情也能够为公司收购兼并等资本运作提供询价基础。但股票上市也有对公司不利影响的一面，主要有：上市成本较高，手续复杂严格；公司将负担较高的信息披露成本；信息公开的要求可能会暴露公司商业机密，股价有时会歪曲公司的实际情况，影响公司声誉；可能会分散公司的控制权，造成管理上的困难。

(2) 股票上市的条件。公司公开发行的股票进入证券交易所交易，必须受到严格的条件限制。我国《证券法》规定，股份有限公司申请股票上市，应当符合如下规定：

① 股票经国务院证券监督管理机构核准已公开发行；

② 公司股本总额不少于人民币3000万元；

③ 公开发行的股份达到公司股份总数的25%以上，公司股本总额超过人民币4亿元的，公开发行股份的比例为10%以上；

④ 公司最近3年无重大违法行为，财务会计报告无虚假记载。

5) 股票上市的暂停、终止与特别处理

当上市公司出现经营情况恶化、存在重大违法违规行为或其他原因导致不符合上市条件时，就可能被暂停或终止上市。上市公司出现以下情形之一的，由交易所暂停其上市：

公司股本总额、股权分布等发生变化不再具备上市条件；公司不按规定公开其财务状况，或者对财务会计报告作虚假记载；公司有重大违法行为；公司最近 3 年连续亏损。前 3 条，证券交易所根据中国证监会的决定暂停其股票上市，第 4 条由交易所决定。对于社会公众持股低于总股本 25% 的上市公司，或股本总额超过人民币 4 亿元，社会公众持股比例低于 10% 的上市公司，如连续 20 个交易日不高于以上条件，交易所将决定暂停其股票上市交易。12 个月内仍不达标的，交易所将终止其股票上市交易。

上市公司出现下列情形之一的，由交易所终止其股票上市：未能在法定期限内披露其暂停上市后第一个半年度报告的；在法定期限内披露了恢复上市后的第一个年度报告，但公司仍然出现亏损的；未能在法定期限内披露恢复上市后的第一个年度报告的；恢复上市申请未被受理的或者申请未被核准的。

上市公司出现财务状况或其他状况异常的，其股票交易将被交易所"特别处理(Special Treatment，ST)"。所谓"财务状况异常"是指以下几种情况：最近 2 个会计年度的审计结果显示的净利润为负值；最近 1 个会计年度的审计结果显示其股东权益低于注册资本；最近 1 个会计年度经审计的股东权益扣除注册会计师、有关部门不予确认的部分，低于注册资本；注册会计师对最近 1 个会计年度的财产报告出具无法表示意见或否定意见的审计报告；最近 1 份经审计的财务报告对上年度利润进行调整，导致连续两个会计年度亏损；经交易所或中国证监会认定为财务状况异常的。所谓"其他状况异常"是指自然灾害、重大事故等导致生产经营活动基本终止，公司涉及的可能赔偿金额超过公司净资产的诉讼等情况。

在上市公司的股票交易被实行特别处理期间，其股票交易遵循下列规则：股票报价日涨跌幅度限制为 5%；股票名称改为原股票名前加"ST"；上市公司的中期报告必须经过审计。

5. 引入战略投资者

1) 战略投资者的概念与要求

我国在新股发行中引入战略投资者，允许战略投资者在公司发行新股中参与配售。按中国证监会的规则解释，战略投资者是指与发行人具有合作关系或有合作意向和潜力，与发行公司业务联系紧密且欲长期持有发行公司股的法人。从国外风险投资机构对战略投资者的定义来看，一般认为战略投资者是指能够通过帮助公司融资、提供营销与销售支持的业务或通过个人关系增加投资价值的公司或个人投资者。

一般来说，作为战略投资者的基本要求是：要与公司的经营业务联系紧密；要出于长期投资目的而较长时期地持有股票；要具有相当的资金实力，且持股数量较多。

2) 引入战略投资者的作用

战略投资者具有资金、技术、管理、市场、人才等方面优势，能够增强企业核心竞争力和创新能力。上市公司引入战略投资者，能够和上市公司之间形成紧密的、伙伴式的合作关系，并由此增强公司经营实力、提高公司管理水平、改善公司治理结构。因此，对战略投资者的基本资质条件要求是拥有比较雄厚的资金、核心的技术、先进的管理等，有较好的实业基础和较强的投融资能力。

(1) 提升公司形象，提高资本市场认同度。战略投资者往往都是实力雄厚的境内外大公司、大集团，甚至是国际、国内 500 强，他们对公司股票的认购，是对公司潜在未来价值的认可和期望。

(2) 优化股权结构，健全公司法人治理。战略投资者占一定股权份额并长期持股，能够分散公司控制权，吸引战略投资者参与公司管理，改善公司治理结构。战略投资者带来的不仅是资金和技术，更重要的是能带来先进的管理水平和优秀的管理团队。

(3) 提高公司资源整合能力，增强公司的核心竞争力。战略投资者往往都有较好的实业基础，能够带来先进的工艺技术和广阔的产品营销市场，并致力于长期投资合作，能促进公司的产品结构、产业结构的调整升级，有助于形成产业集群，整合公司的经营资源。

(4) 达到阶段性的融资目标，加快实现公司上市融资的进程。战略投资者具有较强的资金实力，并与发行人签订有关配售协议，长期持有发行人股票，能够给新上市的公司提供长期稳定的资本，帮助上市公司用较低的成本融得较多的资金，提高了公司的融资效率。

从现有情况来看，目前我国上市公司确定战略投资者还处于募集资金最大化的实用原则阶段。谁的申购价格高，谁就能够成为战略投资者，管理型、技术型的战略投资者还很少见。资本市场中的战略投资者，目前多是追逐持股价差、有较大承受能力的股票持有者，一般都是大型证券投资机构。

6. 发行普通股股票的筹资特点

发行普通股票的筹资特点如下：

(1) 两权分离，有利于公司自主经营管理。公司通过对外发行股票筹资，公司的所有权与经营权相分离，分散了公司控制权，有利于公司自主管理、自主经营。普通股筹资的股东众多，公司其日常经营管理事务主要由公司的董事会和经理层负责。但公司的控制权分散，公司也容易被经理人控制。

(2) 资本成本较高。由于股票投资的风险较大，收益具有不确定性，投资者就会要求较高的风险补偿。因此，股票筹资的资本成本较高。

(3) 能增强公司的社会声誉，促进股权流通和转让。普通股筹资，股东的大众化，为公司带来了广泛的社会影响。特别是上市公司，其股票的流通性强，有利于市场确认公司的价值。普通股筹资以股票作为媒介，便于股权的流通和转让，便于吸收新的投资者。但是，流通性强的股票交易，也容易在资本市场上被恶意收购。

(4) 不易及时形成生产能力。普通股筹资吸收的一般都是货币资金，还需要通过购置和建造形成生产经营能力。相对吸收直接投资方式来说，不易及时形成生产能力。

(三) 留存收益

1. 留存收益的性质

从性质上看，企业通过合法有效的经营所实现的税后净利润，都属于企业的所有者。

因此，属于所有者的利润包括分配给所有者的利润和尚未分配留存于企业的利润。企业将本年度的利润部分甚至全部留存下来的原因很多，主要包括：第一，收益的确认和计量是建立在权责发生制基础上的，企业有利润，但企业不一定有相应的现金净流量增加，因而企业不一定有足够的现金将利润全部或部分派给所有者；第二，法律法规从保护债权人利益和要求企业可持续发展等角度出发，限制企业将利润全部分配出去。《公司法》规定，企业每年的税后利润，必须提取 10%的法定盈余公积金；第三，企业基于自身的扩大再生产和筹资需求，也会将一部分利润留存下来。

2．留存收益的筹资途径

留存收益的筹资途径包括：

(1) 提取盈余公积金。盈余公积金是指有指定用途的留存净利润，其提取基数是抵减年初累计亏损后的本年度净利润。盈余公积金主要用于企业未来的经营发展，经投资者审议后也可以用于转增股本(实收资本)和弥补以前年度经营亏损。盈余公积金不得用于以后年度的对外利润分配。

(2) 未分配利润。未分配利润是指未限定用途的留存净利润。未分配利润有两层含义：第一，这部分净利润本年没有分配给公司的股东投资者；第二，这部分净利润未指定用途，可以用于企业未来经营发展、转增股本(实收资本)、弥补以前年度经营亏损、以后年度利润分配。

3．利用留存收益的筹资特点

利用留存收益的筹资特点如下：

(1) 不用发生筹资费用。企业从外界筹集长期资本与普通股筹资相比较，留存收益筹资不需要发生筹资费用，资本成本较低。

(2) 维持公司的控制权分布。利用留存收益筹资，不用对外发行新股或吸收新投资者，由此增加的权益资本不会改变公司的股权结构，不会稀释原有股东的控制权。

(3) 筹资数额有限。当期留存收益的最大数额是当期的净利润，不如外部筹资一次性可以筹资大量资金。如果企业发生亏损，当年没有利润留存。另外，股东和投资者从自身期望出发，往往希望企业每年发放一定股利，保持一定的利润分配比例。

(四) 股权筹资的优缺点

1．股权筹资的优点

股权筹资的优点如下：

(1) 股权筹资是企业稳定的资本基础。股权资本没有固定的到期日，无须偿还，是企业的永久性资本，除非企业清算时才有可能予以偿还。这对于保障企业对资本的最低需求、促进企业长期持续稳定经营具有重要意义。

(2) 股权筹资是企业良好的信誉基础。股权资本作为企业最基本的资本代表了公司的资本实力，是企业与其他大单位组织开展经营业务、进行业务活动的信誉基础。同时，股权资本也是其他方式筹资的基础，尤其可为债务筹资，包括银行借款、发行公司债券等提供信用保障。

(3) 企业的财务风险较小。股权资本不用在企业正常营运期内偿还，没有还本付息的财务压力。相对于债务资金而言，股权资本筹资限制少，资本使用上也无特别限制。另外，企业可以根据其经营状况和业绩的好坏，决定向投资者支付报酬的多少，资本成本负担比较灵活。

2. 股权筹资的缺点

股权筹资的缺点如下：

(1) 资本成本负担较重。一般而言，股权筹资的资本成本要高于债务筹资，这主要是由于投资者投资于股权特别是投资于股票的风险较高，投资者或股东相应要求得到较高的报酬率。从企业成本开支的角度来看，股利、红利从税后利润中支付，而使用债务资金的资本成本允许税前扣除。此外，普通股的发行、上市等方面的费用也十分庞大。

(2) 控制权变更可能影响企业长期稳定发展。利用股权筹资，由于引进了新的投资者或出售了新的股票，必然会导致公司控制权结构的改变，而控制权变更过于频繁，又势必要影响公司管理层的人事变动和决策效率，影响公司的正常经营。

(3) 信息沟通与披露成本较大。投资者或股东作为企业的所有者，有了解企业经营业务、财务状况、经营成果等权利。企业需要通过各种渠道和方式加强与投资者的关系管理，保障投资者的权益。特别是上市公司，其股东众多而分散，只能通过公司的公开信息披露了解公司状况，这就需要公司花更多的精力，有些公司还需要设置专门的部门，进行公司的信息披露和投资者关系管理。

四、混合筹资

混合筹资主要包括兼具股权与债务特征的混合融资和其他衍生工具筹资，我国上市公司目前最常见的主要有可转换公司债券、认股权证。

(一) 可转换债券

可转换债券是一种混合型证券，是公司普通债券与证券期权的组合体。可转换债券的持有人在一定期限内，可以按照事先规定的价格或者转换比例，自由地选择是否转换为公司普通股。

一般来说，可转换债券可以分为两类：一类是不可分离的可转换债券，其转股权与债券不可分离，债券持有者直接按照债券面额和约定的转股价格，在规定的期限内将债券转换为股票；另一类是可分离交易的可转换债券，这类债券在发行时附有认股权证，是认股权证与公司债券的组合，发行上市后，公司债券和认股权证各自独立流通、交易。认股权证的持有者认购股票时，需要按照认购价格(行权价)出资购买股票。

1. 可转换债券的基本性质

可转换债券的基本性质包括：

(1) 证券期权性。可转换债券给予了债券持有者未来的选择权，在事先约定的期限内，投资者可以选择将债券转换为普通股票，也可以放弃转换权利，持有至债券到期还本付息。因此可转换债券实质上是一种未来的买入期权。

(2) 资本转换性。可转换债券在正常持有期，属于债权性质，转换成股票后，属于股权性质，如果在债券的转换期内，持有人没有将其转换为股票，发行企业到期必须无条件支付本金和利息。转换成股票后，债券持有人成为企业的股权投资者。资本双重性的转换，取决于投资者是否行权。

(3) 赎回与回售。可转换债券一般都会有赎回条款，发债公司在可转换债券转换前，可以按一定条件赎回债券。通常，公司股票价格在一段时期内连续高于转股价格达到某一幅度时公司会按事先约定的价格买回未转股的可转换公司债券。同样，可转换债券一般也会有回售条款，公司股票价格在一段时期内连续低于转股价格达到某一幅度时，债券持有人可按事先约定的价格将所持债券回售给发行公司。

2. 可转换债券的基本要素

可转换债券的基本要素是指构成可转换债券基本特征的必要因素，它们代表了可转换债券与一般债券的区别。

(1) 标的股票。可转换债券转换期权的标的物是可转换成的公司股票。标的股票一般是发行公司自己的普通股票，不过也可以是其他公司的股票，如该公司的上市子公司的股票。

(2) 票面利率。可转换债券的票面利率一般会低于普通债券的票面利率，有时甚至还低于同期银行存款利率。因为可转换债券的投资收益中，除了债券的利息收益外，还附加了股票买入期权的收益部分。一个设计合理的可转换债券，在大多数情况下其股票买入期权的收益足以弥补债券利息收益的差额。

(3) 转换价格。转换价格是指可转换债券在转换期内据以转换为普通股的折算价格，即将可转换债券转换为普通股的每股普通股的价格。如每股30元，即是指可转换债券转股时，将债券金额按每股30元转换为相应股数的股票。由于可转换债券在未来可以行权转换成股票，在债券发售时，所确定的转换价格一般比发售日股票市场价格高出一定比例，如高出10%～30%。

(4) 转换比率。转换比率是指每一张可转换债券在既定的转换价格下能转换为普通股股票的数量。在债券面值和转换价格确定的前提下，转换比率为债券面值与转换价格之商：转换比率 = 债券面值/转换价格。

(5) 转换期。转换期指的是可转换债券持有人能够行使转换权的有效期限。可转换债券的转换期可以与债券的期限相同，也可以短于债券的期限。转换期间的设定通常有四种情形：① 债券发行日至到期日；② 发行日至到期前；③ 发行后某日至到期日；④ 发行后某日至到期前。至于选择哪种,要看公司的资本使用状况、项目情况、投资者要求等。由于转换价格高于公司发债时股价,投资者一般不会在发行后立即行使转换权。

(6) 赎回条款。赎回条款是指发债公司按事先约定的价格买回未转股债券的条件规定,赎回一般是期内连续高于转股价格达到某一幅度时。赎回条款通常包括不可赎回期间与赎回期间、赎回条件(分为无条件赎回和有条件赎回)等。发债公司在赎回债券之前,要向债券持有人发出赎回通知,要求他们在将债券转股与卖回给发债公司之间作出选择。一般情况下,投资者大多会将债券转换为普通股。可见,设置赎回条款最主要的功能是强制债券持有者积极行使转股权,因此又被称为加速条款。同时也能使发债公司避免在市场利率下降后,继续向债券持有人按照较高的票面利率支付利息所蒙受的损失。

(7) 回售条款。回售条款是指债券持有人有权按照事先约定的价格将债券卖回给发债公司的条件规定。回售一般发生在公司股票价格在一段时期内连续低于转股价格达到某一幅度时。回售对于投资者而言实际上是一种卖权,有利于降低投资者的持券风险。与赎回一样,回售条款也有回售时间、回售价格和回售条件等规定。

(8) 强制性转换条款。强制性转换条款是指在某些条件具备之后,债券持有人必须将可转换债券转换为股票,无权要求偿还债券本金的条件规定。可转换债券发行之后,其股票价格可能出现巨大波动。如果股价长期低于转股价格,又未设计赎回条款,投资者不会转股。这种情况下,公司可设置强制性转换条款保证可转换债券顺利地转换成股票,预防投资者到期集中挤兑引发公司破产的悲剧。

3. 可转换债券的发行条件

根据《上市公司证券发行管理办法》的规定,上市公司发行可转换债券,除了应当符合增发股票的一般条件之外,还应当符合以下条件:

(1) 最近 3 个会计年度加权平均净资产收益率平均不低于 6%。扣除非经常性损益后的净利润与扣除前的净利润相比,以低者作为加权平均净资产收益率的计算依据。

(2) 本次发行后累计公司债券余额不超过最近一期期末净资产额的 40%。

(3) 最近 3 个会计年度实现的年均可分配利润不少于公司债券 1 年的利息。

根据《上市公司证券发行管理办法》的规定,发行分离交易的可转换公司债券,除符合公开增发股票的一般条件外,还应当符合的规定包括:公司最近一期未经审计的净资产不低于人民币 15 亿元;最近 3 个会计年度实现的年均可分配利润不少于公司债券 1 年的利息;最近 3 个会计年度经营活动产生的现金流量净额平均不少于公司债券 1 年的利息;本次发行后累计公司债券余额不超过最近一期末净资产额的 40%,预计所附认股权全部行权后募集的资金总量不超过拟发行公司债券金额等。

分离交易的可转换公司债券募集说明书应当约定,上市公司改变公告的募集资金用途的,赋予债券持有人一次回售的权利。

所附认股权证的行权价格应不低于公告募集说明书日前 20 个变易日公司股票均价和前 1 个交易日的均价;认股权证的存续期间不超过公司债券的期限,自发行结束之日起不少于 6 个月募集说明书公告的权证存续期限不得调整,认股权证自发行结束至少已满 6 个月起方可行权，行权期间为存续期限届满前的一段期间，或者是存续期限内的特定交易日。

4．可转换债券的筹资特点

可转换债券的筹资特点如下：

(1) 筹资灵活性。可转换债券就是将传统的债务筹资功能和股票筹资功能结合起来，筹资性质和时间上具有灵活性债券发行企业先以债务方式取得资金，到了债券转换期，如果股票市价较高，债券持有人将会按约定的价格转换为股票，避免了企业还本付息之负担。如果公司股票长期低迷，投资者不愿意将债券转换为股票，企业及时还本付息清偿债务，也能避免未来长期的股东资本成本负担。

(2) 资本成本较低。可转换债券的利率低于同一条件下普通债券的利率，降低了公司的筹资成本。此外，在可转换债券转换为普通股时，公司无须另外支付筹资费用，又节约了股票的筹资成本。

(3) 筹资效率高。可转换债券在发行时，规定的转换价格往往高于当时本公司的股票价格。如果这些债券将来都转换成了股权，这相当于在债券发行之际，就以高于当时股票市价的价格新发行了股票，以较少的股份代价筹集了更多的股份资金。因此在公司发行新股时机不佳时，可以先发行可转换债券，以便其将来变相发行普通股。

(4) 存在一定的财务压力。可转换债券存在不转换的财务压力。如果在转换期内公司股价处于恶化性的低位，持券者到期不会转股，会造成公司因集中兑付债券本金而带来的财务压力。可转换债券还存在回售的财务压力。若可转换债券发行后，公司股价长期低迷，在设计有回售条款的情况下，投资者集中在一段时间内将债券回售给发行公司，加大了公司的财务支付压力。

【例 4-2】 某特种钢股份有限公司为 A 股上市公司，2017 年为调整产品结构，公司拟分两阶段投资建设某特种钢生产线，以填补国内空白。该项目第一期计划投资额为 20 亿元，第二期计划投资额为 18 亿元，公司制订了发行分离交易可转换公司债券的融资计划。

经有关部门批准，公司于 2017 年 2 月 1 日按面值发行了 2000 万张、每张面值 100 元的分离交易可转换公司债券，合计 20 亿元，债券期限为 5 年，票面年利率为 1%(如果单独按面值发行一般公司债券，票面年利率需要设定为 6%)，按年计息。同时，每张债券的认购人获得公司派发的 15 份认股权证，权证总量为 30 000 万份，该认股权证为欧式认股权证，行权比例为 2∶1(即 2 份认股权证可认 1 股 A 股股票)，行权价格为 12 元/股。认股权证存续期为 24 个月(即 2017 年 2 月 1 日至 2019 年 2 月 1 日)，行权期为认股权证存续期最后五个交易日(行权期间权证停止交易)。假定债券和认股权证发行当日即上市。

公司 2017 年末 A 股总数为 20 亿股(当年未增资扩股)，当年实现净利润 9 亿元。假定公司 2018 年上半年实现基本每股收益 0.30 元，上半年公司股价一直维持在每股 10 元左右。预计认股权证行权期截止前夕，每份认股权证价格将为 1.5 元(公司市盈率维持在 20 倍的水平)。

根据上述资料，计算分析如下：

第一，发行分离交易的可转换公司债券后，2017 年可节约的利息支出为

$$20 \times (6\% - 1\%) \times 11 / 12 = 0.92 \,(\text{亿元})$$

第二，2017 年公司基本每股收益为

$$9 / 20 = 0.45 \,(\text{元/股})$$

第三，为实现第二次融资，必须促使权证持有人行权，为此股价应当达到的水平为 12元，2018 年基本每股收益应达到的水平为

$$12 / 20 = 0.60 \,(\text{元})$$

第四，公司发行分离交易可转换公司债券的主要目标是分两阶段融通项目第一期、第二期所需资金，特别是努力促使认股权证持有人行权，以实现发行分离交易可转换公司债券的第二次融资；主要风险是第二次融资时，股价低于行权价格，投资者放弃行权，导致第二次融资失败。

第五，公司为了实现第二次融资目标，应当采取的具体财务策略主要有：最大限度发挥生产项目的效益，改善经营业绩；改善与投资者的关系及社会公众形象，提升公司股价的市场表现。

(二) 认股权证

认股权证是一种由上市公司发行的证明文件，持有人有权在一定时间内以约定价格认购该公司发行的一定数量的股票。广义的权证，是一种持有人有权于某一特定期间至到期日，按约定的价格认的或给出一定数量的标的资产的期权。按买或卖的不同权利，可分为认购权证和认法权证，又称为看涨权证和看跌权证。认股权证，属于认购权证。

1. 认股权证的基本性质

认股权证的基本性质包括：

(1) 认股权证的期权性。认股权证本质上是一种股票期权，属于衍生金融工具，具有实现融资和股票期权激励的双重功能。但认股权证本身是一种认购普通股的期权，它没有普通股的红利收入，也没有普通股相应的投票权。

(2) 认股权证是一种投资工具。投资者可以通过购买认股权证获得市场价与认购价之间的股票差价收益，因此它是一种具有内在价值的投资工具。

2. 认股权证的筹资特点

认股权证的筹资特点如下：

(1) 认股权证是一种融资促进工具。认股权证的发行人是发行标的股票的上市公司，认股权证通过以约定价格认购公司股票的契约方式，能保证公司在规定的期限内完成股票发行计划，顺利实现融资。

(2) 有助于改善上市公司的治理结构。采用认股权证进行融资，融资的实现是缓期分批实现的。上市公司及其大股东的利益，与投资者是否在到期之前执行认股权证密切相关。因此，在认股权证有效期间，上市公司管理层及其大股东任何有损公司价值的行为，都可能降低上市公司的股价，从而降低投资者执行认股权证的可能性，这将伤害上市公司管理

层及其大股东的利益。所以，认股权证能够约束上市公司的败德行为，并激励他们更加努力地提升上市公司的市场价值。

(3) 有利于推进上市公司的股权激励机制。认股权证是常用的员工激励机制，通过给予管理者和重要员工一定的认股权证，可以把管理者和员工的利益与企业价值成长紧密联系在一起，建立一个管理者与员工通过提升企业价值实现自身财富增值的利益驱动机制。

(三) 优先股

优先股是指股份有限公司发行的具有优先权利、相对优先于一般普通种类股份的股份种类。在利润分配及剩余财产清偿分配的权利方面，优先股持有人优先于普通股股东，但在参与公司决策管理等方面，优先股的权利受到限制。

1．优先股的基本性质

优先股的基本性质包括：

(1) 约定股息。相对于普通股而言，优先股的股利收益是事先约定的，也是相对固定的。由于优先股的股息率事先已经作规定，因此优先股的股息一般不会根据公司经营情况而变化，而且优先股一般也不再参与公司普通股的利润分红。但优先股的固定股息率各年可以不同，另外，优先股也可以采用浮动股息率分配利润。公司章程中规定优先股采用固定股息率的，可以在优先股存续期内采取相同的固定股息率，或明确每年的固定股息率，各年度的股息率可以不同；公司章程中规定优先股采用浮动股息率的，应当明确优先股存续期内票面股息率的计算方法。

(2) 权利优先。优先股在年度利润分配和剩余财产清偿分配方面，具有比普通股股东优先的权利。优先股可以先于普通股获得股息，公司的可分配利润先分给优先股，剩余部分再分给普通股。在剩余财产方面，优先股的清偿顺序先于普通股而次于债权人。一旦公司处于清算，剩余财产先分给债权人，再分给优先股股东，最后分给普通股股东。优先股的优先权利是相对于普通股而言的，与公司债权人不同，优先股股东不可以要求经营成果不佳无法分配股利的公司支付固定股息；优先股股东也不可以要求无法支付股息的公司进入破产程序，不能向人民法院提出企业修整、和解或者破产清算申请。

(3) 权利范围小。优先股东一般设有选举权和被选举权，对股份公司的重大经营事项无表决权，仅在股东大会表决与优先股股东自身利益直接相关的特定事项时，具有有限表决权，例如，修改公司章程中与优先股股东利益相关的事项条款时，优先股股东有表决权。

2．优先股的种类

优先股可分为以下几类：

(1) 固定股息率优先股和浮动股息率优先股。优先股股息率在股权存续期内不作调整的，称为固定股息率优先股；优先股股息率根据约定的计算方法进行调整的，称为浮动股息率优先股。优先股采用浮动股息率的，在优先股存续期内票面股息率的计算方法在公司章程中要事先明确。

(2) 强制分红优先股与非强制分红优先股。公司在章程中规定，在有可分配税后利润时必须向优先股股东分配利润的，称之为强制分红优先股，否则即为非强制分红优先股。

(3) 累积优先股和非累积优先股。根据公司因当年可分配利润不足而未向优先股股东足额派发股息，差额部分是否累积到下一会计年度，可分为累积优先股和非累积优先股。累积优先股是指公司在某一时期所获盈利不足，导致当年可分配利润不足以支付优先股股息时，则将应付股息累积到次年或以后某一年盈利时，在普通股的股息发放之前，连同本年优先股股息一并发放。非累积优先股则是指公司不足以支付优先股的全部股息时，对所欠股息部分，优先股股东不能要求公司在以后年度补发。

(4) 参与优先股和非参与优先股。根据优先股股东按照确定的股息率分配股息后，是否有权同普通股股东一起参加剩余税后利润分配，可分为参与优先股和非参与优先股。持有人只能获取一定股息但不能参加公司额外分红的优先股，称为非参与优先股。持有人除可按规定的股息率优先获得股息外，还可与普通股股东分享公司的剩余收益的优先股，称为参与优先股。对于有权同普通股股东一起参加剩余利润分配的参与优先股，公司章程应明确优先股股东参与剩余利润分配的比例、条件等事项。

(5) 可转换优先股和不可转换优先股。根据优先股是否可以转换成普通股，可分为可转换优先股和不可转换优先股。可转换优先股是指在规定的时间内，优先股股东或发行人可以按照约定的转换比率把优先股换成该公司普通股；否则是不可转换优先股。

(6) 可回购优先股和不可回购优先股。根据发行人或优先股股东是否享有要求公司回购优先股的权利，可分为可回购优先股和不可回购优先股。可回购优先股是指允许发行公司按发行价加上定比例的补偿收益回购的优先股。公司通常在认为可以用较低股息率发行新的优先股时，用此方法回购已发行的优先股股票。不附有回购条款的优先股，则被称为不可回购优先股。回购优先股包括发行人要求赎回优先股和投资者要求回售优先股两种情况，应在公司章程和招股文件中规定其具体条件。发行人要求赎回优先股的，必须完全支付所欠股息。

根据我国 2014 年起实行的《优先股试点管理办法》，优先股每股票面金额为 100 元，上市公司不得发行可转换为普通股的优先股。上市公司公开发行的优先股，应当在公司章程中规定以下事项：采取固定股息率；在有可分配税后利润的情况下必须向优先股股东分配股息；未向优先股股东足额派发股息的差额部分应当累积到下一会计年度；优先股股东按照约定的股息率分配股息后，不再同普通股股东一起参加剩余利润分配。

3. 优先股的特点

优先股既像公司债券，又像公司股票，因此优先股筹资属于混合筹资，其筹资特点兼有债务筹资和股权筹资性质。

(1) 有利于丰富资本市场的投资结构。优先股有利于为投资者提供多元化投资渠道，增加固定收益型产品。看重现金红利的投资者可投资优先股，而希望分享公司经营成果成长的投资者则可以选择普通股。

(2) 有利于股份公司股权资本结构的调整。发行优先股，是股份公司股权资本结构调整的重要方式。公司资本结构调整中，既包括债务资本和股权资本的结构调整，也包括股权资本的内部结构调整。

(3) 有利于保障普通股收益和控制权。优先股的每股收益是固定的，只要净利润增加并且高于优先股股息，普通股的每股收益就会上升。另外，优先股股东无表决权，因此不影响普通股股东对企业的控制权，也基本上不会稀释原普通股的权益。

(4) 有利于降低公司财务风险。优先股股利不是公司必须偿付的一项法定债务，如果公司财务状况恶化、经营成果不佳，这种股利可以不支付，从而相对避免了企业的财务负担。由于优先股设有规定最终到期日，它实质上是一种永续性借款。优先股的收回由企业决定，企业可在有利条件下收回优先股，具有较大的灵活性。发行优先股，增加了权益资本，从而改善了公司的财务状况。对于高成长企业来说，承诺给优先股的股息与其成长性相比而言是比较低的。同时，由于发行优先股相当于发行无限期的债券，可以获得长期的低成本资金，但优先股又不是负债而是权益资本，能够提高公司的资产质量。总之，从财务角度上看，优先股属于股债连接产品。作为资本，可以降低企业整体负债率；作为负债，可以增加长期资金来源，有利于公司的长久发展。

(5) 可能给股份公司带来一定的财务压力。首先是资本成本相对于债务较高，主要是由于优先股股息不能抵减所得税，而债务利息可以抵减所得税，这是利用优先股筹资的最大不利因素；其次是股利支付相对于普通股的固定性，针对固定股息率优先股、强制分红优先股、可累积优先股而言，股利支付的固定性可能成为企业的一项财务负担。

第二节　资金需求量预测

一、因素分析法

(一) 含义

以有关项目基期年度的平均资金需要量为基础，根据预测年度的生产经营任务和资金周转加速的要求，进行分析调整，来预测资金需要量的一种方法。

(二) 公式

资金需要量 = (基期资金平均占用额 − 不合理资金占用额)

　　　　　× (1 ± 预测期销售增减率) × (1 ± 预测期资金周转速度变动率)

如果预测期销售增加，则用(1 + 预测期销售增加率)；反之用"减"。

如果预测期资金周转速度加快，则应用(1 − 预测期资金周转速度加速率)；反之用"加"。

【例 4-3】　甲企业 2017 年度资金平均占用额为 2200 万元，经分析，其中不合理部分 200 万元，预计 2018 年销售增长 5%，资金周转加速 2%。要求计算预测年度资金需要量。

2018 年度资金需要量 = (2200 − 200) × (1 + 5%) × (1 − 2%) = 2058 (万元)

二、销售百分比法

(一) 预测原理

销售百分比法，假设某些资产和负债与销售收入存在稳定的百分比关系，根据这个假设预测企业外部资金需求量的方法。企业销售规模的扩大，要相应增加流动资产；如果销售规模增加很多，还必须相应增加固定资产。为取得扩大销售所需要的增加的流动资产，企业需要筹措资金。这些资金，一部分来自随销售收入同比例增加的流动负债，还有一部分来自预测期的留存收益，另外的部分则需要企业通过外部筹资获取。

(二) 基本步骤

1. 确定随销售额而变动的资产和负债项目(敏感资产和敏感负债)

资产是资金使用的结果，随着销售额的变化，敏感资产项目将占用更多的资金。同时，随着敏感资产的增加，相应的敏感负债也会增加，如存货增加会导致应付账款增加，此类债务称之为"自动性债务"，可以为企业提供暂时性资金。敏感资产与敏感负债的差额通常与销售额保持稳定的比例关系。

这里敏感资产项目包括现金、应收账款、存货等项目；而敏感负债项目包括应付票据、应付账款等项目，不包括短期借款、短期融资券、长期负债等筹资性负债。

2. 确定敏感资产与敏感负债有关项目与销售额的稳定比例关系

如果企业资金周转的营运效率保持不变，敏感资产与敏感负债将会随销售额的变动而呈正比例变动，保持稳定的百分比关系。企业应当根据历史资料和同业情况，提出不合理的资金占用，寻找与销售额的稳定百分比关系。

3. 确定需要增加的资金量

需要增加的资金量 = 增加的敏感资产 − 增加的敏感负债

其中：

增加的敏感资产 = 增量收入 × 基期敏感资产占基期销售额的百分比

增加的敏感负债 = 增量收入 × 基期敏感负债占基期销售额的百分比

4. 确定外部融资需求量

外部融资需求量 = 增加的资金量 − 增加的留存收益

其中：增加的留存收益 = 预计销售收入 × 销售净利率 × 利润留存率。

【例 4-4】 光华公司 2017 年 12 月 31 日的简要资产负债表如表 4-7 所示。假定光华公司 2017 年销售额 10 000 万元，销售净利率 10%，利润留存率 40%。2018 年销售预计增长率为 20%。公司有足够的生产能力，无需追加固定资产投资。试问 2018 年的外部资金需求量是多少？

表 4-6　光华公司资产负债表(2017 年 12 月 31 日)　　　　单位：万元

资产	金额	与销售关系%	负债与权益	金额	与销售关系%
现金	500	5	短期借款	2500	N
应收账款	1500	15	应付账款	1000	10
存货	3000	30	应付票据	500	5
固定资产	3000	N	公司债券	1000	N
			实收资本	2000	N
			留存收益	1000	N
合计	8000	50	合计	8000	15

首先，确定敏感项目及其与销售额的关系百分比(见表 4-6)。

其次，确定需要增加的资金量。

$$需要增加的资金量 = 2000 \times (50\% - 15\%) = 700 (万元)$$

最后，确定外部融资需求量。

$$外部融资需求量 = 700 - 12\,000 \times 10\% \times 40\% = 220 (万元)$$

【例 4-5】　已知：恒远公司 2017 年销售收入为 20 000 万元，2017 年 12 月 31 日的资产负债表(简表)如表 4-7 所示。

表 4-7　2017 年 12 月 31 日　　　　　　　　　　　　　　单位：万元

资产	金额	负债与权益	金额
现金	1000	应付账款	1000
应收账款	3000	应付票据	2000
存货	6000	长期借款	9000
固定资产	7000	实收资本	4000
无形资产	1000	留存收益	2000
合计	18 000	合计	18 000

该公司 2018 年计划销售收入比上年增长 20%，为实现这一目标，公司需新增设备一台，需要 320 万元资金。据历年财务数据分析，公司流动资产与流动负债随销售额同比率增减。假定该公司 2018 年的销售净利率可达到 10%，净利润的 60%分配给投资者。

要求：

(1) 计算 2018 年流动资产增加额；

(2) 计算 2018 年流动负债增加额；

(3) 计算 2018 年公司需增加的资金；

(4) 计算 2018 年的留存收益；

(5) 预测 2018 年需要对外筹集的资金量。

解题步骤如下：

(1) 流动资产与销售收入的百分比 = (1000 + 3000 + 6000) / 20 000 = 50%

　　2018 年流动资产增加额 = 20 000 × 20% × 50% = 2000 (万元)

(2) 流动负债与销售收入的百分比 = (1000 + 2000) / 20 000 = 15%

2018 年流动负债增加额 = 20 000 × 20% × 15% = 600 (万元)

(3) 2018 年公司需增加的资金 = 流动资产增加额 − 流动负债增加额 + 增加的固定资产

= 2000 − 600 + 320 = 1720 (万元)

(4) 2018 年的销售收入 = 20 000 × (1 + 20%) = 24 000 (万元)

2018 年的净利润 = 24 000 × 10% = 2400 (万元)

2018 年的留存收益 = 2400 × (1 − 60%) = 960 (万元)

(5) 2018 年需要对外筹集的资金量 = 1720 − 960 = 760 (万元)

三、资金习性预测法

(一) 资金习性的含义

资金习性是指资金变动与产销量变动之间的依存关系。

按资金习性可将资金分为不变资金、变动资金和半变动资金。

不变资金是指一定产销量范围内，不受产销量变动影响的资金。不变资金包括：为维持营业而占有的最低数额的现金、原材料的保险储备、厂房和机器设备等固定资产占有的资金。

变动资金是指随产销量变动而同比例变动的资金。变动资金包括：直接构成产品实体的原材料、外购件等占用的资金，另外，在最低储备以外的现金、存货、应收账款等也具有变动资金的性质。

半变动资金虽然随产销量变动而变动，但不成正比例变动的资金，一些辅助材料上占有的资金。半变动资金可以分解为不变资金和变动资金，最终将资金总额分成不变资金和变动资金两部分，即资金总额(y) = 不变资金(a) + 变动资金(bx)。根据资金总额(y)和产销量(x)的历史资料，利用回归分析法或高低点法可以估计出资金总额和产销量直线方程中的两个参数 a 和 b，用预计的产销量代入直线方程，就可以预测出资金需要量。

(二) 资金需求量预测的形式

1. 根据资金占用总额与产销量的关系来预测(以回归直线法为例)

设产销量为自变量 x，资金占用量为因变量 y，它们之间关系可用下式表示：

$$y = a + bx$$

式中：a 表示不变资金；b 表示单位产销量所需变动资金。

只要求出 a、b，并知道预测期的产销量，就可以用上述公式测算资金需求情况。

$$a = \frac{\sum x_i^2 \sum y_i - \sum x_i \sum x_i y_i}{n \sum x_i^2 - \left(\sum x_i\right)^2}$$

$$b = \frac{n \sum x_i y_i - \sum x_i \sum y_i}{n \sum x_i^2 - \left(\sum x_i\right)^2}$$

【例 4-6】　某企业历年产销量和资金变化情况如表 4-8 所示。2018 年预计销售量为 1500 万件，试计算 2017 年的资金需要量。

表 4-8　产销量与资金变化情况表

年度	产销量(X_i)(万件)	资金占用(Y_i)(万元)
2012	1200	1000
2013	1100	950
2014	1000	900
2015	1200	1000
2016	1300	1050
2017	1400	1100

(1) 根据表 4-8 整理出表 4-9。

表 4-9　资金需要量预测表(按总额预测)

年度	产销量 X_i(万件)	资金占用 Y_i(万元)	X_iY_i	X_i^2
2012	1200	1000	1200 000	1440 000
2013	1100	950	1045 000	1210 000
2014	1000	900	900 000	1000 000
2015	1200	1000	1200 000	1440 000
2016	1300	1050	1365 000	1690 000
2017	1400	1100	1540 000	1960 000
合计 $n=6$	$\sum X_i=7200$	$\sum Y_i=6000$	$\sum X_iY_i=7\,250\,000$	$\sum X_i^2=8\,740\,000$

(2) 把表 4-9 的有关资料代入公式计算 a、b：

$$a = \frac{\sum x_i^2 \sum y_i - \sum x_i \sum x_i y_i}{n\sum x_i^2 - (\sum x_i)^2} = \frac{8\,740\,000 \times 6000 - 7200 \times 7\,250\,000}{6 \times 8\,740\,000 - 7200^2} = 400\,(万元)$$

$$b = \frac{n\sum x_i y_i - \sum x_i \sum y_i}{n\sum x_i^2 - (\sum x_i)^2} = \frac{6 \times 7\,250\,000 - 7200 \times 6000}{6 \times 8\,740\,000 - 7200^2} = 0.5\,(万元)$$

(3) 把 $a = 400$、$b = 0.5$ 代入 $y = a + bx$ 得

$$y = 400 + 0.5x$$

(4) 把 2018 年预计销量 1500 万件代入上式，得出 2018 年资金需要量为

$$400 + 0.5 \times 1500 = 1150\,(万元)$$

2．采用逐项分析法预测(以高低点法为例说明)

根据两点可以确定一条直线原理，将高点和低点的数据代入直线方程 $y = a + bx$ 就可以求出 a 和 b。把高点和低点代入直线方程得

$$\begin{cases} \text{最高收入期资金占用量} = a + b \times \text{最高销售收入} \\ \text{最低收入期资金占用量} = a + b \times \text{最低销售收入} \end{cases}$$

解方程得

$$\begin{cases} b = \dfrac{\text{最高收入期资金占用量} - \text{最低收入期资金占用量}}{\text{最高销售收入} - \text{最低销售收入}} \\ a = \text{最高收入期资金占用量} - b \times \text{最高销售收入} \\ = \text{最低收入期资金占用量} - b \times \text{最低销售收入} \end{cases}$$

注：在题目给定的资料中，高点(销售收入最大)的资金占用量不一定最大；低点(销售收入最小)的资金占用量不一定最小。

解题步骤如下：

(1) 分项目确定每一项目的 a、b。

(2) 汇总各个项目的 a、b，得到总资金的 a、b。

a 和 b 用如下公式得到：

$$a = (a_1 + a_2 + \cdots + a_m) - (a_{m+1} + \cdots + a_n)$$
$$b = (b_1 + b_2 + \cdots + b_m) - (b_{m+1} + \cdots + b_n)$$

式中：a_1，a_2，$\cdots$，a_m 分别代表各项资产项目不变资金；a_{m+1}，$\cdots$，a_n 分别代表各项负债项目的不变资金；b_1，b_2，$\cdots$，b_m 分别代表各项资产项目单位变动资金；b_{m+1}，$\cdots$，b_n 分别代表各项负债项目的单位变动资金。

(3) 建立资金习性方程，进行预测。

【例4-7】 某企业历史上现金占用与销售收入之间的关系如表 4-10 所示。

表 4-10 现金与销售收入变化情况表　　　　单位：万元

年度	销售收入 X_i	现金占用 Y_i
2013	2 000 000	110 000
2014	2 400 000	130 000
2015	2 600 000	140 000
2016	2 800 000	150 000
2017	3 000 000	160 000

根据以上资料采用高低点法计算如下：

$$a = \frac{160\,000 - 110\,000}{3\,000\,000 - 2\,000\,000} = 0.05$$

$$b = 160\,000 - 0.05 \times 3\,000\,000 = 10\,000\,(\text{元})$$

或

$$b = 110\,000 - 0.05 \times 2\,000\,000 = 10\,000\,(\text{元})$$

存货、应收账款、流动负债、固定资产等也可根据历史资料做这样的划分，然后汇总列于表 4-11 中。

表 4-11　资金需要量预测表(分项预测)　　　　　　单位：元

	年度不变资金(a)	每一元销售收入所需变动资金(b)
现金	10 000	0.05
应收账款	60 000	0.14
存货	100 000	0.22
应付账款及应付费用	80 000	0.11
净资金占用	90 000	0.30
厂房、设备	510 000	0
所需资金合计	600 000	0.30

根据表 4-11 的资料得出预测模型为

$$y = 600\,000 + 0.30x$$

如果第 2018 年的预计销售收入为 3 500 000 元，则

2018 年的资金需要量 $= 600\,000 + 0.3 \times 3\,500\,000 = 1\,650\,000$ (元)

第三节　杠杆效应与企业风险

财务管理中的杠杆效应，是指由于特定固定支出或费用，当某一财务变量以较小幅度变动时，另一相关财务变量会以较大幅度变动的现象。它包括经营杠杆、财务杠杆和总杠杆三种形式。杠杆效应既可以产生杠杆利益，也可能带来杠杆风险。

一、经营杠杆效应

(一) 经营杠杆

经营杠杆是指由于固定性经营成本的存在，而使得企业的资产报酬(息税前利润 EBIT，Earnings Before Interest and Tax)变动率大于产销业务量变动率的现象。经营杠杆反映了资产报酬的波动性，用以评价企业的经营风险。

息税前利润 EBIT = 销售收入 – 变动经营成本 – 固定经营成本

　　　　　　　　= (单位产品价格 – 单位变动成本) × 销量 – 固定经营成本

　　　　　　　　= 边际贡献 – 固定经营成本

上式中影响 EBIT 的因素包括产品价格、产品需求、成本等因素。当产品成本中存在固定成本时，如果其他条件不变，产销业务量的增加虽然不会改变固定成本总额，但是会降低单位产品分摊的固定成本，从而提高单位产品利润，使得息税前利润的增长率大于产销业务量的增长率，进而产生经营杠杆效应。当不存在固定成本时，所有成本都是变动性经营成本，边际贡献等于息税前利润，此时息税前利润的变动率与产销业务量的变动率完全一致。

(二) 经营杠杆系数(DOL，Degree of Operational Leverage)

1. DOL 的定义公式

$$DOL = \frac{\Delta EBIT/EBIT}{\Delta Q / Q}$$

即

$$经营杠杆系数 = \frac{息税前利润变动率}{产销量变动率}$$

2. 简化公式

$$经营杠杆系数\ DOL = \frac{基期边际贡献}{基期息税变动率} = \frac{M}{EBIT}$$

$$= \frac{基期息税前利润 + 固定成本}{基期息税前利润}$$

$$= \frac{EBIT + F}{EBIT}$$

【例 4-8】　泰华公司产销某种服装，固定成本 500 万元，变动成本率 70%。年产销额 5000 万元时，变动成本 3500 万元，固定成本 500 万元，息前税前利润 1000 万元；年产销额 7000 万元时，变动成本为 4900 万元，固定成本仍为 500 万元，息税前利润为 1600 万元。可以看出，该公司产销量增长了 40%，息税前利润增长了 60%，产生了 1.5 倍的经营杠杆效应。

按照定义公式计算：

$$DOL = \frac{\Delta EBIT/EBIT}{\Delta Q / Q} = \frac{600/1000}{2000/5000} = 1.5(倍)$$

按照简化公式：

$$单位边际贡献 = 单价 - 单位变动成本$$

$$边际贡献 = 销售收入 - 变动成本$$

$$边际贡献率 = \frac{单位边际贡献}{单价} = \frac{边际贡献}{销售收入}$$

$$变动成本率 = \frac{单位变动成本}{单价} = \frac{变动成本}{销售收入}$$

$$DOL = \frac{M}{EBIT} = \frac{5000 \times 30\%}{1000} = 1.5\ 倍$$

$$DOL = \frac{1000 + 500}{1000} = 1.5\ 倍$$

注：(1) 计算边际贡献还可以采用边际贡献率。

$$边际贡献 = 销售额 \times 边际贡献率 = 息税前利润 + 固定成本$$

(2) 采用简化公式计算时，注意应用的是上一年的数据。

(三) 经营杠杆与经营风险

1．概念解析

经营风险：企业生产经营上的原因而导致的资产报酬波动的风险。引起经营风险的主要原因是市场需求和生产成本等因素的不确定性。

经营杠杆：由于固定性经营成本的存在，而使得企业的资产报酬(息税前利润)变动率大于业务量变动率的现象。

只要企业存在固定性经营成本，就存在经营杠杆效应。

2．经营杠杆与经营风险

经营杠杆系数越大，经营风险越大。

经营杠杆本身并不是资产报酬不确定的根源，只是资产报酬波动的表现。经营杠杆放大了市场和生产等因素变化对利润波动的影响。经营杠杆系数越高，表明资产报酬等利润波动程度越大，经营风险也就越大。

3．经营杠杆系数的影响因素

经营杠杆系数的影响因素包括：单价、单位变动成本、销售量、固定成本。

固定成本比重越高、成本水平越高、产品销售数量和销售价格水平越低，经营杠杆效应越大，反之亦然。

二、财务杠杆效应

(一) 财务杠杆

财务杠杆，是指由于固定性资本成本的存在，使得企业的普通股每股收益(EPS，Earnings Per Share)的变动率大于息税前利润变动率的现象。财务杠杆反映了权益资本报酬的波动性，用以评价企业的财务风险。

$$EPS = \frac{(EBIT - I) \times (1 - T) - D}{N}$$

式中：EPS 表示普通股每股收益；EBIT 表示息税前利润；I 表示债务利息；T 表示所得税税率；D 表示优先股股利；N 表示普通股股数。

在每股收益的计算公式中，息税前利润增加 10%，利息并不发生变动，这样，每股收益的变动率就会大于 10%。之所以会存在每股收益变动率大于息税前利润变动率这种现象，原因在于存在固定的利息费用。

当有利息费用等固定性资本成本存在时，如果其他条件不变，息税前利润的增加虽然不改变固定利息费用总额，但是会降低每元息税前利润分摊的利息费用，从而提高每股收益，使得普通股每股收益的增长率大于息税前利润的增长率，进而产生财务杠杆效应。当不存在固定利息，股息等资本成本时，息税前利润就是利润总额，此时利润总额变动率与息税前利润变动率一致，如果所得税率和普通股股数保持不变，则每股收益的变动率与息税前利润的变动率则完全一致。

(二) 财务杠杆系数(DFL, Degree of Financial Leverage)

1. 定义公式

$$DFL = \frac{\Delta EPS/EPS}{\Delta EBIT/EBIT}$$

式中：EPS 表示普通股每股收益；ΔEPS 表示普通股每股收益收动额；EBIT 表示息税前利润；$\Delta EBIT$ 表示息税前利润变动额。

2. 简化公式

$$DFL = \frac{EBIT}{基期利润总额} = \frac{EBIT}{EBIT - I}$$

式中：EBIT 表示息税前利润；I 表示债务利息。

【例4-9】　有 A、B、C 三个公司，资本总额均为 1000 万元，所得税税率均为 30%，每股面值均为 1 元。A 公司资本全部由普通股组成；B 公司债务资本 300 万元(利率 10%)，普通股 700 万元；C 公司债务资本 500 万元(利率 10.8%)，普通股 500 万元。三个公司 2016 年 EBIT 均为 200 万元，2017 年 EBIT 均为 300 万元，EBIT 增长了 50%。有关财务指标如表 4-12 所示。

表 4-12　普通股收益及财务杠杆的计算　　　　　单位：万元

利润项目		A 公司	B 公司	C 公司
普通股股数		1000 万股	700 万股	500 万股
利润总额	2016 年	200	170	146
	2017 年	300	270	246
	增长率	50%	58.82%	68.49%
净利润	2016 年	140	119	102.2
	2017 年	210	189	172.2
	增长率	50%	58.82%	68.49%
普通股收益	2016 年	140	119	102.2
	2017 年	210	189	172.2
	增长率	50%	58.82%	68.49%
每股收益	2016 年	0.14 元	0.17 元	0.20 元
	2017 年	0.21 元	0.27 元	0.34 元
	增长率	50%	58.82%	70.00%
财务杠杆系数		1.000	1.176	1.4

本题可以按照财务杠杆系数的简化公式计算：

$$A 公司 2017 年的财务杠杆系数 = \frac{200}{200 - 0} = 1$$

$$\text{B 公司 2017 年的财务杠杆系数} = \frac{200}{200-30} = 1.176$$

$$\text{C 公司 2017 年的财务杠杆系数} - \frac{200}{200-54} = 1.4$$

本题需要注意几个指标之间的关系：

$$息税前利润 - 利息 = 利润总额(税前利润)$$

$$利润总额 × (1 - 所得税税率) = 净利润$$

$$每股收益 = \frac{净利润}{普通股股数}$$

(三) 财务杠杆与财务风险

1. 概念解析

财务杠杆：由于固定资本成本(利息)的存在而导致普通股每股收益变动率大于息税前利润变动率的现象，称为财务杠杆。

财务风险：企业由于筹资原因产生的资本成本负担而导致的普通股收益波动的风险。引起财务风险的主要原因是资产报酬的不利变化和资本成本的固定负担。

财务杠杆效应存在的前提是应用了资本成本是固定性的资本。只要企业融资方式中存在固定性资本成本，就存在财务杠杆效应。如固定利息、固定融资租赁费等的存在，都会产生财务杠杆效应。

2. 财务杠杆与财务风险

财务杠杆系数越大，财务风险越大。

财务杠杆放大了资产报酬变化对普通股收益的影响，财务杠杆系数越高，表明普通股收益的波动程度越大，财务风险也就越大。

3. 影响财务杠杆的因素

影响财务杠杆的因素包括：资本结构中债务资本比重、普通股收益水平、所得税税率水平(如果企业不存在优先股，则所得税税率不影响财务杠杆)。

债务成本比重越高、固定的资本成本支付额越高、息税前利润水平越低，财务杠杆效应越大，反之亦然。

三、总杠杆效应

(一) 总杠杆

总杠杆是指由于固定经营成本和固定资本成本的存在，导致普通股每股收益变动率大于产销业务量变动率的现象。

(二) 总杠杆系数(DTL，Degree of Total Leverage)

1. 定义公式

$$DTL = \frac{\Delta EPS/EPS}{\Delta Q/Q}$$

式中：ΔEPS 表示普通股收益的变动额；ΔQ 表示产销量的变动额；EPS 表示普通股每股收益；Q 表示产销量。

总杠杆系数与经营杠杆系数和财务杠杆系数的关系：

$$总杠杆系数 = 经营杠杆系数 \times 财务杠杆系数$$

即
$$DTL = DOL \times DFL$$

2. 简化公式

$$DTL = \frac{基期边际贡献}{基期利润总额} = \frac{M}{M-F-I}$$

式中：M 表示基期边际贡献；F 表示固定成本；I 表示债务利息。

【例 4-10】　某企业有关资料如表 4-13，4-14 所示，可以分别计算其 2017 年经营杠杆系数、财务杠杆系数和总杠杆系数。

表 4-13　杠杆效应计算表

项　目	2016 年	2017 年	变动率
销售收入(售价 10 元)	1000	1200	+20%
边际贡献(单位 4 元)	400	480	+20%
固定成本	200	200	—
息税前利润(EBIT)	200	280	+40%
利息	50	50	—
利润总额	150	230	+53.33%
净利润(税率 20%)	120	184	+53.33%
每股收益(200 万股，元)	0.60	0.92	+53.33%

表 4-14　杠杆效应计算表

项　目	变动率	杠杆效应
销售收入	+20%	
息税前利润(EBIT)	+40%	
每股收益(200 万股，元)	+53.33%	
经营杠杆(DOL)		2.000
财务杠杆(DFL)		1.333
总杠杆(DTL)		2.667

(三) 总杠杆与公司风险

公司风险包括企业的经营风险和财务风险，总杠杆则是指由于固定经营成本和固定资本成本的存在，导致普通股每股收益变动率大于产销业务量变动率的现象。只要企业同时存在固定性经营成本和固定性资本成本，就存在总杠杆效应。总杠杆系数越大，公司总风险越大。

固定资产比重较大的资本密集型企业，经营杠杆系数高，经营风险大，企业筹资主要依靠权益资本，以保持较小的财务杠杆系数和财务风险；变动成本比重较大的劳动密集型企业，经营杠杆系数较低，经营风险小，企业筹资主要依靠债务资本，保持较大的财务杠杆系数和财务风险。

企业处于初创阶段，产销业务量小，经营杠杆系数大，此时企业筹资主要依靠权益资本，在较低程度上使用财务杠杆；企业处于扩张成熟期，产销业务量大，经营杠杆系数小，此时资本结构中可扩大债务资本，在较高程度上使用财务杠杆。

第四节　资本结构决策

一、资本成本

(一) 资本成本定义、构成和表现形式

资本成本是指企业为筹集和使用资金而付出的代价。资本成本包括筹资费和占用费两部分。

筹资费是指企业在资本筹措过程中为获取资本而付出的代价，视为筹资数额的一项扣除费用。

占用费是指企业在资本使用过程中因占用资本而付出的代价。占用费是因为占用了他人资金而必须支付的费用，是资本成本的主要内容。

资本成本存在两种表现形式：资本成本额(绝对数形式)和资本成本率(相对数形式)，一般财务管理中应用的是相对数形式，即资本成本率。

(二) 资本成本的作用

资本成本的作用如下：

(1) 资本成本是比较筹资方式、选择筹资方案的依据。

(2) 平均资本成本是衡量资本结构是否合理的依据。

(3) 资本成本是评价投资项目可行性的主要标准。

(4) 资本成本是企业对投入资本所要求的报酬率，即最低必要报酬率。

(5) 资本成本是评价企业整体业绩的重要依据(剩余收益计算)。

(三) 影响资本成本的因素

1. 总体经济环境,通过影响无风险报酬率来影响资本成本

企业所处的国民经济发展状况和水平,以及预期的通货膨胀决定国民经济保持健康、稳定、持续增长,整个社会经济的资金供给和需求相对均衡且通货膨胀水平低,资金所有者投资的风险小,预期报酬率低,筹资的资本成本相应就比较低。

2. 资本市场条件,通过影响风险报酬率来影响资本成本

资本市场条件包括资本市场的效率和风险。如果资本市场缺乏效率,证券的市场流动性低,投资者投资风险大,要求预期报酬率高。

3. 企业经营状况和融资状况,通过影响风险报酬率来影响资本成本

企业的经营风险和财务风险共同构成企业总体风险。如果企业经营风险高,财务风险大,则企业总体风险水平高,投资者要求预期报酬率高。

4. 企业筹资规模和时限需求,通过影响风险报酬率来影响资本成本

企业一次性需要筹集的资金规模大、占用资金时限长,资本成本就高;融资规模、时限与资本成本的正向相关性并非线性关系,当融资规模突破一定限度时,才引起资本成本的明显变化。

(四) 个别资本成本计算的模式

1. 资本成本计算的基本模式

1) 一般模式

$$资本成本 = \frac{年资金占用费}{筹资净额} = \frac{年资金占用费}{筹资总额 - 筹资费用}$$

$$= \frac{年资金占用费}{筹资总额 \times (1 - 筹资费用率)}$$

$$= \frac{年支付用资费用 \times (1 - 所得税税率)}{筹资总额 \times (1 - 筹资费用率)}$$

$$= \frac{年支付用资费用 \times (1 - 所得税税率)}{筹资总额 - 筹资费用}$$

一般只适用于借款时间较短时不用考虑时间价值。

其中,对于债务筹资而言,由于债务利息是在税前列支,因此,具有抵税效应。实际承担的用资费用 = 支付的年用资费用 × (1 - 所得税税率)。对于权益筹资而言,由于股利等是在税后列支,不具有抵税效应,所以,实际承担的用资费用与实际支付的用资费用相等。

2) 贴现模式

贴现模式即筹资净额现值 - 未来资本清偿额现金流量现值 = 0,也就是:

$$\sum_{i=1}^{n}\frac{\text{NCF}_t}{(1+i)^t}=P_0$$

要求求出一个折现率 i，使得筹资后付出的现金流量(NCF，net cash flow)的现值之和应该等于实际筹资额 P_0(即扣除了筹资费用后的筹资额)，即得到内涵报酬率。

2. 银行借款资本成本的计算

$$K_b=\frac{年利率\times(1-所得税税率)}{1-手续费率}\times100\%=\frac{i\times(1-T)}{1-f}\times100\%$$

其中：K_b 表示银行借款资本成本率；i 表示银行借款年利率；F 表示筹资费用率；T 表示所得税率。

【例4-11】　某企业取得 5 年期长期借款 200 万元，年利率 10%，每年付息一次，到期一次还本，借款费用率 0.2%，企业所得税率 20%，该项借款的资本成本率为

$$K_b=\frac{10\%(1-20\%)}{1-0.2\%}=8.02\%$$

3. 公司债券资本成本的计算

$$K_L=\frac{年利息\times(1-所得税税率)}{债券筹资总额\times(1-手续费率)}\times100\%=\frac{I\times(1-T)}{L\times(1-f)}\times100\%$$

其中：L 表示公司债券筹资总额(特别注意，应该是债券发行价格)；I 表示公司债券年利息(按债券面值和约定票面利息率计算)。

【例4-12】　某企业以 1100 元的价格，溢价发行面值为 1000 元、期限 5 年、票面利率为 7% 的公司债券一批。每年付息一次，到期一次还本，发行费用率 3%，所得税率 20%，该批债券的资本成本率为

$$K_L=\frac{1000\times7\%\times(1-20\%)}{1100\times(1-3\%)}=5.25\%$$

4. 融资租赁资本成本的计算(只能采用贴现模式)

融资租赁各期的租金中，包含有本金每期的偿还和各期手续费用(即租赁公司的各期利润)，其资本成本率只能按贴现模式计算。

【例4-13】　某公司租入一套生产设备，设备价值 60 万元，租期 6 年，租赁期满时预计残值 5 万元，残值归属租赁公司所有。每年租金 131 283 元，则

$$600\,000-50\,000\times(P/F,K_b,6)=131\,283\times(P/A,K_b,6)$$

解得：$K_b=10\%$。

5. 普通股资本成本的计算

1) 股利折现模型

$$P_0(1-f)=\sum_{t=1}^{\infty}\frac{D_t}{(1+K_s)}\quad(记作等式1)$$

上式中已知：P_0 表示普通股筹资总额(按照市价计算)；f 表示筹资费用率；D_t 表示第 t 年普通股股利。求：普通股投资的必要收益率即普通股资金成本率 K_s。

固定股利情形，等式 1 右边变成了一个永续年金，等于 D/K_s；等式 1 左边等于普通股筹资净额，又等于普通股筹资金额扣除筹资费用。从而有

$$K_s = \frac{D_1}{P_0} \times (1-f) \quad (D_1 = D_2 = \cdots D_n = \cdots, \text{记为} D)$$

固定增长情形，等式 1 右边变成了

$$\sum_{t=1}^{n} \frac{D_0 \times (1+g)^t}{(1+K_s)^t} = \frac{D_1}{K_s - g}$$

等式 1 左边等于普通股筹资净额，又等于普通股筹资金额扣除筹资费用，从而有

$$K_s = \frac{D_0(1+g)}{P_0(1-f)} + g = \frac{D_1}{P_0(1-f)} + g$$

这里分子的 D_1，指的是预测期第一期的股利。

2) 资本资产定价模型

假定资本市场有效，股票市场价格与价值相等。假定无风险报酬率为 R_f，市场平均报酬率为 R_m，某股票贝塔系数 β，则普通股资本成本为

$$K_s = R_s = R_f + \beta(R_m - R_f)$$

【例 4-14】　某公司普通股 β 系数为 1.5，此时一年期国债利率 5%，市场平均报酬率 15%，则该普通股资本成本率：

$$K_s = 5\% + 1.5 \times (15\% - 5\%) = 20\%$$

6. 留存收益资本成本的计算

留存收益实质是所有者向企业的追加投资。企业利用留存收益筹资无需支付实际股利，无须发生实际筹资费用。留存收益的资本成本率，计算与普通股成本相同，不同点在于不考虑筹资费用。

(五) 平均资本成本的计算

1. 平均资金成本定义与用途

平均资本成本，是指企业所筹集资金的平均成本，它反映企业资金成本总体水平的高低用途。企业在衡量和评价单一融资方案时，需要计算个别资本成本；在衡量和评价企业筹资总体的经济性时，需要计算企业的平均资本成本。

2. 加权平均资本成本计算

1) 计算公式

$$K_w = \sum_{j=1}^{n} K_j W_j$$

式中：K_w 表示加权平均资本成本；K_j 表示第 j 种个别资金成本；W_j 表示第 j 种个别资金占全部资金的比重(权数)。

2) K_j 的确定

使用本节开始讲授的个别资金成本的计算方法确定。

3) W_j 的确定

计算权重过程中的价值基础可以是账面价值、市场价值，也可以是目标价值，具体利弊分析如表 4-15 所示。

表 4-15　个别资本成本价值基础对照表

价值基础	优　点	缺　点
账面价值 (会计报表账面价值为基础)	资料容易取得，可以直接从资产负债表中得到，而且计算结果比较稳定	债券和股票的市价与账面价值差距较大时，导致按账面价值计算出来的资本成本，不能反映目前从资本市场上筹集资本的现时机会成本，不适用评价现时的资本结构
市场价值 (可用平均市价)	反映现时的资本成本水平；有利于进行资本结构决策	市价处于经常变动之中，不容易取得；现行市价反映的只是现时的资本结构，不适用未来的筹资决策
目标价值 (以未来价值(未来市场或账面价值)为基础)	公司筹措新资金，需要反映期望的资本结构来说，目标价值是有益的，适用于未来的筹资决策	目标价值确定难免具有主观性；目标价值确定一般以现时市场价值为依据。但市场价值波动频繁，可行方案是选用市场价值的历史平均值

【例 4-15】　元达公司 2017 年期末的长期资本账面总额为 1000 万元，其中：银行长期贷款 400 万元，占 40%；长期债券 150 万元，占 15%；普通股 450 万元(共 200 万股，每股面值 1 元，市价 8 元)，占 45%。个别资本成本分别为：5%、6%、9%。则该公司的平均资本成本为：

按账面价值计算：

$$K_w = 5\% \times 40\% + 6\% \times 15\% + 9\% \times 45\% = 6.95\%$$

按市场价值计算：

$$K_w = \frac{5\% \times 400 + 6\% \times 150 + 9\% \times 1600}{400 + 150 + 600} = 8.05\%$$

(六) 边际资本成本

边际资本成本是企业追加筹资的成本。

企业的个别资本成本和平均资本成本，是企业过去筹集的单项资本的成本或目前使用全部资本的成本。

企业在追加筹资时，不能仅仅考虑目前所使用资本的成本，还要考虑新筹集资金的成本即边际资本成本，边际资本成本，是企业进行追加筹资的决策依据。

筹资方案组合时，边际资本成本的权数采用目标价值权数。

【例4-16】 某公司设定的目标资本结构为：银行借款20%、公司债券15%、普通股65%。现拟追加筹资300万元，按此资本结构来筹资。个别资本成本率预计分别为：银行借款7%、公司债券12%、普通股权益15%。要求计算追加筹资300万元的边际资本成本。

边际资本成本计算如表4-16所示。

表4-16 边际资本成本计算表

资本种类	目标资本结构	追加筹资额	个别资本成本	边际资本成本
银行借款	20%	60	7%	1.4%
公司债券	15%	45	12%	1.8%
普通股	65%	195	15%	9.75%
合计		300万元		12.95%

二、资本结构优化

(一) 资本结构与最佳资本结构

资本结构是指长期负债与权益资本之间的构成及其比例关系。

最佳资本结构，是指在一定条件下使企业平均资本成本率最低、企业价值最大的资本结构。

资本结构优化的目标是降低平均资本成本率或提高普通股每股收益。资本结构及其管理是企业筹资管理的核心问题。资本结构管理问题，也就是债务资本的比例确定问题。

(二) 影响资本结构的因素

影响资本结构的因素如表4-17所示。

表4-17 资本结构影响因素分析表

因 素	该因素特性	资本结构倾向
税务政策	所得税税率较高	充分利用债务资本抵税作用
货币政策	市场利率高，债务资本成本增大	减少负债
行业特征	产品市场稳定的成熟产业经营风险低	提高债务资本比重
	高新技术企业	降低债务资本比重
	技术研发为主的企业	负债较少
企业发展周期	企业初创阶段，经营风险高	控制负债比例
	企业发展成熟阶段	增加债务资本比重
	企业收缩阶段	降低债务资本比重

续表

因　素	该因素特性	资本结构倾向
经营稳定性	如果产销业务稳定	负债筹资
企业成长率	经营发展能力表现为未来产销业务量的增长率，如果产销业务量能够以较高的水平增长	负债筹资
信用等级	信用等级高	负债筹资
企业投资人	股权分散的企业	股权筹资
	股权集中的企业	负债和优先股筹资

(三) 资本结构优化

资本结构优化，要求企业权衡负债的低资本成本和高财务风险的关系，确定合理的资本结构。资本结构优化的目标，是降低平均资本成本率或提高普通股每股收益。

1. 每股收益分析法

1) 每股收益分析法的基本原理

能够提高每股收益的资本结构是合理的资本结构。按照每股收益大小判断资本结构的优劣。

2) 每股收益分析法的计算原理

普通股每股收益(EPS)计算公式为

$$EPS = \frac{(EBIT - I) \times (1 - T) - D}{N}$$

式中：EPS 表示普通股每股收益；I 表示债务利息；T 表示所得税税率；D 表示优先股股利；N 表示普通股股数。

在对两种筹资方案进行比较选择时，需要找到使得两种筹资方案下，每股收益(EPS)相等时的息税前利润 EBIT，即

$$\frac{(EBIT - I_1) \times (1 - T) - D_1}{N_1} = \frac{(EBIT - I_2) \times (1 - T) - D_2}{N_2}$$

3) 每股收益分析法的决策原则

情形一：两方案情况下的决策

(1) 预期的息税前利润大于每股收益无差别点的息税前利润，选择债务筹资；

(2) 预期的息税前利润小于每股收益无差别点的息税前利润，选择股权筹资。

【例 4-17】　光华公司目前资本结构为：总资本 1000 万元，其中债务资本 400 万元(年利息 40 万元)；普通股资本 600 万元(600 万股，面值 1 元，市价 5 元)。企业由于面临一个好的投资项目，需要追加筹资 300 万元，所得税率 20%，不考虑筹资费用因素，有两种筹资方案。

甲方案：增发普通股 100 万股，每股发行价 3 元；

乙方案：向银行取得长期借款 300 万元，年利率 16%。

根据财务人员测算，追加筹资后销售金额可望达到 1200 万元，变动成本率 60%，固定成本 200 万元，所得税率 20%，不考虑筹资费用因素。

乙方案，银行借款年利息为 300 × 16% = 48 万元

根据上述数据，代入无差别点计算公式：

$$\frac{(EBIT-40)\times(1-20\%)}{600+100}=\frac{(EBIT-40-48)\times(1-20\%)}{600}$$

解得：EBIT = 376 万元。

EBIT = 376 万元是两个筹资方案的每股收益无差别点。在此点上，两个方案的每股收益相同，均为 0.384 元/股。企业追加筹资后预期销售额为 1200 万元，预期获利 280 万元，低于每股收益无差别点 376 万元，应当采用股权筹资方案，即甲方案，以 3 元/股的价格，增发普通股 100 万股。

情形二：多方案的决策

(1) 两两组合，计算出每股收益无差别点，即息税前利润均衡点；

(2) 给出每个组合的结论；

(3) 对每个组合进行汇总分析，给出每个方案的适用范围；

(4) 根据预测的息税前利润，确定最优方案。

【例 4-18】　光华公司目前资本结构为：总资本 1000 万元，其中债务资本 400 万元(年利息 40 万元)；普通股资本 600 万元(600 万股，面值 1 元，市价 5 元)。企业由于扩大经营规模，需要追加筹资 800 万元，所得税率 20%，不考虑筹资费用因素，有三种筹资方案。

甲方案：增发普通股 200 万股，每股发行价 3 元；同时向银行借款 200 万元，利率保持原来的 10%。

乙方案：增发普通股 100 万股，每股发行价 3 元；同时溢价发行 500 万元面值为 300 万元的公司债券，票面利率 15%。

丙方案：不增发普通股，溢价发行 600 万元面值为 400 万元的公司债券，票面利率 15%；由于受债券发行数额的限制，需要补充向银行借款 200 万元，利率 10%。

(1) 甲、乙方案的比较：

$$\frac{(EBIT-40-20)\times(1-20\%)}{600+200}=\frac{(EBIT-40-45)\times(1-20\%)}{600+100}$$

解得：EBIT = 260(万元)。

结论：预期息税前利润大于 260 万，选择乙方案，小于 260 万，选择甲方案。

(2) 乙、丙方案的比较：

$$\frac{(EBIT-40-45)\times(1-20\%)}{600+100}=\frac{(EBIT-40-80)\times(1-20\%)}{600}$$

解得：EBIT = 330(万元)。

结论：预期息税前利润大于 330 万，选择丙方案，小于 330 万，选择乙方案。

（3）甲、丙方案的比较：

$$\frac{(EBIT-40-20)\times(1-20\%)}{600+200}=\frac{(EBIT-40-80)\times(1-20\%)}{600}$$

解得：EBIT = 300(万元)。

结论：预期息税前利润大于 300 万，选择丙方案，小于 300 万，选择甲方案。

最终结论：

甲方案的适用范围为 EBIT＜260 万元；

乙方案的适用范围为 260 万元＜EBIT＜330 万元；

丙方案的适用范围为 EBIT＞330 万元。

2．平均资本成本比较法

通过计算和比较各种可能的筹资组合方案的平均资本成本，选择平均资本成本率最低的方案。这种方法侧重于从资本投入的角度对筹资方案和资本结构进行优化分析。通过计算并比较平均资本成本，选择平均资本成本最小的方案最优。

【例 4-19】　长达公司需筹集 100 万元长期资本，可以用贷款、发行债券、发行普通股三种方式筹集，其个别资本成本率已分别测定，有关资料如表 4-18 所示。

表 4-18　长达公司资本成本与资本结构数据表

筹资方式	资本结构			个别资本成本率
	A 方案	B 方案	C 方案	
银行借款	40%	30%	20%	6%
公司债券	10%	15%	20%	8%
普通股	50%	55%	60%	9%
合计	100%	100%	100%	

首先，分别计算三个方案的综合资本成本 K。

A 方案：$K = 40\% \times 6\% + 10\% \times 8\% + 50\% \times 9\% = 7.7\%$

B 方案：$K = 30\% \times 6\% + 15\% \times 8\% + 55\% \times 9\% = 7.95\%$

C 方案：$K = 20\% \times 6\% + 20\% \times 8\% + 60\% \times 9\% = 8.2\%$

其次，根据企业筹资评价的其他标准，考虑企业的其他因素，对各个方案进行修正之后，再选择其中成本最低的方案。本例中，我们假设其他因素对方案选择影响甚小，则 A 方案的综合资本成本最低。这样，该公司的资本结构为贷款 40 万元，发行债券 10 万元，发行普通股 50 万元。

3．公司价值分析法

以上两种方法都是从账面价值的角度进行资本结构优化分析，没有考虑市场反应，也没有考虑风险因素。公司价值分析法，是在考虑市场风险基础上，以公司市场价值为标准，进行资本结构优化。即能够提升公司价值的资本结构，就是合理的资本结构。同时，在公司价值最大的资本结构下，公司的平均资本成本率也是最低的。主要用于对现有资本结构进行调整，适用于资本规模较大的上市公司资本结构优化分析。

1) 计算公司价值 V

假设公司各期的息税前利润 EBIT 保持不变，债务资本的市场价值(B) = 账面面值，权益资本的市场价值(S)可通过下式计算：

$$S = \frac{(EBIT - I) \times (1 - T)}{K_s}$$

且

$$K_s = R_s = R_f + \beta (R_m - R_f)$$

V 表示公司价值，有 $V = S + B$。

2) 计算平均资本成本率

$$K_m = K_b \times \frac{B}{V} \times (1 - T) + K_s \times \frac{S}{V}$$

【例 4-20】 友联公司息税前利润为 400 万元，资本总额账面价值 1000 万元。假设无风险报酬率为 6%，证券市场平均报酬率为 10%，所得税率为 40%。经测算，不同债务水平下的权益资本成本率和债务资本成本率如表 4-19 所示。

表 4-19 不同债务水平下的债务资本成本率和权益资本成本率

债务市场价值 B (万元)	税前债务利息率 K_b	股票 β 系数	权益资本成本率 K_s
0	—	1.50	12.0%
200	8.0%	1.55	12.2%
400	8.5%	1.65	12.6%
600	9.0%	1.80	13.2%
800	10.0%	2.00	14.0%
1000	12.0%	2.30	15.2%
1200	15.0%	2.70	16.8%

根据表 4-19 资料，可计算出不同资本结构下的企业总价值和综合资本成本，如表 4-20 所示。

表 4-20 公司价值和平均资本成本率　　　　　　　单位：万元

① 债务市场价值	② 股票市场价值 =(400−①×K_b) ×(1−40%)/K_s	③ 总价值=①+②	④ 债务资本成本 =K_b×(1−40%)	⑤ 普通股资本成本	⑥ 平均资本成本 =④×[①/③]+ ⑤×[②/③]
0	2000	2000	—	12.0%	12.0%
200	1889	2089	4.80%	12.2%	11.5%
400	1743	2143	5.1%	12.6%	11.2%
600	1573	2173	5.40%	13.2%	11.0%
800	1371	2171	6.00%	14.0%	11.1%
1000	1105	2105	7.20%	15.2%	11.4%
1200	786	1986	9.00%	16.8%	12.1%

可以看出，在没有债务资本的情况下，公司的总价值等于股票的账面价值。当公司增加一部分债务时，财务杠杆开始发挥作用，股票市场价值大于其账面价值，公司总价值上升，平均资本成本率下降。在债务达到 600 万元时，公司总价值最高，平均资本成本率最低。债务超过 600 万元后，随着利息率的不断上升，财务杠杆作用逐步减弱甚至显现副作用，公司总价值下降，平均资本成本率上升。因此，债务为 600 万元时的资本结构是该公司的最优资本结构。

✦✦✦✦✦ 复习思考题 ✦✦✦✦✦

1. 试分析广义资本结构和狭义资本结构的区别。
2. 试分析资本成本对企业财务管理的作用。
3. 试说明综合资本成本率中三种权数的影响。

✦✦✦✦✦ 计 算 题 ✦✦✦✦✦

1. A 公司在初创期准备筹集长期资本 5000 万元，现有甲乙两个方案可供选择，有关资料如下表所示：

筹资方式	筹资方案甲		筹资方案乙	
	筹资额(万元)	资本成本(%)	筹资额(万元)	资本成本(%)
长期借款	800	7.0	1100	7.5
公司债券	1200	8.5	400	8.0
普通股	3000	14.0	3500	14.0
合计	5000		5000	

要求：试对两个筹资方案做出选择。

2. B 公司 2016 年长期资本总额为 1 亿元，其中普通股 6000 万元(240 万股)，长期债务 4000 万元，利率 10%，公司所得税率为 25%。2017 年公司预定将长期资本总额增加至 1.2 亿元，需追加筹资 2000 万元。该公司 2017 年预期息税前利润为 2000 万元，现有两个方案可供选择：

(1) 发行公司债券，票面利率 12%。

(2) 增发普通股 80 万股。

要求：测算每股收益无差别点，并对筹资方案做出选择。

项目五 企业投资活动

学习目标 ✍

(1) 熟悉投资活动的含义和分类;

(2) 掌握企业现金流量分析方法;

(3) 重点掌握企业投资活动评价指标;

(4) 掌握项目投资决策的方法;

(5) 熟悉证券投资分析方法。

【思维导图】

参照彩图 12。

案例导入 📑

GW 机电厂的产品在当地市场上占有一席之地。由于市场需求逐步扩大,该厂打算购置一套新的生产设备。经过初步论证后,得出的结论是:该设备投资额 1000 万元,每年可回收的资金不超过 100 万元,设备的投资回收期在 10 年以上。该厂认为回收期超过 5 年的项目不可接受,最终放弃了该方案。XC 机电厂是 GW 机电厂的主要竞争对手,对购置新设备有不同观点,并不惜重金购买了当初 GW 机电厂放弃购买的设备。新设备投产后使得产品在用料、人工等方面的成本大大节约,而且产品的合格率也显著提升。更重要的是,新设备的投入使得产品质量显著提高,投产一年就收回 200 万元资金。照此速度,用不了 5 年即可收回全部投资。新设备的投入使 XC 的产品在当地市场上的份额显著提高,竞争优势逐步形成。

第一节 投资管理概述

投资,广义地讲,是指特定经济主体(包括政府、企业和个人)以本金回收并获利为基本目的,将货币、实物资产等作为资本投放于某一个具体对象,以在未来较长期间内获取预期经济利益的经济行为。企业投资,简言之,是企业为获取未来长期收益而向一定对象投放资金的经济行为。例如,购建厂房设备、兴建电站、购买股票债券等经济行为,均属于投资行为。

一、企业投资的意义

企业需要通过投资配置资产，才能形成生产能力，取得未来的经济利益。

(一) 投资是企业生存与发展的基本前提

企业的生产经营，就是企业资产的运用和资产形态的转换过程。投资是一种资本性支出的行为，通过投资支出，企业构建流动资产和长期资产，形成生产条件和生产能力。实际上，不论是新建一个企业，还是建造一条生产流水线，都是一种投资行为。通过投资，确立企业的经营方向，配置企业的各类资产，并将它们有机地结合起来，形成企业的综合生产经营能力。如果企业想要进军一个新兴行业，或者开发一种新产品，都需要先行进行投资。因此，投资决策的正确与否，直接关系企业的兴衰成败。

(二) 投资是获取利润的基本提前

企业投资的目的，是要通过预先垫付一定数量的货币或实物形态的资本，购建和配置形成企业的各类资产，从事某类经营活动，获取未来的经济利益。通过投资形成了生产经营能力，企业才能开展具体的经营活动，获取经营利润。那些以购买股票、证券等有价证券方式向其他单位的投资，可以通过取得股利或债息来获取投资利益，也可以通过转让证券来获取资本利益。

(三) 投资是企业风险控制的重要手段

企业的经营面临着各种风险，有来自市场竞争的风险，有资金周转的风险，还有原材料涨价、费用居高等成本的风险。投资是企业风险控制的重要手段，通过投资，可以将资金投向企业生产经营的薄弱环节，使企业的生产经营能力配套、平衡、协调；通过投资，可以实现多元化经营，将资金投放于经营相关程度较低的不同产品或不同行业，分散风险，稳定收益来源，降低资产的流动性风险、变现风险，增强资产的安全性。

二、企业投资管理的特点

企业的投资活动与经营活动是不相同的，投资活动的结果对企业在经济利益上有较长期的影响。企业投资涉及的资金多、经历的时间长，对企业未来的财务状况和经营活动都有较大的影响。与日常经营活动相比，企业投资的主要特点表现在以下几个方面。

(一) 属于企业的战略性决策

企业的投资活动一般涉及企业未来的经营发展方向、生产能力规模等问题，如厂房设备的新建与更新、新产品的研制与开发、对其他企业的股权控制等。

劳动力、劳动资料和劳动对象，是企业的生产要素，是企业进行经营活动的前提条件。企业投资主要涉及劳动资料要素方面，包括生产经营所需的固定资产的购建、无形资产的获取等。企业投资的对象也可能是生产要素综合体，即对另一个企业股权的取得和控制。这些投资活动，直接影响本企业未来的经营发展模式和方向，是企业简单再生产得以顺利进行并实现扩大再生产的前提条件。企业的投资活动先于经营活动，这些投资活动往往需要一次性地投入大量的资金，并在一段较长的时期内发生作用，对企业经营活动的方向产生重大影响。

(二) 属于企业的非程序化管理

企业有些经济活动是日常重复性进行的，如原材料的购买、人工的雇佣、产品的生产制造、产成品的销售等，称为日常的例行性活动。这类活动经常性地重复发生，有一定的规律，可以按既定的程序和步骤进行。对这类重复性日常经营活动进行的管理，称为程序化管理。企业有些经济活动往往不会经常性地重复出现，如新产品的开发、设备的更新、企业兼并等，称为非例行性活动。非例行性活动只能针对具体问题，按特定的影响因素、相关条件和具体要求来进行审查和抉择。对这类非重复性特定经济活动进行的管理，称为非程序化管理。

企业的投资项目涉及的资金数额较大，这些项目的管理，不仅是一个投资问题，也是一个资金筹集问题，特别是对于设备和生产能力的购建、对其他关联企业的并购等，需要大量的资金。对于一个产品制造或商品流通的实体性企业来说，这种筹资和投资不会经常发生。

企业的投资项目影响的时间较长。这些投资项目实施后，将形成企业的生产条件和生产能力，这些生产条件和生产能力的使用期限长，将在企业多个经营周期内直接发挥作用，也将间接影响日常经营活动中流动资产的配置与分布。

企业的投资活动涉及企业的未来经营发展方向和规模等重大问题，是不经常发生的。投资经济活动具有一次性和独特性的特点，投资管理属于非程序化管理。每一次投资的背景、特点、要求等都不一样，无明显的规律性可遵循，管理时更需要周密思考，慎重考虑。

(三) 投资价值的波动性大

投资项目的价值是由投资的标的物资产的内在获利能力决定的。这些标的物资产的形态是不断转换的，未来收益的获得具有较强的不确定性，其价值也具有较强的波动性。同时，各种外部因素，如市场利率、物价等的变化，也时刻影响着投资标的物的资产价值。因此企业投资管理决策时，要充分考虑投资项目的时间价值和风险价值。

企业投资项目的变现能力是不强的，因此其投放的标的物大多是机器设备等变现能力较差的长期资产，这些资产的持有目的也不是为了变现，并不准备在一年或超过一年的一个营业周期内变现。因此投资项目的价值也是不易确定的。

三、企业投资的分类

将企业投资的类型进行科学的分类，有利于分清投资的性质，按不同的特点和要求进行投资决策，加强投资管理。

(一) 直接投资和间接投资

按投资活动与企业本身的生产经营活动的关系，企业投资可以划分为直接投资和间接投资。

直接投资是将资金直接投放于形成生产经营能力的实体性资产，直接谋取经营利润的企业投资。通过直接投资，购买并配置劳动力、劳动资料和劳动对象等具体生产要素，展开生产经营活动。

间接投资是将资金投放于股票、债券等权益性资产上的企业投资。之所以成为间接投资，是因为股票、债券的发行方，在筹集到资金后，再把这些资金投放于形成生产经营能力的实体性资产，获取经营利润。而间接投资方不直接介入具体生产经营过程，通过股票、债券上所约定的收益分配权利，获取股利或利息收入，分享直接投资的经营利润。

(二) 项目投资与证券投资

按投资对象的存在形态和性质，企业投资可以划分为项目投资和证券投资。

企业可以通过投资，购买具有实质内涵的经营资产，包括有形资产和无形资产，形成具体的生产经营能力，开展实质性的生产经营活动，谋取经营利润。这类投资称为项目投资。项目投资的目的在于改善生产条件、扩大生产能力，以获取更多的经营利润。项目投资属于直接投资。

企业可以通过投资，购买具体权益性的证券资产，通过政策资产上所赋予的权利，间接控制被投资企业的生产经营活动，获取投资收益。这类投资称为证券投资，即购买属于综合生产要素的权益性权利资产的企业投资。

证券是一种金融资产，即以经济合同契约为基本内容、以凭证票据等书面文件为存在形式的权利性资产。如债券投资代表的是未来按契约规定收取债息和收回本金的权利，股票投资代表的是对发行股票企业的经营控制权、财务控制权、收益分配权、剩余财产追索权等股东权利。证券投资的目的，在于通过特有权益性证券，获取投资收益，或控制其他企业的财务或经营政策，并不直接从事具体生产经营过程。因此，证券投资属于间接投资。

直接投资和间接投资、项目投资与证券投资，两种投资分类方式的内涵和范围是一致的，只是分类角度不同。直接投资与间接投资强调的是投资的方式性，项目投资与证券投资强调的是投资的对象性。

(三) 发展性投资与维持性投资

按投资活动对企业未来生产经营前景的影响，企业投资可以划分为发展性投资和维持性投资。

发展性投资是指对企业未来的生产经营发展全局有重大影响的企业投资。发展性投资也可以成为战略性投资，如企业间兼并合并的投资、转换新行业和开发新产品投资、大幅度扩大生产规模的投资等。发展性投资项目实施后，往往可以改变企业的经营方向和经营领域，或者明显地扩大企业的生产经营能力，或者实现企业的战略重组。

维持性投资是为了维持企业现有的生产经营政策顺利进行，不会改变企业未来生产经营发展全局的企业投资。维持性投资也可以称为战术性投资，如更新替换旧设备的投资、配套流动资金投资、生产技术革新的投资等，维持性投资项目所需要的资金不多，对企业生产经营的前景影响不大，投资风险相对也较小。

(四) 对内投资与对外投资

按投资活动资金投出的方向，企业投资可以划分为对内投资和对外投资。

对内投资是指在本企业范围内部的资金投放，用于购买和配置各种生产经营所需要的经营性资产。对外投资是指向本企业范围以外的其他单位的资金投放。对外投资多以现金、有形资产、无形资产等资产形式，通过联合投资、合作经营、换取股权、购买证券资产等投资方式，向企业外部其他单位投放资金。

对内投资都是直接投资，对外投资主要是间接投资，也可能是直接投资。

(五) 独立投资与互斥投资

按投资项目之间的向后关联关系，企业投资可以划分为独立投资和互斥投资。

独立投资是相容性投资，各个投资项目之间互不相连、互不影响，可以同时并存。例如，建造一个饮料厂和建造一个纺织厂，它们之间并不冲突，可以同时进行。对于一个独立投资项目而言，其他投资项目是否被采纳或放弃，对本项目的决策并无显著影响。因此，独立投资项目决策考虑的是方案本身是否满足某种决策标准。例如，可以规定凡提交决策的投资方案，其预期投资报酬率都要求达到 20% 才能被采纳。这里，预期投资报酬率达到 20%，就是一种预期的决策标准。

互斥投资是非相容性投资，各个投资项目之间相互关联、互相替代，不能同时并存。如对企业现有设备进行更新，购买新设备就必须处置旧设备，它们之间是互斥的。对于一个互斥投资项目而言，其他投资项目是否被采纳或放弃，直接影响本项目的决策，其他项目被采纳，本项目就不能被采纳。因此，互斥投资项目决策考虑的是各方案之间的排斥性，也许每个方案都是可行方案，但互斥决策需要从中选择最优方案。

四、投资管理的原则

为了适应投资项目的特点和要求，实习按投资管理目标，作出合理的投资决策，需要制订投资管理的基本原则，据以保证投资活动的顺利进行。

(一) 可行性分析原则

投资项目的金额大，资金占用时间长，一旦投资后具有不可逆转性，对企业的财务状况和经营前景影响重大。因此，在投资决策之时，必须建立严密的投资决策程序，进行科学的可行性分析。

投资项目可行性分析是投资管理的重要组成部分，其主要任务是对投资项目实施的可行性进行科学的论证，主要包括环境可行性、技术可行性、市场可行性、财务可行性等方面。项目可行性分析将对项目实施后未来的运行和发展前景进行预测，通过定性分析和定量分析比较项目的优劣，为投资决策提供参考。

环境可行性，要求投资项目对环境的不利影响最小，并能带来有利影响，包括对自然环境、社会环境和生态环境的影响。

技术可行性，要求投资项目形成的生产经营能力，具有技术上的适应性和先进性，包括工艺、装备、地址等。

市场可行性，要求投资项目形成的产品能够被市场所接受，具有市场占有率，进而才能带来财务上的可行性。

财务可行性，要求投资项目在经济上具有效益型，这种效益型是明显的和长期的。财务可行性是在相关的环境、技术、市场可行性完成的前提下，着重围绕技术可行性和市场可行性而开展的专门经济性评价。同时，一般也包含资金筹资的可行性。

财务可行性分析是投资项目可行性分析的主要内容，因为投资项目的根本目的是经济效益，市场和技术上可行性的落脚点也是经济上的效益性，项目实施后的业绩绝大部分表现在价值化的财务指标上。

财务可行性分析的主要方面和内容包括：收入、费用和利润等经营成果指标的分析；资产、负债、所有者权益等财务状况指标的分析；资金筹集和配置的分析；资金流转和回收等资金运行过程的分析；项目现金流量、净现值、内含报酬率等项目经济性效益指标的分析；项目收益与风险关系的分析等。

(二) 结构平衡原则

由于投资往往是一个综合性的项目，不仅涉及固定资产等生产能力和生产条件的购建，还涉及使生产能力和生产条件政策发挥作用所需要的流动资产的配置。同时，由于受资金来源的限制，投资也常常会遇到资金需求超过资金供应的矛盾。如何合理配置资源，使有限的资金发挥最大的效用，是投资管理中资金投放所面临的重要问题。

可以说，一个投资项目的管理就是综合管理。资金既要投放于主要生产设备，又要投放于辅助设备；既要满足长期资产的需要，又要满足流动资产的需要。投资项目在资金投放时，要遵循结构平衡的原则，合理分布资金，具体包括固定资金与流动资金的配套关系、生产能力与经营规模的平衡关系、资金来源与资金运用的匹配关系、投资进度和资金供应的协调关系、流动资产内部的资产结构关系、发展性投资与维持性投资的配合关系、对内投资与对外投资的顺序关系、直接投资与间接投资的分布关系等。

投资项目在实施后，资金就较长期地固化在具体项目上，退出和转向都不太容易。只有遵循结构平衡的原则，投资项目实施后才能正常顺利地运行，才能避免资源的闲置和浪费。

(三) 动态监控原则

投资的动态监控是指对投资项目实施过程中的进程控制。特别是对于那些工程量大、工期长的建造项目来说，有一个具体的投资过程，需要按工程预算实施有效的动态投资控制。

投资项目的工程预算，是对总投资中各个工程项目以及所包含的分部工程和单位工程造价规划的财务计划。建设性投资项目应当按工程进度，对分项工程、分部工程、单位工程的完成情况，逐步进行资金拨付和资金结算，控制工程的资金耗费，防止资金浪费。在项目建设完工后，通过工程决算，全面清点所建造的资产数额和种类，分析工程造价的合理性，合理确定工程资产的账目价值。

对于间接投资特别是证券投资而言，投资前首先要认真分析投资对象的投资价值，根据风险与收益均衡的原则合理选择投资对象。在持有金融资产过程中，要广泛收集投资对象和资本市场的相关信息，全面了解被投资单位的财务状况和经营成果，保护自身的投资权益。有价证券类的金融资产投资，其投资价值不仅由被投资对象的经营业绩决定，还受资本市场的制约。这就需要分析资本市场上资本的供求关系状况，预计市场利率的波动和变化趋势，动态地估计投资价值，寻找转让证券资产和收回投资的最佳时机。

第二节　现金流量分析

一、项目现金流量的含义

现金流量是投资项目财务可行性分析的主要分析对象，净现值、内含报酬率、回收期等财务评价指标，均是以现金流量为对象进行可行性评价的。利润只是期间财务报告的结果，对于投资方案财务可行性来说，项目的现金流量状况比会计期间盈亏状况更为重要。一个投资项目能否顺利进行，有无经济上的效益，不一定取决于有无会计期间利润，而在于能否带来正现金流量，即整个项目能否获得超过项目投资的现金回收。

由一项长期投资方案所引起的未来一定期间所发生的现金收支，叫做现金流量(Cash Flow)。其中，现金收入称为现金流入量，现金支出称为现金流出量，现金流入量与现金流出量相抵后的余额，称为现金净流量(Net Cash Flow，简称 NCF)。

在一般情况下，投资决策中的现金流量通常指现金流量(NCF)。这里，所谓的现金既指库存现金、银行存款等货币性资产，也可以指相关非货币性资产(如原材料、设备等)的变现价值。

投资项目从整个经济寿命周期来看，大致可以分为三个时点阶段：投资期、营业期、终结期，现金流量的各个项目也可归属于各个时点阶段之中。

二、投资期现金流量

投资阶段的现金流量主要是现金流出量，即在该投资项目上的原始投资，包括在长期资产上的投资和垫支的营运资金。如果该项目的筹建费用、开办费用较高，也可以作为初始投资阶段的现金流量计入递延资产。在一般情况下，初始阶段的固定资产原始投资通常在年内一次性投资，如果原始投资不是一次性投资，则应把投资归属于不同投入年份之中。

(一) 长期固定资产投资

长期固定资产投资包括在固定资产、无形资产、递延资产等长期资产上的购入、建造、运输、安装、试运行等方面所需的现金支出。

(二) 营运资金垫支

营运资金垫支是指投资项目形成了生产能力，需要在流动资产上追加的投资。由于扩大了企业生产能力，原材料、在产品、产成品等流动资产规模也随之扩大，需要追加投入日常营运资金。同时企业营业规模扩大后，应付账款等结算性流动负债也随之增加，自动补充了一部分营运资金的需求。因此，为该投资垫支的营运资金是追加的流动资产扩大量与结算性流动负债扩大量的净差额。

三、营业期现金流量

营业阶段是投资项目的主要阶段，该阶段既有现金流入量，也有现金流出量。现金流入量主要是营运各年的营业收入，现金流出量主要是营运各年的付现营运成本。

另外，营业期内某一年发生的大修理费用支出，如果会计处理在本年内一次性作为收益性支出，则直接作为该年的付现成本；如果跨年摊销处理，则本年作为投资性的现金流出量，摊销年份以非付现成本形式处理。营业期某一年发生的改良支出是一种投资，应作为该年的现金流出量，以后年份通过折旧收回。

在正常营业阶段，由于营运各年的营业收入和付现营运成本数额比较稳定，因此营运阶段各年现金流量一般为

营业现金净流量(NCF) = 营业收入 − 付现成本 = 营业利润 + 非付现成本

式中，非付现成本主要是指固定资产折旧、长期资产摊销费用、资产减值准备等，其中长期资产摊销费用主要是指有跨年的大修理费用、改良工程折旧摊销费用、筹建开办摊销费用等。

　　所得税是投资项目的现金支出，即现金流出量。考虑所得税对投资项目现金流量的影响，投资项目正常营运阶段的营业现金流量测算如下：

营业现金净流量(NCF) = 营业收入 − 付现成本 − 所得税 = 税后净利润 + 非付现成本

四、终结期现金流量

　　终结阶段的现金流量主要是现金流入量，包括固定资产变价收入，固定资产变现净损益的影响和垫支营运资金的收回。

(一) 固定资产变价净收入

　　投资项目在终结阶段，原有固定资产将退出生产经营，企业对固定资产进行清理处置。固定资产变价净收入是指固定资产出售或报废时的出售价款或残值收入扣除清理费用后的净额。

(二) 固定资产变现净损益对现金净流量的影响

　　固定资产变现净损益对现金净流量影响 = (账面价值 − 变现净收入) × 所得税税率

　　如果账面价值 − 变现净收入＞0，则意味着发生了变现净损失，可以抵税，减少现金流出，增加现金净流量；如果账面价值 − 变现净收入＜0，则意味着发生了变现净收益，应该纳税，增加现金流出，减少现金净流量。

　　变现时固定资产账面价值是指固定资产账面原值与变现时按照税法规定计提的累计折旧的差额。如果变现时，按照税法的规定，折旧已经全部计提，则变现时固定资产账面价值等于税法规定的净残值；如果变现时，按照税法的规定，折旧还没有完全计提，则变现时固定资产的账面价值等于税法规定的净产值与剩余的未计提折旧之和。

(三) 垫支营运资金的收回

　　伴随着固定资产的出售或报废，投资项目的经济寿命结束，企业将与该项目相关的存货出售，应收账款收回，应付账款也随之偿付。营运资金恢复到原有水平，项目开始垫支的营运资金在项目结束时得到回收。

　　【例 5-1】　远华公司计划增加一条生产流水线，以扩充生产能力。现有甲、乙两个方案可供选择。甲方案需要投资 500 000 元，乙方案需要投资 750 000 元。两个方案的预计使用寿命均为 5 年，折旧均采用直线法，甲方案预计残值为 20 000 元，乙方案预计残值为 30 000 元。甲方案预计年销售收入为 1 000 000 元，第一年付现成本为 660 000 元，以后在此基础上每年增加维修费 10000 元。乙方案预计年销售收入为 1 400 000 元，年付现成本为 1 050 000 元。项目投入运营时，甲方案需要垫支营运资金 200 000 元，乙方案需要垫支营运资金 250 000 元。公司所得税税率为 20%。两方案的现金流量计算如表 5-1、表 5-2 和表 5-3 所示。

表 5-1　营业期现金流量计算表(甲方案)　　　　　单位：元

	1	2	3	4	5
销售收入(1)	1 000 000	1 000 000	1 000 000	1 000 000	1 000 000
付现成本(2)	660 000	670 000	680 000	690 000	700 000
折旧(3)	96 000	96 000	96 000	96 000	96 000
营业利润(4) = (1) − (2) − (3)	244 000	234 000	224 000	214 000	204 000
所得税(5) = (4) × 20%	48 800	46 800	44 800	42 800	40 800
税后净利润(6) = (4) − (5)	195 200	187 200	179 200	171 200	163 200
营业现金流量(7) = (3) + (6)	291 200	283 200	275 200	267 200	259 200

表 5-2　投资项目现金流量计算表(甲方案)　　　　　单位：元

	0	1	2	3	4	5
固定资产投资	− 500 000					
营运资金垫支	− 200 000					
营业现金流量		291 200	283 200	275 200	267 200	259 200
固定资产残值						20 000
营运资金收回						200 000
现金流量合计	− 700 000	291 200	283 200	275 200	267 200	479 200

表 5-3　投资项目现金流量计算表(乙方案)　　　　　单位：元

	0	1	2	3	4	5
固定资产投资	−750 000					
营运资金垫支	−250 000					
营业现金流量		308 800	308 800	308 800	308 800	308 800
固定资产残值						30 000
营运资金收回						250 000
现金流量合计	−1 000 000	308 800	308 800	308 800	308 800	588 800

乙方案营业现金流量 = 税后利润 + 非付现成本

= (1 400 000 − 1 050 000 − 144 000) × (1 − 20%) + 144 000

= 308 800

第三节　项目投资活动评价指标

投资决策是对各个可行方案进行分析和评价，并从中选择最优方案的过程。投资项目决策的分析评价，需要采用一些专门的评价指标和方法。常用的财务可能性评价指标有净现值、年金净流量、现值指数、内含报酬率法、回收期法等评价方法。同时，按照是否考虑了货币时间价值来分类，这些评价指标可以分为静态评价指标和动态评价指标。考虑了货币时间价值因素的称为动态评价指标，包括：净现值、年金净流量、现值指数、内含报酬率法等，没有考虑货币时间价值因素的称为静态评价指标，主要是指回收期法。

一、净现值(NPV)

(一) 基本原理

一个投资项目未来现金净流量现值与原始投资额现值之间的差额，称为净现值(Net Present Value)。计算公式为

净现值(NPV) = 未来现金净流量现值 − 原始投资额现值

计算净现值时，要按预定的贴现率对投资项目的未来现金流量和原始投资额进行贴现。预定贴现率是投资者所期望的最低投资报酬率。净现值为正，方案可行，说明方案的实际报酬率高于投资者所要求的报酬率；净现值为负，方案不可行，说明方案的实际报酬率低于投资者所要求的报酬率。

当净现值为零时，说明方案的投资报酬率刚好达到所要求的投资报酬，方案也可行。所以，净现值的经济含义是投资方案报酬超过基本报酬后的剩余收益。其他条件相同时，净现值越大，方案越好。采用净现值法来评价投资方案，一般有以下步骤：

(1) 测定投资方案各年的现金流量，包括现金流出量和现金流入量。

(2) 设定投资方案采用的贴现率。

确定贴现率的参考标准可以是：以市场利率为标准，资本市场的市场利率是整个社会投资报酬率的最低水平，可以视为一般最低报酬率要求；以投资者希望获得的预期最低投资报酬率为标准，这就考虑了投资项目的风险补偿因素以及通货膨胀因素；以企业平均资本成本率为标准，企业投资所需要的资金，都或多或少地具有资本成本，企业筹集资金承担的资本成本率水平，给投资项目提出了最低报酬率要求。

(3) 按设定的贴现率，分别将各年的现金流出量和现金流入量折算成现值。

(4) 将未来的现金净流量现值与原始投资额现值进行比较，若前者大于或等于后者，方案可行；若前者小于后者，方案不可行，说明方案达不到投资者的预期投资报酬率。

【例 5-2】 沿用【例 5-1】的资料，假定折现率为 10%，则

甲方案的净现值 = $479\,200 \times (P/F，10\%，5) + 267\,200 \times (P/F，10\%，4)$
$$+ 275\,200 \times (P/F，10\%，3) + 283\,200 \times (P/F，10\%，2)$$
$$+ 291\,200 \times (P/F，10\%，1) - 700\,000$$
$$= 479\,200 \times 0.6209 + 267\,200 \times 0.6830 + 275\,200 \times 0.7513$$
$$+ 283\,200 \times 0.8264 + 291\,200 \times 0.9091 - 700\,000$$
$$= 485\,557.04 \ (元)$$

由于甲方案的净现值大于 0，所以甲方案可行。

乙方案的净现值 = 588 800 × $(P/F，10\%，5)$ + 308 800 × $(P/A，10\%，4)$ − 1 000 000

　　　　　　　　= 588 800 × 0.6209 + 308 800 × 3.1699 − 1 000 000

　　　　　　　　= 344 451.04（元）

由于乙方案的净现值大于 0，所以乙方案也可行。

(二) 净现值评价

1．净现值法的主要优点

净现值法的主要优点如下：

(1) 适应性强，能基本满足项目年限相同的互斥投资方案的决策。例如，现有 A、B 两个项目，资本成本率均为 10%，A 项目投资 50 000 元可获得净现值 10 000 元，B 项目投资 20 000 元可获得净现值 8000 元。尽管 A 项目的投资额大，但在计算净现值时已经考虑了实施该项目所承担的还本付息负担，因此净现值大的 A 项目优于 B 项目。

(2) 能灵活地考虑投资风险。净现值法在所设定的贴现率中包含了投资风险报酬率的要求，有效考虑了投资风险。例如，某投资项目期限 15 年，资本成本率 18%，由于项目时间长，风险也大，所以投资者认定，在投资项目的有效使用期限 15 年中，第一个 5 年内以 18%折现，第二个 5 年内以 20%折现，第三个 5 年内以 25%折现，以此来体现投资风险。

2．净现值法也具有明显缺陷

净现值法的缺陷如下：

(1) 所采用的贴现率不易确定。如果两个方案采用不同的贴现率贴现，采用净现值法就不能得出正确结论。同一方案中，如果考虑投资风险，要求的风险报酬率就不易确定。

(2) 不适宜独立投资方案的比较决策。如果各方案的原始投资额现值不相等，有时无法做出正确决策。在独立投资方案比较中，尽管某项目的净现值大于其他项目，但所需投资额大，获利能力可能低于其他项目，而该项目与其他项目又是非互斥的，因此，只凭借净现值大小无法决策。

(3) 净现值有时也不能对寿命周期不同的投资方案进行直接决策。某项目尽管净现值小，但其寿命周期也短；另一项目尽管净现值大，但其是在较长的寿命周期内获得的。两项目的寿命周期不同，因而净现值也是不可直接比较的。要采用净现值法对寿命周期不同的投资方案进行决策，需要将各方案转化成相等寿命周期进行比较。

二、年金净流量(ANCF)

投资项目的未来现金净流量与原始投资额的差额，构成该项目的现金净流量总额。项目期间内全部现金净流量总额的总现值或总终值折算为等额年金的平均现金净流量，称为年金净流量(ANCF)。年金净流量的计算公式为

$$年金净流量 = \frac{现金净流量总现值}{年金现值系数} = \frac{年金净流量总终值}{年金终值系数}$$

与净现值指标一样，年金净流量指标的结果大于零，说明每年平均的现金流入能抵补现金流出，投资项目的净现值(或净终值)大于零，方案的报酬率大于所要求的报酬率，方案可行。在两个以上寿命周期不同的投资方案比较时，年金净流量越大，方案越好。

【例 5-3】 甲、乙两个投资方案，甲方案需一次性投资 10 000 元，可用 8 年，残值 2000 元，每年取得税后利润 3500 元；乙方案需一次性投资 10 000 元，可用 5 年，无残值，第一年获利 3000 元，以后每年递增 10%。如果资本成本率为 10%，应采用哪个方案？

两个项目使用年限不同，净现值是不可直接比较的，应考虑它们的年金净流量。

$$甲方案每年NCF = 3500 + \frac{10\,000 - 2000}{8} = 4500 \ 元$$

乙方案营业期各年 NCF：

$$第一年 = 3000 + \frac{10\,000}{5} = 5000 \ 元$$

$$第二年 = 3000 \times (1 + 10\%) + \frac{10\,000}{5} = 5300 \ 元$$

$$第三年 = 3000 \times (1 + 10\%)^2 + \frac{10\,000}{5} = 5630 \ 元$$

$$第四年 = 3000 \times (1 + 10\%)^3 + \frac{10\,000}{5} = 5993 \ 元$$

$$第五年 = 3000 \times (1 + 10\%)^4 + \frac{10\,000}{5} = 6392.3 \ 元$$

$$
\begin{aligned}
甲方案的净现值 &= 4500 \times (P/A，10\%，8) + 2000 \times (P/F，10\%，8) - 10000 \\
&= 4500 \times 5.335 + 2000 \times 0.467 - 10\,000 \\
&= 14\,941.50 \ 元
\end{aligned}
$$

$$
\begin{aligned}
乙方案的净现值 &= 5000 \times (P/F，10\%，5) + 5300 \times (P/F，10\%，4) \\
&\quad + 5630 \times (P/F，10\%，3) + 5993 \times (P/F，10\%，2) \\
&\quad + 6392.3 \times (P/F，10\%，1) - 10\,000 \\
&= 5000 \times 0.909 + 5300 \times 0.826 + 5630 \times 0.751 + 5993 \times 0.683 \\
&\quad + 6392.3 \times 0.621 - 10\,000 \\
&= 11\,213.77 \ 元
\end{aligned}
$$

$$甲方案的年金净流量 = \frac{14\,941.50}{(P/A, 10\%, 8)} = 2801 \ 元$$

$$乙方案的年金净流量 = \frac{11\,213.77}{(P/A, 10\%, 5)} = 2958 \ 元$$

尽管甲方案净现值大于乙方案，但它是 8 年内取得的。而乙方案年金净流量高于甲方案，如果按 8 年内计算可取得 15 780.93 元(2958 × 5.335)的净现值，乙方案就高于甲方案。因此，乙方案优于甲方案。本例中，用终值进行计算也可以得出同样的结果。

年金净流量法是净现值法的辅助方法，在各方案寿命周期相同时，实质上就是净现值法。因此它适用于期限不同的投资方案决策。但同时，它也具有与净现值法同样的缺点，不便于对原始投资额不相等的独立投资方案进行决策。

三、现值指数(PVI)

现值指数(Present Value Index，PVI)是投资项目的未来现金净流量现值与原始投资额现值之比。计算公式为

$$现值指数 = \frac{未来现金净流量现值}{原始投资额现值}$$

从现值指数的计算公式可以看出，现值指数的计算结果有三种：大于 1、等于 1、小于 1。若现值指数大于或等于 1，则方案可行，说明方案实施后的投资报酬率高于或等于必要报酬率；若现值指数小于 1，则方案不可行，说明方案实施后的投资报酬率低于必要报酬率。现值指数越大，方案越好。

【例 5-4】　有两个独立投资方案，有关资料如表 5-4 所示。

表 5-4　净现值计算表　　　　　　　　　　单位：元

项　目	方案 A	方案 B
原始投资额现值	30 000	3000
未来现金净流量现值	31 500	4200
净现值	1500	1200

从净现值的绝对数来看，方案 A 大于方案 B，似乎应采用方案 A；但从投资额来看，方案 A 的原始投资额现值大大超过了方案 B。所以，在这种情况下，如果仅用净现值来判断方案的优劣，就难以做出正确的比较和评价。按照现值指数法计算：

$$A 方案现值指数 = \frac{31500}{30000} = 1.05$$

$$B 方案现值指数 = \frac{4200}{3000} = 1.40$$

计算结果表明，方案 B 的现值指数大于方案 A，应当选择方案 B。

现值指数法也是净现值法的辅助方法，在各方案原始投资额现值相同时，实质上就是净现值法。由于现值指数是未来现金净流量现值与所需投资额现值之比，是一个相对指标，反映了投资效率，所以，用现值指数指标来评价独立投资方，可以克服净现值指标不便于对原始投资额不同的独立投资方案进行比较和评价的缺点，从而对方案的分析和评价更加合理、客观。

四、内含报酬率(IRR)

(一) 基本原理

内含报酬率(Internal Rate of Return, IRR)是指对投资方案未来的每年现金净流量进行贴现，使所得的现值恰好与原始投资额现值相等，从而使净现值等于零时的贴现率。

内含报酬率法的基本原理是：在计算方案的净现值时，以必要投资报酬率作为贴现率计算，净现值的结果往往是大于零或小于零，这就说明方案实际可能达到的投资报酬率大于或小于必要投资报酬；而当净现值为零时，说明两种报酬率相等。根据这个原理，内含报酬率法就是要计算出是净现值等于零时的贴现率，这个贴现率就是投资方案的实际可能达到的投资报酬率。

1. 未来每年现金净流量相等

每年现金净流量相等是一种年金形式，通过查阅年金现值系数表，可计算出未来现金净流量现值，并令其净现值为零，有

$$未来每年现金净流量 \times 年金现值系数 - 原始投资额现值 = 0$$

计算出净现值为零时的年金现值系数后，通过查阅年金现值系数表，即可找到相应的贴现率 i，该贴现率就是方案的内含报酬率。

【例5-5】　某企业拟购入一台新型设备，购价为160万元，使用期限为10年，无残值。该方案的最低投资报酬率为 12%(以此作为贴现率)。使用新设备后，估计每年产生现金净流量30万元。要求：用内含报酬率指标评价该方案是否可行？

$$300\ 000 \times (P/A，i，10) - 1\ 600\ 000 = 0$$

$$(P/A，i，10) = 1\ 600\ 000 / 300\ 000 = 5.3333$$

查阅年金现值系数表可得，$(P/A，i，10) = 5.3333$ 对应的贴现率在12%～14%之间。采用插值法求得，该方案的内含报酬率为13.46%，高于最低投资报酬率12%，方案可行。

2. 未来每年现金净流量不相等

如果投资方案的未来每年现金净流量不相等，各年现金净流量的分布就不是年金形式，不能采用直接查阅年金现值系数表的方法来计算内含报酬率，而需要采用逐次测试法。

逐次测试法的具体做法是：根据已知的有关资料，先估计一次贴现率，来试算未来现金净流量的现值，并将这个现值与原始投资额现值比较，如果净现值大于零，为正数，表示估计的贴现率低于方案实际可能达到的投资报酬率，需要重新估计一个较高的贴现率进行试算；如果净现值小于零，为负数，表示估计的贴现率高于方案实际可能达到的投资报酬率，需要重新估计一个较低的贴现率进行试算。如此反复试算，指导净现值等于零或基本接近于零，这时所估计的贴现率就是希望求得的内含报酬率。

【例5-6】　某公司有一个投资方案，需要一次性投资120 000元，使用年限为4年，每年现金净流量分别为：30 000元、40 000元、50 000元、35 000元。投资者要求的必要报酬率为10%，要求：采用内含报酬率法评价该方案是否可行？

由于该方案每年的现金净流量不相同，需逐次测试计算方案的内含报酬率。测算过程如表 5-5 所示。

表5-5　净现值的逐次测试　　　　　　　　单位：元

年份	年现金净流量	第一次测算 8%		第二次测算 12%		第三次测算 10%	
1	30 000	0.926	27 780	0.893	26 790	0.909	27 270
2	40 000	0.857	34 280	0.797	31 880	0.826	33 040
3	50 000	0.794	39 700	0.712	35 600	0.751	37 550
4	35 000	0.735	25 725	0.636	22 260	0.683	23 905
未来现金净流量现值合计			127 485		116 530		121 765
减：原始投资额现值			120 000		120 000		120 000
净现值			7485		(3470)		1765

第一次测算，采用折现率 8%，净现值为正数，说明该方案的内含报酬率高于 8%。第二次测算，采用折现率 12%，净现值为负数，说明该方案的内含报酬率低于 12%。第三次测算，采用折现率 10%，净现值仍为正数，但已比较接近于零。因而可以估算，方案的内含报酬率在 10%～12% 之间。进一步运用插值法，得出方案的内含报酬率为 10.67%。

因为内含报酬率为 10.67%，大于投资者要求的必要报酬率 10%，所以该投资方案可行。

(二) 内含报酬率法的评价

1. 内含报酬率法的优点

首先，内含报酬率法反映了投资项目可能达到的报酬率，易于被高层决策人员所理解；其次，对于独立投资方案的比较决策，如果各方案原始投资额现值不同，可以通过计算各方案的内含报酬率，反映各独立投资方案的获利水平。

2. 内含报酬率法的缺点

计算复杂，不宜直接考虑投资风险大小；在互斥投资方案决策时，如果各投资方案的原始投资额现值不相等，有时无法做出正确决策。某一方案原始投资额低，净现值小，但内含报酬率可能较高；而另一方案原始投资额高，净现值大，但内含报酬率可能较低。

五、回收期(PP)

回收期(Payback Period，PP)是指投资项目的未来现金净流量与原始投资额相等时所经历的时间，即原始投资额通过未来现金净流量回收所需要的时间。

投资者希望投入的资本能以某种方式尽快收回来，收回的时间越长，所承担的风险就越大。因而，投资方案回收期的长短是投资者十分关心的问题，也是评价方案优劣的标准之一。用回收期指标评价方案时，回收期越短越好。

(一) 未来每年现金净流量相等

这种情况是一种年金形式，因此：

$$回收期 = \frac{原始投资额}{每年现金净流量}$$

【例 5-7】 某机械厂计划从甲、乙两种机床中选购一种。甲机床购价为 35 000 元，投入使用后每年现金净流量为 7000 元；乙机床购价 36 000 元，投入使用后每年现金净流量 8000 元。要求：用回收期指标进行决策。

$$甲机床回收期 = \frac{35\,000}{7000} = 5 \ 年$$

$$乙机床回收期 = \frac{36\,000}{8000} = 4.5 \ 年$$

计算结果表明，乙机床的回收期比甲机床短，该机械厂应选择乙机床。

(二) 未来每年现金净流量不相等

在这种情况下，应把未来每年的现金净流量逐年加总，根据累计现金净流量来确定回收期。

【例 5-8】 宝利公司有一个投资项目，需投资 150 000 元，使用期限为 5 年，每年的现金净流量不相等，资本成本率为 5%，有关资料如表 5-6 所示。

表 5-6　项目现金净流量表　　　　　　　　　　　单位：元

年　份	现金净流量	累计净流量
1	30 000	30 000
2	35 000	65 000
3	60 000	125 000
4	50 000	175 000
5	40 000	215 000

从表 5-6 的累计现金净流量栏中可见，该项目的回收期在第 3 年与第 4 年之间。为了计算比较准确的回收期，采用以下方法计算：

$$项目回收期 = 3 + \frac{150\,000 - 125\,000}{50\,000} = 3.5 \ 年$$

第四节　项目投资决策

项目投资是指将资金直接投放于生产经营实体性资产，以形成生产能力，如购置设备、建造工厂、修建设施等。项目投资一般是企业的对内投资，也包括实物性资产投资于其他企业的对外投资。

一、独立投资方案的决策

独立投资方案是指两个或两个以上项目互不依赖，可以同时并存，各方案的决策也是独立的。独立投资方案的决策属于筛分决策，平价格方案本身是否可行，即方案本身是否达到某种要求的可行性标准。独立投资方案之间比较时，决策要解决的问题是如何确定各种可行方案的投资顺序，即各投资方按时间的优先次序。排序分析时，以各独立方案的获利程度作为评价标准，一般采用内含报酬率法进行比较决策。

【例 5-9】 某企业有足够的资金准备投资于三个独立投资项目。A 项目投资额为 10 000 元，期限为 5 年；B 项目投资额为 18 000 元，期限为 5 年；C 项目投资额为 18 000 元，期限为 8 年。贴现率为 10%，其他有关资料如表 5-7 所示。

要求：如何安排投资顺序。

表 5-7　独立投资方案的可行性指标　　　　　　　　　　单位：元

项　　目	A 项目	B 项目	C 项目
原始投资额	10 000	18 000	18 000
每年 NCF	4000	6500	5000
期限	5	5	8
净现值 NPV	5164	6642	8675
现值指数 PVI	1.52	1.37	1.48
内含报酬率 IRR	28.68%	23.61%	22.28%
年金净流量 ANCF	1362	1752	1626

将上述三个方案的各种决策指标加以对比，如表 5-8 所示。

表 5-8　独立投资方案的可行性指标　　　　　　　　　　单位：元

净现值 NPV	C＞B＞A
现值指数 PVI	A＞C＞B
内含报酬率 IRR	A＞B＞C
年金净流量 ANCF	B＞C＞A

二、互斥投资方案的决策

互斥投资方案，方案之间互相排斥，不能并存，因此决策的实质在于选择最优方案，属于选择决策。选择决策要解决的问题是应该淘汰哪个方案，即选择最优方案。从选定经济效益最大的要求出发，互斥决策以方案的获利数额作为评价标准。因此，一般采用净现值法和年金净流量法进行优选决策。但由于净现值指标受投资项目寿命期的影响，因此，年金净流量法是互斥投资方案最恰当的决策方法。

(一) 项目寿命期相同，原始投资额也相同

如果是项目的寿命期相同，原始投资额也相等，则比较净现值，净现值大的方案为优。

(二) 项目寿命期相同，原始投资额不同

如果是项目的寿命期相同，但原始投资额不相等，则有两种方法：

(1) 比较现值指数，现值指数大的方案为优。

(2) 差额净现值法(ΔNPV)或差额内含报酬率法(ΔIRR)。

它是指在两个原始投资额不同方案的差量净现金流量(记作ΔNCF)的基础上，计算出差额内含报酬率(记作ΔIRR)，并与基准折现率进行比较，进而判断方案优劣的方法。

【例 5-10】 A 项目原始投资的现值为 150 万元，项目期限为 10 年，每年的现金净流量为 29.29 万元；B 项目的原始投资额为 100 万元，项目期限为 10 年，每年的现金净流量为 20.18 万元。假定基准折现率为 10%。要求：差额内含报酬率法进行投资决策。

1. 差额净现值法(ΔNPV)

(1) 计算差量现金净流量：

$$\Delta NCF_0 = -150 - (-100) = -50 \text{(万元)}$$
$$\Delta NCF_{1\sim10} = 29.29 - 20.18 = 9.11 \text{(万元)}$$

(2) 计算差额净现值ΔNPV：

$$\Delta NPV = -50 + 9.11 \times (P/A, 10\%, 10) = -50 + 9.11 \times 6.1446 \approx 5.98 \text{ 万元}$$

(3) 作出决策。因为ΔNPV = 5.78 > 0，所以应当投资 A 项目。

2. 差额内含报酬率法(ΔIRR)

(1) 计算差量现金净流量：

$$\Delta NCF_0 = -150 - (-100) = -50 \text{(万元)}$$
$$\Delta NCF_{1\sim10} = 29.29 - 20.18 = 9.11 \text{(万元)}$$

(2) 计算差额内含报酬率ΔIRR：

$$(P/A, \Delta IRR, 10) = \frac{50}{9.11} = 5.4885$$

因为

$$(P/A, 12\%, 10) = 5.6502$$
$$(P/A, 14\%, 10) = 5.2161$$

所以 12% < ΔIRR < 14%，应用插值法：

$$\frac{14\% - 12\%}{\Delta IRR - 12\%} = \frac{5.2161 - 5.6502}{5.4885 - 5.6502}$$

解得：ΔIRR = 12.74%。

(3) 作出决策。因为 $\Delta IRR = 12.74\% > i_c = 10\%$，所以应当投资 A 项目。

(三) 项目寿命期不同

1. 最小公倍数法

(1) 计算每个方案的净现值，评价其财务可行性，去掉不可行方案；

(2) 寻找可行方案寿命期的最小公倍数，作为统一的计算期。在统一的计算期内调整算出净现值；

(3) 净现值大的方案为最优方案。

【例 5-11】   A 和 B 两个方案均在建设期年末投资，它们的寿命周期分别为 10 年和 15 年，有关资料如表 5-9 所示，假定基准折现率为 12%。

表 5-9   净现金流量资料   单位：万元

年　份	项目 A	项目 B
1	−700	−1500
2	−700	−1700
3	480	−800
4～9	480	900
10	600	900
11～14		900
15		1400
净现值	756.48	795.54

据此资料按最小公倍数法做出最终投资决策的程序如下：

首先，确定 A 和 B 两个方案项目计算期的最小公倍数：计算结果为 30 年。

其次，计算在 30 年内各个方案重复的次数：A 方案重复两次(30÷10 − 1)，而 B 方案只重复一次(30÷15 − 1)。

再次，分别计算各方案调整后的净现值指标：

$$NPV_A = 756.48 + 756.48 \times (P/F，12\%，10) + 756.48 \times (P/F，12\%，20)$$
$$= 1078.47 \text{ (万元)}$$

$$NPV_B = 795.54 + 795.54 \times (P/F，12\%，15) = 940.88 \text{ (万元)}$$

因为 $NPV_A = 1078.47$ 万元 $> NPV_B = 940.88$ 万元，所以 A 方案优于 B 方案。

2. 最短寿命期法

(1) 计算每个方案原计算期内的 NPV，评价财务可行性，去掉不可行方案；

(2) 可行方案中计算原计算期内的年等额净回收额；

(3) 按照最短的计算期来计算出各可行方案的相应净现值 NPV；

(4) 选 NPV 最大的方案。

【例 5-12】   续【例 5-11】要求：最短寿命法作出投资决策。

首先，确定 A 和 B 两个方案项目最短寿命期：结果为 10 年。

其次，分别计算各方案调整后的净现值指标：

$NPV_A = 756.48$ (万元)

$NPV_B = 795.54 / (P/A，12\%，15) × (P/A，12\%，10)$

$= 795.4 × 5.6502 / 6.8109$

$= 659.97$（万元）

因为 $NPV_A = 756.48$ 万元 $> NPV_B = 659.97$ 万元，所以 A 方案优于 B 方案。

3. 年金净流量法

(1) 计算每个方案原计算期内的 NPV，评价财务可行性，去掉不可行方案；

(2) 可行方案中计算年金净流量 ANCF；

(3) 选 ANCF 最大的方案。

【例 5-13】 续【例 5-11】要求：年金净流量法作出投资决策。

$NPV_A = 756.48$(万元)

$NPV_B = 795.54$(万元)

计算两个方案的年金净流量 ANCF：

$ANCF_A = NPV_A / (P/A，12\%，10) = 756.48 ÷ 5.6502 ≈ 133.89$ 万元

$ANCF_B = NPV_B / (P/A，12\%，15) = 795.54 ÷ 6.8109 ≈ 116.80$ 万元

因为 $ANCF_A = 133.89$ 万元 $> ANCF_B = 116.80$ 万元，所以 A 方案优于 B 方案。

第五节 证券投资管理

证券资产是企业进行金融投资所形成的资产。证券投资不同于项目投资，项目投资的对象是实体性经营资产，经营资产是直接为企业生产经营服务的资产，如固定资产，无形资产等，它们往往是一种服务能力递减的消耗性资产。证券资产的对象是金融资产，金融资产是一种以凭证、票据或者合同合约形式存在的权力性资产，如股票、债券及其衍生证券等。

一、证券资产的特点

(一) 价值虚拟性

证券资产不能脱离实体资产而完全独立的存在，但证券资产的价值不是由实体资本的现实生产经营活动决定的，而是取决于契约性权利所能带来的未来现金流量，是一种未来现金流量折现的资本化价值。如债券投资代表的是未来按照合同规定收取利息和收回本金的权利。股票投资代表的是对发行股票企业的经营控制权、财务控制权、收益分配权、剩余财产追索权等股东权利。证券资产的服务能力在于它能带来未来的现金流量，按未来现金流量折现，即资本化价值，是证券资产价值的统一表达。

(二) 可分割性

实体项目投资的经营资产一般具有整体性要求，如购建新的生产能力，往往是厂房、设备、配套流动资产的结合。证券资产可以分割为一个最小的投资单位，如一股股票，一份债券，这就决定了证券资产投资的现金流量比较单一，往往由原始投资、未来收益或资本利得、本金回收所构成。

(三) 持有目的多元性

实体项目投资的经营资产往往是为消耗而持有的，为流动资产的加工提供生产条件。证券资产的持有目的是多元的，既可能是为未来积累现金即为未来变现而持有的，也有可能是为谋取资本利得即为销售而持有的，还有可能是为取得对其他企业的控制权而持有的。

(四) 强流动性

证券资产具有很强的流动性，其流动性主要表现在：变现能力强。证券资产往往都是上市证券，一般都具有活跃的交易市场可供及时转让；持有目的可以相互转换。当企业急需现金时，可以立即将为其他目的而持有的证券资产变现。证券资产本身的变现能力虽然较强，但其实际周转速度取决于企业对证券资产的持有目的。作为长期投资形式，企业持有的证券资产的周转一次一般都会经历一个会计年度以上。

(五) 高风险性

证券资产是一种虚拟资产，决定了金融投资受公司风险和市场风险双重影响，不仅发行证券资产的公司业绩影响着证券资产的投资报酬率，资本市场的市场平均报酬率变化也会给金融投资带来直接的市场风险。

二、证券资产投资的风险

证券资产的风险是投资者无法获得预期收益的可能性。按照风险性质划分，可以分为系统性风险和非系统性风险。

(一) 系统性风险

证券资产的系统性风险是指由于外部经济环境因素变化引起整个资本市场不确定性加强，从而对所有证券都产生影响的共同性风险。系统性风险影响所有证券，无法通过投资多元化的组合而加以避免，也称为不可分散风险。

1. 价格风险

价格风险是指由于市场利率上升，而使证券资产价格普遍下跌的可能性。价格风险来自于资本市场买卖双方资本供求关系的不平衡，资本需求量增加，市场利率上升，资本供应量增加，市场利率下降。

2. 再投资风险

再投资风险是指由于市场利率下降，而造成的无法通过再投资而实现预期收益的可能性。为了避免市场利率上升的价格风险，投资者可能会投资于短期证券资产，但短期证券资产又会面临市场利率下降的再投资风险，即无法按照预定报酬率进行再投资而实现所要求的预期收益。

3. 购买力风险

购买力风险是指由于通货膨胀而使货币购买力下降的可能性。在持续而剧烈的物价波动环境下，货币资产会产生购买力损益：当物价持续上涨时，货币性资产会遭受购买力损失；当物价持续下跌时，货币性资产会带来购买力收益。

(二) 非系统性风险

证券资产的非系统性风险是指由于特定经营环境或特定事件变化引起的不确定性，从而对个别证券资产产生影响的特有性风险。非系统性风险可以通过持有证券资产的多元化来抵消，也称为可分散分险。

1. 违约风险

违约风险是指证券资产发行者无法按时兑付证券资产利息和偿还本金的可能性。有价证券资产本身就是一种契约性权利资产，经济合同的任何一方违约都会给另一方造成损失。违约风险是投资于收益固定型有价证券的投资者经常面临的，多发生于债券投资中。违约风险产生的原因可能是公司产品经营不善，也可能是公司资金周转不灵。

2. 变现风险

变现风险是指证券资产持有者无法在市场上以正常的价格平仓出货的可能性。持有证券资产的投资者，可能会在证券资产持有期限内出售现有证券资产投资于另一项目，但在短期内找不到愿意出合理价格的买主，投资者就会丧失新的投资机会或面临降价出售的损失。在同一证券市场上，各种有价证券资产的变现能力是不同的，交易越频繁的证券资产，其变现能力越强。

3. 破产风险

破产风险是指在证券资产发行者破产清算时投资者无法收回应得权益的可能性。当证券资产发行者由于经营管理不善而持续亏损、现金周转不灵而无力偿还债务或其他原因导致难以持续经营时，他可能会申请破产保护。破产保护会导致债务清偿的豁免、有限责任的退资，使得投资者无法取得应有的投资收益，甚至无法收回投资的本金。

三、债券投资

(一) 债券要素

债券是依照法定程序发行的约定在一定期限内还本付息的有价证券，它反映证券发行者与持有者之间的债权债务关系。债券一般包括以下几个基本要素。

1．债券面值

债券面值是指债券设定的片面金额，它代表发行人借入并承诺于未来某一特定日偿付债券持有人的金额。债券面值包括两方面的内容：

(1) 票面币种。票面币种以何种货币作为债券的计量单位，一般而言，在国内发行的债券，发行的对象是国内有关经济实体，则选择本国货币，若在国外发行，则选择发行地国家或地区的货币或国际通用货币作为债券的币种。

(2) 票面金额。票面金额对债券的发行成本、发行数量和持有者的分布具有影响。票面金额小，有利于小额投资者购买，从而有利于债券发行，但发行费用可能增加；票面金额大，会降低发行成本，但可能减少发行量。

2．债券票面利率

债券票面利率是指债券发行者预计一年内向持有者支付的利息占票面金额的比率。票面利率不同于实际利率，实际利率是指按复利计算的一年期的利率，债券的计息和付息方式有多种，可能使用单利或复利计算，利息支付可能半年一次、一年一次、或到期一次还本付息，这使得票面利率可能与实际利率发生差异。

3．债券到期日

债券到期日是指偿还债券本金的日期，债券一般都有规定到期日，以便到期时归还本金。

(二) 债券估值

影响债券价值的因素主要有债券的面值、期限、票面利率和所采用的贴现率等因素。

典型的债券类型，是有固定的票面利率、每期支付利息、到期归还本金的债券，这种债券模式下的债券价值计量的基本模型是：

$$V = I \times (P/A，R，n) + M \times (P/F，R，n)$$

式中：V 表示债券的价值；I 表示债券各期的利息；M 表示债券的面值；R 表示债券价值评估时所采用的贴现率即期望的最低报酬率。一般来说，经常采用市场利率作为评估债券价值时所期望的最低投资报酬率。

四、股票投资

投资于股票预期获得的未来现金流量的现值，即为股票的价值或内在价值、理论价格。股票是一种权利凭证，它之所以有价值，是因为它能给持有者带来未来的收益，这种未来的收益包括各期的股利，转让股票获得的价差收益、股份公司的清算收益等。价格小于内在价值的股票，是值得投资者购买的。股份公司的净利润是决定股票价值的基础。股票给投资者带来未来收益一般是以股利形式出现的，因此也可以说股利决定了股票价值。

(一) 股票估价基本模型

从理论上说，如果股东不中转股票，股票投资没有到期日，投资于股票所得到的未来现金流量是各期的股利。假定某股票未来各期股利为 D_t（t 为期数），R_s 为估价所采用的贴现率即期望的最低收益率，股票价值的估价模型为

$$V = \frac{D_1}{(1+R_s)^1} + \frac{D_2}{(1+R_s)^2} + \frac{D_3}{(1+R_s)^3} + \cdots + \frac{D_n}{(1+R_s)^n} + \cdots$$

优先股是一种特殊的股票，优先股股东每期在固定的时点上收到相等的股利，优先股没有到期日，未来的现金流量是一种永续年金，其价值计算为

$$V = \frac{D}{R_s}$$

（二）常用的股票估价模式

与债券不同，持有期限、股利、贴现率是影响股票价值的重要因素。如果投资者准备永续持有股票，未来的贴现率也是固定不变的，那么未来各期不断变化的股利就成为评价股票价值的难题。为此，我们不得不假定未来的股利按照一定的规律变化，从而形成几种常用的股票估价模式。

1. 固定增长模式

一般来说，公司并没有把每年的盈余全部作为股利分配出去，留存的收益扩大了公司的资本额，不断增长的资本会创造更多的盈余，进一步又引起下期股利的增长。如果公司本期的股利为 D_0，未来各期的股利按照上期股利的 g 速度呈几何级数增长，根据股票估价基本模型，股票价值为

$$V = D_0 \times \frac{(1+g)^1}{(1+R_s)^1} + D_0 \times \frac{(1+g)^2}{(1+R_s)^2} + D_0 \times \frac{(1+g)^3}{(1+R_s)^3} + \cdots + D_0 \times \frac{(1+g)^n}{(1+R_s)^n} + \cdots$$

因为 g 是一个固定的常数，所以当 R_s 大于 g 时，上式可以简化为

$$V = \frac{D_1}{R_s - g}$$

2. 零增长模式

如果公司未来各期发放的股利都相等，并且投资者准备永久持有，那么这种股票与优先股是相类似的。或者说，当固定增长模式中 $g = 0$ 时，有

$$V = \frac{D}{R_s}$$

◆◆◆◆◆ **复习思考题** ◆◆◆◆◆

1. 简述项目税后现金流量计算的注意事项。
2. 简述项目投资活动评价指标。
3. 举例论述项目投资决策比较方法。

4. 简述项目投资决策的不确定性分析的种类。

5. 固定资产投资决策应考虑的决策要素有哪些?

✦✦✦✦✦　计　算　题　✦✦✦✦✦

1. 甲公司计划投资一个单纯固定资产投资项目,原始投资额为 110 万元(其中预备费 0.2 万元),全部在建设期起点一次投入,建设期 1 年,建设期资本化利息为 2 万元。投产后每年增加销售收入 90 万元。增加总成本费用 62 万元(其中含利息费用 2 万元),该固定资产预计使用 5 年,按照直线法计提折旧,预计净残值为 4 万元(与税法规定相同)。该企业由于享受国家优惠政策,项目运营期第 1~2 年所得税率为 0,运营期第 3~5 年的所得税率为 25%。已知项目的折现率为 10%,基准投资收益率为 20%。忽略营业税金及附加对决策的影响。

要求计算该项目的下列指标并判断该项目的财务可行性:

(1) 固定资产的入账价值;

(2) 运营期内每年的折旧额;

(3) 运营期内每年的息税前利润;

(4) 计算期内各年的税后现金净流量(按照调整所得税计算);

(5) 净现值、包括建设期的静态投资回收期、不包括建设期的静态投资回收期、总投资收益率。

2. 甲企业打算在 2010 年末购置一套不需要安装的新设备,以替换一套尚可使用 5 年、折余价值为 50 000 元、变价净收入为 20 000 元的旧设备。取得新设备的投资额为 175 000 元。到 2015 年末,新设备的预计净残值超过继续使用旧设备的预计净残值 5000 元。使用新设备可使企业在 5 年内,第 1 年增加息税前利润 14 000 元,第 2~4 年每年增加息前税后利润 18 000 元,第 5 年增加息前税后利润 13 000 元。新旧设备均采用直线法计提折旧。企业适用的企业所得税税率为 25%,折旧方法和预计净残值的估计均与税法的规定相同,投资人要求的最低报酬率为 12%。

要求:

(1) 计算运营期因更新设备而每年增加的折旧;

(2) 计算运营期第 1 年因旧设备提前报废发生净损失而抵减的所得税额;

(3) 计算建设期起点的差量净现金流量 ΔNCF_0;

(4) 计算运营期第 1 年的差量净现金流量 ΔNCF_1;

(5) 计算运营期第 2~4 年每年的差量净现金流量 $\Delta NCF_{2\sim4}$;

(6) 计算运营期第 5 年的差量净现金流量 ΔNCF_5;

(7) 计算差额净现值,并决定是否应该替换旧设备。

项目六　企业营运资金

学习目标

(1) 熟悉营运资金的含义和特点；

(2) 掌握企业最佳现金持有量的确定方法；

(3) 重点掌握企业应收账款管理及信用政策的确定；

(4) 掌握存货管理的内容。

【思维导图】

参照彩图 13。

案例导入

莲花味精公司巨额应收账款案例

成立于 1983 年的河南莲花味精股份有限公司(以下简称莲花味精公司)是国务院最早确定的 520 家重点企业之一，也是国家农业产业化重点龙头企业。莲花味精公司以食品生产经营为主营业务，并于 1998 年 8 月在上海证券交易所挂牌上市，2010 年末资产总额达到32.77 亿元，年产销味精 30 万吨，长期占据中国市场主导地位，号称中国味精生产龙头企业。2010 年 4 月 25 日，一则出人意料的消息使得这家企业受到广泛关注。河南莲花味精公司因"非正常调查发现公司涉嫌虚增会计利润、重大事项未披露等原因，涉嫌违反证券法律法规"，收到证监会正式立案通知书。

事实上，证监会做出上述调查与莲花味精公司应收账款结构以及坏账准备计提比例异常不无关系。年报显示，自 2007 年起公司连续几年银行借款逾期，资金链处于持续紧张状态。莲花味精公司短期借款 2007 年末为 6.10 亿元、2008 年末为 7.29 亿元、2009 年末为6.9 亿元、2010 年末为 8.32 亿元，以上短期借款均在年末逾期并且未办理展期手续。2010年，占据莲花味精公司应收账款前几位的公司为项城科茂、昆明市官渡区苏明辉干菜经营部、福建省福州市富城味精食品有限公司、杭州利清副食品经营部等非关联方，以上公司应收账款总计达到应收账款总额的 8.02%。

让人困惑的是，尽管莲花味精公司处于资金严重紧张状态，公司应收账款、其他应收款等却居高不下。截至 2010 年末，莲花味精公司应收账款总额为 7.36 亿元，其中 1 年内到期的应收账款为 1.80 亿元，占应收账款总额的 25.12%；3 年期以上的应收账款达 4.33

亿元,占应收账款总额的 61.90%。一般上市公司 1 年内到期应收账款占总应收账款比例均在 70%左右,莲花味精公司应收账款结构与同行业竞争者相比差距很大。尽管莲花味精公司过半数的应收账款账龄较长,公司却并未对此部分应收账款采取与同业竞争者相似的高比例计提坏账准备。莲花味精公司的坏账计提方法为:账龄在 1 年以内的计提 5%;1～2 年的计提 7%;2～3 年的计提 10%;3 年以上的计提 15%。而在正常情况下,上市公司对 2～3 年的应收账款大多以 20%～50%计提坏账准备,对 3 年以上的应收账款按照 50%～100%的计提坏账准备。若按此计算,2010 年末,莲花味精公司应至少再计提坏账准备 1.59 亿元,是 2010 年度莲花味精公司净利润(0.22 亿元)的 7 倍多,若按照常规方式处理应收账款,巨额的坏账不但会导致莲花味精公司的巨额亏损,甚至极有可能使得企业面临破产。莲花味精公司无疑在资产运作上存在很多问题。

第一节　现金管理

营运资金是指在企业生产经营活动中占用在流动资产上的资金。广义的营运资金指一个企业流动资产的总额;狭义的营运资金指流动资产减去流动负债后的余额。本书中的营运资金指的是狭义的营运资金,讨论的营运资金管理包括现金管理,应收账款管理及存货管理,本节主要讨论现金管理。

现金是指企业在生产经营过程中以各种货币形态存在的资金,包括库存现金、银行存款和其他货币资金。现金的特点:一方面流动性最强,能体现企业直接的支付能力和应变能力;另一方面,现金收益性最弱。现金管理的过程就是管理人员在现金的流动性与收益性之间进行权衡,既要保证正常业务经营需要,同时又要尽可能降低现金的占用量,并从暂时闲置的现金中获取最大的投资收益。

现金管理包括:编制现金收支计划,以便合理估计未来的现金需求;对日常的现金收支进行控制,力求加速回款,延缓付款;用特定的方法确定最佳现金余额,当企业的实际现金余额与最佳现金余额不一致的时候,可以采用短期筹资策略、归还借款或投资于有价证券等策略来达到理想状况。

一、持有现金的动机

企业持有现金的动机包括:交易动机、预防动机和投资动机。

(一) 交易动机

交易动机指企业为了保证日常的生产经营过程而必须持有一定量现金。企业采购原材料、支付工人工资等需要现金支持,而销售收入不一定能及时满足需要,基于这样的购、产、销等经营活动需要持有的现金,就是交易动机要求持有的现金。

(二) 预防动机

企业面临的外部环境和自身经营条件的变化,造成其现金的流入和流出经常是不确定的。为了应对这些突发事件和偶然状况,企业必须持有一定的现金来保证生产经营的正常运行,这就是预防动机要求的现金持有。

(三) 投资动机

投资动机指企业为了抓住突然出现的获利机会而持有的现金,这种机会大都一闪即逝,企业如果没有持有投机现金,就会错失机会。

企业的现金持有量一般会小于三种动机持有的现金之和,因为某一种动机持有的现金也可以用来满足其他动机的需求。

二、现金持有量的确定

企业出于各种动机而持有一定量的现金,但考虑到成本和收益的关系,必须确定最佳现金持有量。确定最佳现金持有量是现金管理的首要任务之一。

确定最佳现金持有量的方法如下:

(一) 成本分析模型

成本分析模型是根据现金有关成本,分析预测其总成本最低时现金持有量的一种方法。运用成本分析模型确定最佳现金持有量时,需要考虑因持有一定量的现金而产生的机会成本及短缺成本。

1. 机会成本

机会成本是指企业因持有一定量的现金余额而增加的管理费用及丧失的投资收益。这种投资收益是企业不能用该现金进行其他投资获得的收益,与现金持有量成正比例关系,即

$$机会成本 = 现金持有量 \times 有价证券利率$$

2. 短缺成本

短缺成本是指在现金持有量不足且不能及时筹到现金时而给企业造成的损失,包括直接损失和间接损失。这种现金的短缺成本与现金持有量成反比例关系。

运用成本分析模型确定最佳现金持有量的步骤是:

(1) 根据不同现金持有量测算并确定有关成本数值;

(2) 按照不同现金持有量及其有关成本资料编制最佳现金持有量测算表;

(3) 在测算表中找出总成本最低时的现金持有量,即最佳现金持有量。

在这种模式下,最佳现金持有量,就是持有现金而产生的机会成本与短缺成本之和最小时的现金持有量。

【例6-1】 光明公司现有 A、B、C、D 四种现金持有方案，成本资料如表 6-1 所示。

表 6-1　光明公司的备选现金持有方案

项　　目	方案 A	方案 B	方案 C	方案 D
现金持有量/万元	100	200	300	400
机会成本率	12%	12%	12%	12%
短缺成本/万元	50	30	10	0

根据表 6-1 计算的资金现金持有量测算表如表 6-2 所示。

表 6-2　光明公司现金最佳持有量测算表

方案	现金持有量/万元	机会成本/万元	短缺成本/万元	相关总成本/万元
A	100	$100 \times 12\%$	50	$12 + 50 = 62$
B	200	$200 \times 12\%$	30	$24 + 30 = 54$
C	300	$300 \times 12\%$	10	$36 + 10 = 46$
D	400	$400 \times 12\%$	0	$48 + 0 = 48$

根据以上数据分析，应该选择成本最低的 C 方案。

(二) 存货模型

1952 年美国学者 William Baumol 提出将存货经济订货批量模型原理用于确定目标现金持有量，其着眼点也是现金相关成本之和最低。

存货模型假设企业的现金收入每隔一段时间发生一次，现金支出则是在一定时期内均匀发生，在此期间企业可以通过销售有价证券获得现金，如图 6-1 所示。

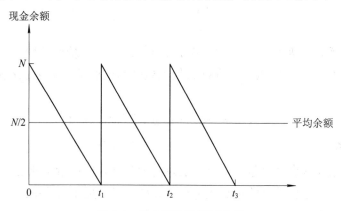

图 6-1　现金平均余额示意图

假设企业 0 时点持有现金 N 元，由于现金流入的速度小于现金流出的速度，在 t_1 时点企业的现金余额下降为零，此时，企业可以出售价值 N 元的有价证券补充现金；当现金余额在 t_2 时点时，还可以再次出售价值 N 元的有价证券，这一过程不断重复。

在存货模型下，与现金持有量有关的成本包括持有成本和转换成本。持有成本，也即机会成本，持有现金所放弃的报酬(机会成本)，通常按有价证券的利息率计算，它与现金持有量同方向变化。转换成本，也即交易成本，指有价证券与现金转换的固定成本，如经纪人费用、税及其他管理成本，只与交易的次数有关，与现金的持有量无关。

如果企业期初现金余额较大，那么持有现金的机会成本较高，但转换成本减少；如果期初现金余额较小，那么持有的机会成本低，但转换成本高。两种成本合计最小的条件下的现金余额即为最佳现金余额。运用存货模型的目的就是求出这一最佳现金余额。

假设现金持有量的总成本 TC，现金与有价证券的转换成本 b，一定时间内的现金需求总量 T，理想的现转换数量 N(最佳现金余额)，短期有价证券的利率 i，于是现金持有量总成本

$$TC = \frac{N}{2}i + \frac{T}{N}b$$

对此式求一阶导数，可以求出令总成本 TC 最小的 N 值，即

$$TC' = \left(\frac{N}{2}i + \frac{T}{N}b\right)' = \frac{i}{2} - \frac{Tb}{N^2}$$

令 $TC' = 0$，得

$$N = \sqrt{\frac{2Tb}{i}}$$

【例 6-2】　　光明公司预计全年需要现金 15 万元，现金与有价证券的转换成本为每次 200 元，有价证券的利率为 15%，则光明公司的最佳现金余额为

$$N = \sqrt{\frac{2 \times 15 \times 200}{15\%}}$$

最佳现金余额为 2 万元，说明光明公司有价证券转换为现金的次数为 7.5(15/2)次，需承担的转换成本和持有成本都是 1500 元，总成本为 3000 元。

存货模型的局限性：模型假定每期现金流出量大于现金流入量，事实上有时企业的现金流入量要大于现金流出量；而且总的来讲，现金流入量大于流出量，企业才能持续经营下去；模型假定现金流量是均匀的，且成周期性变化，实际上企业现金流量的变化存在不确定性；模型假定企业的现金补偿都来源于有价证券的出售，实际不是所有的企业都以此作为现金来源，特别在证券市场不发达的条件下。

(三) 现金周转模式

现金周转模式是按现金周转期来确定最佳现金余额的一种方法。现金周转期是指现金从投入生产经营开始，到最终转化为现金的过程，大致包括如下三个方面：存货周转期，指将原材料转化成产成品并出售所需要的时间；应收账款周转期，是指将应收账款转换为现金所需要的时间，即从产品销售到收回现金的期间；应付账款周转期，指从收到尚未付款的材料开始到现金支出之间所用的时间。

现金周转期 = 存货周转期 + 应收账款周转期 − 应付账款周转期

最佳现金余额 = (年现金需求总额 ÷ 360) × 现金周转期

现金周转模式操作比较简单，但该模式要求有一定的前提条件：首先，必须能够根据往年的历史资料准确测算出现金周转次数，并且假定未来年度与历史年度周转次数基本一致；其次，未来年度的现金总需求应根据产销计划比较准确地预计。如果未来年度的周转效率与历史年度相比较发生变化，但变化是可以预计的，那模式仍然可以采用。

(四) 随机模型

随机模式也称米勒—奥尔模型，是在现金需求难以预知的情况下进行的现金持有量确定的方法。企业可以根据历史经验和需求，预算出一个现金持有量的控制范围，制订出现金持有量的上限和下限，争取将企业现金持有量控制在这个范围之内。

1. 随机模式的原理

制订一个现金控制区域，定出上限与下限，即现金持有量的最高控制线 H 与最低控制线 L。当余额达到 H 时将现金转换为有价证券，降至 L 时将有价证券换成现金，当现金余额在 H 和 L 之间时，就不做现金与有价证券之间的转换。每天现金的流出和流入的变化是随机的和不确定的；现金净流量即现金余额的变化接近正态分布；最佳现金持有量处于正态分布中间，也是现金余额随机波动的回归线。图 6-2 对现金余额的随机波动情况进行描述。

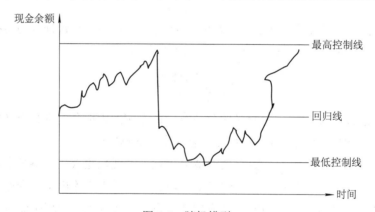

图 6-2 随机模型

2. 随机模型中两条控制线和回归线的确定

最低控制线 L 的确定取决于模型之外的因素，其数额是由现金管理部经理在综合考虑短缺现金的风险程度、公司借款能力、公司日常周转所需资金、银行要求的补偿性余额等因素的基础上确定的。

回归线的确定，$R = \sqrt[3]{(3b \times \delta^2)/4i} + L$，其中 b 为证券转换为现金或现金转换为证券的成本，δ(delta) 为公司每日现金流变动的标准差，i 为以日为基础计算的现金机会成本。

最高控制线的确定，$H = 3R - 2L$。

【例 6-3】 光明公司现金部经理决定 L 值应为 10 000 元，估计公司现金流量标准差 δ 为 1000 元，持有现金的年机会成本为 14%，换算为 i 值是 0.000 39 (14%/360)，$b = 150$ 元。则光明公司随机模型的回归线

$$R = \sqrt[3]{(3 \times 150 \times 1000^2)/(4 \times 0.000\,39)} + 10\,000 = 16\,607 \ (\text{元})$$

最高控制线

$$H = 3 \times 16\,607 - 2 \times 10\,000 = 29\,821 \ (\text{元})$$

三、现金的日常控制

(一) 现金流动同步化

企业的现金流很难准确预测，因为有很多不确定性会影响现金流的大小，为了应对这些不确定性，企业通常需要保留的现金往往大于最佳现金持有量。为了尽量减少企业持有现金带来的成本增加和盈利减少，企业管理人员需要提供预测和管理的能力，使现金流入和流出趋于合理，实现同步化的理想效果。现金流同步化的实现可以使企业的现金余额减少到最小，从而减少持有成本，提高企业的利润。

(二) 合理估计浮存

浮存是指企业账簿中的现金余额与银行记录中的现金余额的差额。由于企业支付、收款与银行转账业务之间存在时滞，这会使企业账簿与银行记录之间出现差异。财务人员必须了解这个差异，以正确判断企业的现金持有情况，避免出现高估或低估企业现金余额的错误。

(三) 实行内部牵制制度

在现金管理中要遵循会计准则的规定，实行管钱的不管账，管账的不管钱，使出纳人员和其他空间人员互相牵制，互相监督。凡有库存现金收付，坚持复核制度，减少差错。出纳人员调换时，必须办理交接，做到责任明确。

(四) 及时进行现金的清理

在现金的日常管理中，库存现金的收支要做到日清月结，确保库存现金的账面余额与实际余额相符；银行存款账户余额与银行存款对账单余额相符；现金日记账余额与现金、银行存款总账余额分别相符合。

第二节　应收账款与信用政策

随着市场经济的发展，企业通过提供商业信用，采取赊销、分期付款等方式可以扩大销售，增强竞争力，获得利润。因此应收账款数额越来越多，在企业短期资产中所占的份额越来越大，应收账款逐渐成为企业短期资产的一个重要项目。

一、应收账款的功能

企业持有应收账款意味着一部分资金被客户占用，而且持有应收账款也需要成本，企业之所以还愿意持有应收账款，是由应收账款的功能决定的。应收账款主要有以下几方面功能。

(一) 增加销售

随着市场经济的发展，企业面临的经营环境越来越复杂，为了扩大销售、增加利润，企业一般采取持有应收账款的政策，先将产品赊销给客户，到一定时间后收回货款，即便买方目前资金紧张、资金周转困难，也能按时购买产品，无疑可以扩大销售。

(二) 开拓新市场

企业为了开拓新市场、扩大市场占有率，一般会采取较优惠的信用条件进行销售，通过持有应收账款的形式，实际上是向顾客提供了两项交易：向顾客销售产品以及在一个有限的时期内向顾客提供资金。由于企业提供了商业信用，故在销售中实际上给了购货方一笔无息贷款，很显然会起到吸引客户、开拓市场的作用。

(三) 减少存货

某些商品销售的淡季，企业的产成品存货积压很多，企业持有产成品存货，要支付管理费、财产税和保险费等基本费用成本，相反，企业进行赊销，持有应收账款就无需支付上述费用。因此，这些企业一般会在淡季采用优惠的信用条件进行赊销，以便把存货转化成应收账款，降低各种费用支出。

二、应收账款的成本

应收账款作为企业扩大销售和盈利进行的投资，也会发生一定的成本。应收账款的成本主要有：

(一) 应收账款的机会成本

应收账款的机会成本指企业因为投资于应收账款而放弃其他投资所带来的收益。计算公式如下：

应收账款平均余额 = 日销售额 × 平均收现期

应收账款占用资金 = 应收账款平均余额 × 变动成本率

应收账款占用资金的应计利息(即机会成本) = 应收账款占用资金 × 资本成本

= 应收账款平均余额 × 变动成本率 × 资本成本

= 日销售额 × 平均收现期 × 变动成本率 × 资本成本

$$= \frac{\text{全年销售额}}{360} \times \text{平均收现期} \times \text{变动成本率} \times \text{资本成本}$$

$$= \frac{全年销售额 \times 变动成本率}{360} \times 平均收现期 \times 资本成本$$

$$= \frac{全年变动成本}{360} \times 平均收现期 \times 资本成本$$

其中平均收现期在有现金折扣条件的情况下，则用加权平均数作为平均收现期。在没有现金折扣条件的情况下，以信用期作为平均收现期。

(二) 应收账款的管理成本

应收账款的管理成本指企业对应收账款进行管理时所增加的费用。它主要包括：调查顾客信用状况的费用、收集各种信息的费用、账簿的记录费用、收账费用等。

(三) 应收账款的坏账成本

应收账款的坏账成本指在赊销交易中，债务人由于种种原因无力偿还债务，债权人就有可能无法收回应收账款而发生损失。

三、应收账款管理的目标

应收账款管理的目标，是要制定科学合理的应收账款信用政策，并在这种信用政策所增加的销售盈利和采用这种政策预计要担负的成本之间做出权衡。只有当所增加的销售盈利超过运用此政策所增加的成本时，才能实施和推行使用这种信用政策。

四、信用政策

应收账款的管理政策即信用政策，是企业对应收账款投资进行规划和控制的基本原则和行为规范。制定合理信用政策，是加强应收账款管理，提高应收账款投资效益的重要前提。

公司应该建立一套程序，使得免于在每次收到订单时都要对贷款进行评估。这套程序的一个简单方法是给每个客户建立一个信贷额度，它是公司每次允许对某个客户的最大信用额度。事实上信用额度代表了公司愿意承担的最大风险。信贷额度必须定期重新评估，以确保它与应收账款的变化保持一致。

(一) 信用标准

信用标准是指企业同意向顾客提供商业信用而提出的基本要求，是企业愿意承担的最大的付款风险金额。通常以预期的坏账损失率为评判标准。企业执行的信用标准如果过于严格，虽然可以减少坏账损失、减少应收账款的机会成本，但不利于扩大企业销售量甚至会因此限制企业的销售机会；企业执行信用标准如果过于宽松，可能会对不符合可接受信用风险标准的客户进行赊销，可能会扩大销售，但会增加应收账款的管理成本与坏账成本。企业应该根据具体情况进行定性或定量分析并权衡。

(二) 信用条件

信用条件是指企业要求顾客支付赊销款项的条件, 包括信用期限、折扣期限和现金折扣。信用期限是企业允许顾客从购货到付款之间的最长时间。折扣期限是为顾客规定的可享受现金折扣的付款时间。现金折扣是在顾客提前付款时给予的优惠, 向顾客提供这种价格上的优惠, 主要目的在于吸引顾客为享受优惠而提前付款, 缩短企业的平均收款期。提供较优惠的信用条件能增加销售量, 但也会带来额外的应收账款的机会成本、坏账成本、现金折扣成本。

举例说明信用条件变化的影响。

【例 6-4】 某企业采用 30 天按发票金额付款的信用政策(即无现金折扣), 拟将信用期间放宽至 60 天, 仍按发票金额付款, 假设等风险投资的最低报酬率为 15%, 其他有关数据见表 6-3。要求分析该企业应否将信用期改为 60 天。

表 6-3 某企业信用期决策数据

项　　　目	信用期 30 天	信用期 60 天
全年销售量(件)	100 000	120 000
全年销售额(元)	500 000	600 000
全年销售成本(元)		
变动成本(每件 4 元)	400 000	480 000
固定成本	50 000	50 000
毛利(元)	50 000	70 000
可能发生的收账费用(元)	3000	4000
可能发生的坏账费用(元)	5000	9000

分析时, 先计算放宽信用期得到的收益, 然后计算增加的成本, 最后根据两者比较的结果作出判断。

(1) 计算增加的收益。

增加的收益 = 销售量的增加 × 单位边际贡献 = (120 000 − 100 000) × (5 − 4) = 20 000 (元)

(2) 计算增加的应收账款机会成本。

30 天信用期应计利息 = (500 000 ÷ 360) × 30 × (400 000 ÷ 500 000) × 15% = 5000 (元)

60 天信用期应计利息 = (600 000 ÷ 360) × 60 × (480 000 ÷ 600 000) × 15% = 12 000 (元)

增加的机会成本 = 12 000 − 5000 = 7000 (元)

(3) 计算增加的收账费用和坏账损失。

增加的收账费用 = 4000 − 3000 = 1000 (元)

增加的坏账损失 = 9000 − 5000 = 4000 (元)

(4) 计算改变信用期增加的税前净损益。

增加的收益 − 增加的成本费用 = 20 000 − (7000 + 1000 + 4000) = 8000 (元)

由于增加的收益大于增加的成本，故应采用 60 天的信用期。

【例 6-5】 沿用例 6-4 的数据，假设上述 30 天信用期改为 60 天后，因销售量增加，平均存货水平将从 9000 件上升到 20 000 件，每件存货成本按变动成本 4 元计算，其他情况依旧。

存货增加占用资金的应计利息 = (20 000 − 9000) × 4 × 15% = 6600 (元)

改变信用期增加的税前收益 = 8000 − 6600 = 1400 (元)

因为仍然可以获得税前收益，所以尽管会增加平均存货，还是应该采用 60 天的信用期。

【例 6-6】 沿用上述信用期决策的数据，假设该企业在放宽信用期的同时，为了吸引顾客尽早付款，提出了 0.8/30，N/60 的现金折扣条件，估计会有一半的顾客(按 60 天信用期所能实现的销售量计算)将享受现金折扣优惠。

(1) 计算增加的收益。

增加的收益 = 增加的销售量 × 单位边际贡献 = (120 000 − 100 000) × (5 − 4) = 20 000 (元)

(2) 计算增加的应收账款占用资金的应计利息。

应收账款平均收现期 = 30 × 50% + 60 × 50% = 45 (天)

提供现金折扣的应计利息 = $\dfrac{600\,000}{360}$ × 45 × 80% × 15% = 9000 (元)

增加应收账款占用资金的应计利息 = 9000 − 5000 = 4000 (元)

(3) 计算增加的收账费用和坏账损失。

收账费用增加 = 4000 − 3000 = 1000 (元)

坏账损失增加 = 9000 − 5000 = 4000 (元)

(4) 计算增加的现金折扣成本。

现金折扣成本增加 = 新的销售水平 × 享受现金折扣的顾客比例 × 新的现金折扣率
　　　　　　　　− 旧的销售水平 × 享受现金折扣的顾客比例 × 旧的现金折扣率
　　　　　　　= 600 000 × 50% × 0.8% − 0 = 2400 (元)

(5) 计算提供现金折扣后增加的税前净损益。

增加的收益 − 增加的成本费用 = 20 000 − (4000 + 1000 + 4000 + 2400) = 8600 (元)

由于可获得税前收益，故应当放宽信用期，提供现金折扣。

(三) 收账政策

收账政策指信用条件被违反时，企业采取的收账策略。企业如果采用较积极的收账策略，可能会减少应收账款，减少坏账损失，但会增加收账成本；如果采用较消极的收账政策，则可能会增加应收账款，增加坏账损失，但会减少收账费用。企业需要参照信用标准、信用条件来评价收账政策。

五、应收账款的监控

企业需要监督和控制其实施的信用政策形成的每一笔应收账款和应收账款总额。例如，可以通过应收账款的周转天数衡量需要多长时间收回应收账款，可以通过账龄分析表追踪每一笔应收账款，可以通过 ABC 分析法来确定重点监控的对象等。

(一) 应收账款的周转天数

应收账款周转天数或平均收账期是衡量应收账款管理状况的一种方法。应收账款周转天数与规定的信用期限、历史趋势以及行业正常水平进行比较，反映了企业整体的收款效率。但是应收账款周转天数可能会被销售量的变动趋势和剧烈的销售季节性所破坏。

【例 6-7】　假设某企业 2016 年 3 月底应收账款余额为 285 000 元，信用条件为在 60 天按全额付清货款，过去三个月的赊销情况为

一月份：90 000 元；二月份：105 000 元；三月份：115 000 元。

应收账款周转天数的计算：

$$平均日销售额 = \frac{90\,000 + 105\,000 + 115\,000}{90} = 3444.4\,(元)$$

$$应收账款周转天数 = \frac{期末应收账款}{平均日销售额} = \frac{285\,000}{3444.4} = 82.74\,(天)$$

平均逾期天数的计算：

平均逾期天数 = 应收账款周转天数 − 平均信用期天数 = 82.74 − 60 = 22.74 (天)

(二) 账龄分析表

账龄分析表将应收账款划分为未到信用期的应收账款和以 30 天为间隔的逾期应收账款，这是衡量应收账款管理状况的另外一种方法。公司既可以按应收账款总额进行账龄分析，也可以分顾客进行账龄分析。通过账龄分析法可以确定逾期应收账款，随着逾期时间的增加，应收账款收回的可能性越来越小。

假设信用期为 30 天，表 6-4 的账龄分析表反映出 30% 的应收账款为逾期账款。

表 6-4　账龄分析表

账龄 (天)	应收账款金额 (元)	占应收账款的百分比
0～30	1750 000	70%
31～60	375 000	15%
61～90	250 000	10%
91 以上	125 000	5%
合计	2 500 000	100%

账龄分析表比计算应收账款周转天数更能揭示应收账款变化趋势，因为账龄分析表给出了应收账款分布的模式，而不仅仅是一个平均数。应收账款周转天数有可能与信用期限相一致，但总会有些逾期很严重的账户。因此，应收账款周转天数不能明确账款拖欠的具体情况。当每个月的销售额变化很大时，账龄分析表和应收账款周转天数都有可能发出类似的错误信号。

(三) 应收账款账户余额的模式

应收账款账户余额的模式，反映了一定期间(如一个月)的赊销额，在发生赊销的当月月末及随后的各月仍未偿还的百分比(余额)。企业收款的历史决定了其正常的应收账款余额的模式，企业管理部门通过将当前的模式和过去的模式进行对比来评价应收账款的账户余额模式的任何变化。企业还可以运用应收账款账户余额的模式来进行应收账款金额水平的计划，衡量应收账款的收账效率以及预测未来的现金流。

【例 6-8】　某企业 1 月份销售额为 250 000 元，收款模式见表 6-5。要求计算 1 月份的销售在 3 月末仍未收回的应收账款。

表 6-5　各月份销售及收款情况　　　　　　　　　　　单位：元

1 月份销售		250 000
1 月份收款(销售额的 5%)	250 000 × 5%	12 500
2 月份收款(销售额的 40%)	250 000 × 40%	100 000
3 月份收款(销售额的 35%)	250 000 × 35%	87 500
收款合计		200 000
1 月份的销售仍未收回的应收账款	250 000 − 200 000	50 000

1 月份的销售仍未收回的应收账款 250 000 − 200 000 = 50 000 (元)

计算未收回应收账款的另外一种方法：

将销售 3 个月后未收回销售额的百分比(20%)乘以销售额，即

$$250\ 000 \times 20\% = 50\ 000\ (元)$$

【例 6-9】　下面提供一个应收账款账户余额模式的例子如表 6-6 所示。收款模式如下：

(1) 销售的当月收回销售额的 5%；

(2) 销售后的第一月收回销售额的 40%；

(3) 销售后的第二月收回销售额的 35%；

(4) 销售后的第三月收回销售额的 20%。

表 6-6　各月份应收账款账户余额模式　　　　　　　　　单位：元

月　份	销售额 (元)	月销售中于 3 月末仍未收回的金额 (元)	月销售中于 3 月末仍未收回的百分比
1	250 000	50 000	20%
2	300 000	165 000	55%
3	400 000	380 000	95%
4	500 000		

3 月末未收回的应收账款余额合计为

$$50\ 000 + 165\ 000 + 380\ 000 = 595\ 000(元)$$

4 月份现金流入估计 = 4 月份销售额的 5% + 3 月份销售额的 40%

+ 2 月份销售额的 35% + 1 月份销售额的 20%

4 月份现金流入 = 500 000 × 5% + 400 000 × 40% + 300 000 × 35% + 250 000 × 20%

$$= 340\ 000\ (元)$$

(四) ABC 分析法

ABC 分析法又称"重点管理法",它是将企业的所有欠款客户按其金额的多少进行分类排队,然后分别采取不同的收账策略的一种方法。

【例 6-10】 某公司应收账款逾期金额为 260 万元,为了及时收回逾期货款,公司采用 ABC 分析法来加强应收账款回收的监控。具体数据如表 6-7 所示。

表 6-7　欠款客户 ABC 分类法(共 50 家客户)

顾客	逾期金额(万元)	逾期期限	逾期金额所占比重(%)	类别
A	85	4 个月	32.69	
B	46	6 个月	17.69	A
C	34	3 个月	13.08	
小计	165		63.46	
D	24	2 个月	9.23	
E	19	3 个月	7.31	
F	15.5	2 个月	5.96	B
G	11.5	55 天	4.42	
H	10	40 天	3.85	
小计	80		30.77	
I	6	30 天	2.31	
J	4	28 天	1.54	C
…	…	…	…	
小计	15		5.77	
合计	260		100	

A 类逾期金额比重大,占客户数量的比例低,应作为催款的重点;C 类逾期金额比重小,占客户数量比例高;B 类介于 A、C 之间。

对这三类不同的客户,应采取不同的收款策略。例如,对 A 类客户,可以发出措辞较为严厉的信件催收,或派专人催收,或委托收款代理机构处理,甚至可通过法律解决;对 B 类客户则可以多发几封信函催收,或打电话催收;对 C 类客户只需要发出通知其付款的信函即可。

六、应收账款日常管理

应收账款的管理难度较大,在确定合理的信用政策以后,还要做好应收账款的日常管理工作,包括对客户的信用调查和分析评价,以及应收账款的催收等。

(一) 调查客户信用

信用调查是指收集和整理反映客户信用状况的有关资料的工作，是企业应收账款日常管理的基础，是正确评价客户信用的前提条件。信用调查的方法主要包括两种：直接调查和间接调查。

直接调查是指调查人员通过与被调查单位进行直接接触，通过当面采访、询问、观看等方式获取信用资料的一种方法。直接调查可以保证收集资料的准确性和及时性，但也会有一定的局限，若不能得到被调查单位的合作，则调查工作很难展开。

间接调查是以被调查单位以及其他单位保存的有关原始记录和核算资料为基础，通过加工整理获得被调查单位信用资料的一种方法。资料一般包括：财务报表及信用评级机构、银行等其他途径获得的资料。

(二) 评估客户信用

企业一般采用 5C 系统来评价客户的信用，并对客户进行等级划分。在信用等级方面主要有两种：一种是三类九等，即将企业信用状况分为 AAA、AA、A、BBB、BB、B、CCC、CC、C 九等，其中 AAA 为信用最高等级；另一种是三级制，即分为 AAA、AA、A 三个信用等级。

(三) 收账的日常管理

企业应采取各种措施，尽量按期收回应收账款，这就需要对收账的成本和收益进行比较权衡，制订有效的收账政策，可以采取寄账单、电话催收、派人上门催收、法律诉讼等方式进行。

(四) 应收账款保理

应收账款保理指企业将赊销形成的未到期应收账款在满足一定条件的情况下，转让给保理商(商业银行)，以获得银行的流动资金支持，加快资金周转。应收账款保理的作用：融资，减轻企业应收账款管理负担，减少坏账损失，降低经营风险，改善企业的财务结构(应收账款与货币资金的置换)等。

第三节　存货管理

一、存货管理的目标

存货包括各类材料、在产品、半成品、产成品或库存商品以及包装物、低值易耗品、委托加工物资等，一般分为原材料存货、在产品存货和产成品存货。

存货是流动资产中流动性较差、变现能力较弱的资产，在一般企业短期资产中占有比重较大，一般为 40%～60%。存货资产在流动资产中比重的大小，也直接关系着企业流动资产的周转速度，进而影响企业的短期偿债能力。同一企业存货比重的大小，与市场条件和企业的经营状况有直接联系。比重过大，会导致资金的大量闲置和沉淀，影响资产的使用效率。因此存货管理的目标就是在保证生产或销售需要的同时，最大限度地降低存货成本，主要表现在以下几个方面：

(一) 保证生产顺利进行

生产过程中需要的原材料和在产品，是生产的物质保证。为保障生产的正常进行，必须储备一定量的原材料，否则可能会造成生产中断、停工待料的现象。尽管当前部分企业的存货管理已经实现计算机自动化管理，但要实现存货为零的目标实属不易。

(二) 有利于销售

一定数量的存货储备能够增加企业在生产和销售方面的机动性和适应市场变化的能力。当企业市场需求量增加时，若产品储备不足就有可能失去销售良机。同时，由于顾客为节约采购成本和其他费用，一般可能批量采购；企业为了达到运输商的最优批量也会组织成批发运。所以保持一定量的存货是有利于市场销售的。

(三) 便于维持均衡生产，降低产品成本

有些企业产品属于季节性产品或需求波动较大的产品，此时若根据需求状况组织生产，则可能有时生产能力得不到充分利用，有时又超负荷生产，造成产品成本的上升。为了降低产品成本，实现均衡生产，就要储备一定的产成品存货，并应相应的保持一定的原材料存货。

(四) 降低存货取得成本

一般情况下，当企业进行采购时，进货成本与采购物资的单价和采购次数有密切关系。而许多供应商为鼓励客户多购买其产品，往往在客户采购批量达到一定数量时，给予价格折扣，所以企业通过大批量集中进货，既可以享受价格折扣，降低购置成本，也因减少订货次数，降低了订货成本，使总的进货成本降低。

(五) 防止意外事件的发生

企业在采购、运输、生产和销售过程中，都有可能发生意料之外的事故，保持必要的存货保险储备，可以避免和减少意外事件的损失。

二、存货的成本

存货相关的成本包括取得成本、储存成本和缺货成本。

(一) 取得成本

取得成本(TC_a)指为取得某种存货而支取的成本，分为订货成本和购置成本。

1. 订货成本

订货成本指取得订单的成本，如办公费、差旅费、邮资、通讯费、运输费等支出，可以分为固定的订货成本和变动的订货成本。固定的订货成本(F_1)指与订货次数无关的支出，如常设机构的基本开支等；变动的订货成本(K)指与订货次数有关的支出，如差旅费、邮资、通讯费等。存货年需要量(D)与每次进货量(Q)之商等于订货次数。

$$\text{订货成本} = F_1 + \frac{D}{Q} \times K$$

2. 购置成本

购置成本指为购买存货而发生的成本，即存货本身的价值。购置成本等于年需要量(D)与单价(U)之积。

存货的取得成本 = 订货成本 + 购置成本

= 订货的固定成本 + 订货的变动成本 + 购置成本

$$\text{TC}_a = F_1 + \frac{D}{Q} \times K + D \times U$$

(二) 储存成本

储存成本指保持存货而发生的成本，包括存货占用资金应计的利息、仓库费用、保险费用、存货破损和变质损失等，通常用 TC_c 表示。储存成本分为固定存储成本和变动存储成本。固定存储成本(F_2)指与存货数量的多少无关的成本，包括仓库折旧、仓库职工的固定工资等。变动的存储成本与存货的数量有关，包括存货资金的应计利息、存货的破损和变质损失、存货的保险费等。单位变动储存成本通常用 K_c 表示。

储存成本 = 固定的存储成本 + 变动的存储成本

$$\text{TC}_c = F_2 + \frac{Q}{2} \times K_c$$

(三) 缺货成本

缺货成本(TC_s)是指由于存货供应中断而造成的损失，包括材料供应中断造成的停工损失、产成品库存缺货造成的拖欠发货损失和丧失销售机会的损失及造成的商誉损失等。如果企业紧急需要购入代用材料解决库存材料中断之急，则缺货成本表现为紧急额外购入成本。

储备存货的总成本(TC)的计算公式：

$$\text{TC} = F_1 + \frac{D}{Q} \times K + D \times U + F_2 + \frac{Q}{2} \times K_c + \text{TC}_s$$

企业存货的最优就是使企业存货总成本(TC)最小。

三、最优存货量的确定

存货的决策涉及的活动包括决定进货项目、选择供应单位、决定进货时间和决定进货批量。存货管理的目的就是需要通过决定恰当的进货批量和进货时间使得存货总成本最低，这个进货批量就是经济订货批量，主要采取经济订货模型加以计算。

(一) 经济订货基本模型

经济订货量，也称经济批量(EOQ)，指一定时期内订货成本和储存成本最低时的采购批量。订货成本和储存成本与订货量成反比例关系，订货量越大，企业储存的存货越多，其储存成本就上升；同时，订货次数减少，企业的订货成本将会下降。如果降低订货批量就会降低其储存成本，但由于订货次数增加，订货成本将会上升。可见，随着订购批量的变化，订货成本和储存成本此消彼长，而确定经济订货批量就是要确定这两种成本之和最小的订购批量。

1. 经济订货批量的基本模型

经济订货批量的基本模型有下列假设条件：

(1) 企业能够及时补充存货，即需要订货时便可立即取得存货；

(2) 能集中到货，而不是陆续入库；

(3) 不允许缺货，即无缺货成本，TC_s 为零，这是因为良好的存货管理本来就不应该出现缺货成本；

(4) 需求量稳定，并且能预测，即 D 为已知常量；

(5) 存货单价不变，不考虑现金折扣，即 U 为已知常量；

(6) 企业现金充足，不会因现金短缺而影响进货；

(7) 所需存货市场供应充足，不会因买不到需要的存货而影响其他。

2. 经济订货批量的计算

有了以上的假设，上述的总成本公式可以简化为

$$TC = F_1 + \frac{D}{Q} \times K + D \times U + F_2 + \frac{Q}{2} \times K_c$$

当 F_1、K、D、U、F_2、K_c 为常数时，TC 的大小取决于 Q。为了求出 TC 的极小值，对其进行求导，得出经济订货批量

$$EOQ = \sqrt{\frac{2KD}{K_c}}$$

同时可得每年最佳订货次数

$$N = \sqrt{\frac{K_c D}{2K}}$$

最佳订货周期

$$T = \sqrt{\frac{2K}{DK_c}}$$

最佳存货储备总成本

$$TC = \sqrt{2KDK_c}$$

(二) 经济订货基本模型的扩展

1. 再订货点(R)

为了保证政策的生产和销售，企业必须在材料用完之前就订货，可是，究竟在上一批货购入的存货还要多少时订购下一批货呢？这就是接下来要讨论的再订货点的问题。确定再订货点需要考虑：平均每天的耗用量(d)，平均交货时间(L)。

再订货点 $R = L \times d$。

【例6-11】　某公司每天正常耗用乙零件10件，订货的提前期为20天，计算其再订货点 $R = L \times d = 10 \times 20 = 200$ (件)。

企业在乙零件还有200件时就应该订货，等到下一批订货到达时(再次订货的订单发出20天后)，库存刚好用完。也就是说，订货提前期对经济订货批量并无影响，每次订货批量、订货次数、订货间隔等与瞬时补充相同。

2. 保险储备

前面讨论的经济订货批量是以供需稳定为前提的，但实际情况并非完全如此，企业对存货的需求量可能发生变化，交货时间也可能会延误。在交货期内，如果发生需求量增大或交货时间延长，就会发生缺货。为防止缺货造成的损失，企业应有一定的保险储备。此时的再订货点就等于交货期内的预计需求量与保险储备之和。即

再订货点 = 预计交货期内的需求 + 保险储备

如果保险储备不足，就会发生缺货损失。

缺货损失 = 年订货次数 × 缺货数量 × 缺货概率 × 单位缺货损失

【例6-12】　恒源公司计划年度耗用某材料100 000千克，材料单价50元，经济订货批量为25 000千克，全年订货次数4次(100 000/25 000)，预计交货期内的需求为1200千克。单位材料年储存成本为材料单价的25%，单位材料的缺货损失为24元。在交货期内，生产需求量及其概率如表6-8所示。

表6-8　生产需求量及其概率分布

生产需要量(千克)	1000	1100	1200	1300	1400
概率	0.1	0.2	0.4	0.2	0.1

该企业最佳保险储备的计算如表6-9所示。

表6-9 保险储备分析 单位：元

保险储备量 （千克）	缺货量 （千克）	缺货 概率	缺货损失	储存成本	总成本
0	100	0.2	4×100×0.2×24=1920	0	3840
	200	0.1	4×200×0.1×24=1920	0	
			合计 3840	0	
100	100	0.1	4×100×0.1×24=960	100×50×0.25=1250	2210
200	0	0	0	200×50×0.25=2500	2500

从表6-9可以看出，当保险储备为100千克时，缺货损失与储存成本之和最低，因此，企业的保险储备量为100千克比较合理。

四、存货的控制系统

(一) ABC控制系统

ABC控制法就是把企业各类存货依据其重要程度、价值大小或资金占用等标准分为三大类：A类，价值最高的存货，品种数量约占所有存货的10%～15%，但是价值约占所有存货的50%～70%；B类中等价值存货，品种数量约占所有存货的20%～25%，但是价值约占所有存货的15%～20%；C类价值最低的存货，品种数量约占所有存货的60%～70%，但是价值约占所有存货的10%～35%。针对不同类别的存货要采取不同的管理方法：A类存货应重点管理，重点控制，严格管理；B类存货次重点控制管理；C类存货只一般管理。

(二) 适时制库存控制系统

适时制库存控制系统又称零库存管理、看板管理系统，最早由丰田公司提出并用于实践，指企业事先跟供应商和客户协调好，只有制造企业在生产过程中需要原材料和零件时，供应商才送货；产品一生产出来就会被客户买走。这样制造商的存货水平就会大幅下降，但是这种适时制控制系统需要稳定而标准的生产程序和诚信的供应商，以避免出现差错而造成企业停产。越来越多的企业开始采用这种控制系统，比如丰田、沃尔玛、海尔等。

❖❖❖❖❖ **复习思考题** ❖❖❖❖❖

1. 什么是营运资本，营运资本包括哪些内容。
2. 应收账款管理的目标是什么，应收账款政策包括哪些内容。
3. 存货规划需要考虑哪些问题。

✦✦✦✦✦ 计　算　题 ✦✦✦✦✦

1. 某公司准备实施更为严格的信用政策，当前政策和新政策的数据如表所示。假设该公司应收账款的机会成本率为 10%，那么该公司是否应实施新的信用政策。

项　目	当前信用政策	新信用政策
年销售收入 (元)	15 000	14 000
销售成本率 (%)	75	45
坏账占销售收入的比例 (%)	5	2
收现期 (天)	60	30

2. 某企业全年需要某种零件 5000 件，每次订货成本为 300 元，每件年储存成本为 3 元，最佳经济订货批量是多少？如果每件价格 35 元，一次订购超过 1200 件可得到 2% 的折扣，则企业应选择以多大批量订货？

项目七　企业收入与利润分配

学习目标 ✍

(1) 熟悉企业利润分配的程序；

(2) 掌握企业股利的种类及其发放程序；

(3) 重点掌握股利政策的内容和评价指标；

(4) 掌握股票分割和股票回购。

【思维导图】

参照彩图 14。

案例导入 🗒

苹果计算机公司创立于 1976 年，到 1980 年，该公司研制生产的家用电脑已经销售 13 万多台，销售收入达到 1.17 亿美元。1980 年苹果公司首次公开发行股票上市。上市以后，公司得到快速成长，到 1986 年，公司的销售收入已经达到 19 亿美元，实现净利润 1.54 亿美元。1980—1986 年，苹果公司净利润增长率达到 53%。1986 年，苹果公司与马克公司联合进入办公电脑市场。办公电脑市场的主要竞争对手是实力非常强大的 IBM 公司。尽管竞争非常激烈，1987 年，苹果公司仍然取得了骄人的成绩，销售收入实现 42% 的增长。但是，人们仍然对苹果公司能否持续增长表示怀疑。为了增长投资者的信心，特别是吸引更多的机构投资者，苹果公司在 1987 年 4 月 23 日宣布首次分配季度股利，每股支付现金股利 0.12 美元，同时按照 1：2 的比例进行股票分割(即每 1 股分拆为 2 股)。股票市场对苹果公司首次分配股利反映非常强烈，股利分配方案宣布当天，股价就上涨了 1.75 美元，在 4 个交易日里，股价上涨了约 8%。在之后的三年多时间里，苹果公司的经营业绩保持良好的增长，截至 1990 年，实现销售收入 55.58 亿美元，净利润 4.75 亿美元，1986—1990 年，销售收入平均年增长率为 31%，净利润平均年增长率 33%。但是，1990 年后，苹果公司的业绩开始逐年下降，1996 年亏损 7.42 亿美元，1997 年亏损 3.79 亿美元。苹果公司的股票价格也从 1990 年的 48 美元/股跌到 1997 年的 24 美元/股。尽管经营业绩发生较大变化，但苹果公司从 1987 年首次分配股利开始，一直坚持每年支付大约每股 0.45 美元的现金股利，直到 1996 年，由于经营的困难，不得不停止发放股利。

第一节　收入管理

企业业务收入的范围包括销售收入、转让收入、投资收入等，销售收入是企业收入的主体，本节所指收入主要指销售收入，即企业在日常经营活动中，由于销售产品、提供劳务等所形成的经济利益流入。

企业销售收入是企业的主要财务指标，是企业资金运动的起点和终点，具有重要的经济意义。它是企业简单再生产和扩大再生产的资金来源，是加速资金周转的前提，所以必须加强企业销售收入的管理。销售收入大小的制约因素主要是产品的销售数量和销售价格，因此，企业在经营管理过程中一定要做好销售预测分析以及销售定价管理。

一、销售预测分析

销售预测分析是指通过市场调查，以有关的历史资料和各种信息为基础，运用科学的预测方法或管理人员的实际经验，对企业产品在计划期间的销售量或销售额作出预计或估量的过程。企业在进行销售预测时，应充分研究和分析企业产品销售的相关资料，诸如产品价格、产品质量、售后服务、推销方法等；此外，对企业所处的市场环境、物价指数、市场占有率及经济发展趋势等情况也应进行研究分析。销售预测的方法有很多种，主要包括定性分析法和定量分析法。

(一) 销售预测的定性分析法

定性分析法即非数量分析法，是指由专业人员根据实际经验，对预测对象的未来情况及发展趋势作出预测的一种分析方法。它一般适用于预测对象的历史资料不完备或无法进行定量分析时，主要包括营销员判断法、专家判断法和产品寿命周期分析法。

1. 营销员判断法

营销员判断法，又称意见汇集法，是由企业熟悉市场情况及相关变化信息的营销人员对市场进行预测，再将各种判断意见加以综合分析、整理，并得出预测结论的方法。企业营销人员能充分了解市场现状以及本企业的生产、销售情况，因此也就在一定程度上保证了预测的准确性。这种方法的优点在于用时短、成本低、比较实用。但是这种方法单纯靠营销人员的主观判断，具有较多的主观因素和较大的片面性。

2. 专家判断法

专家判断法是专家根据他们的经验和判断能力对特定产品的未来销售量进行预测的方法。其主要有以下三种不同形式：

(1) 个别专家意见汇集法，即分别向每位专家征求对本企业产品未来销售情况的个人意见，然后将这些意见再加以综合分析，确定预测值。

(2) 专家小组法，即将专家分成小组，利用专家们的集体智慧进行判断预测的方法。该方法的缺陷是预测小组中专家意见可能受权威专家的影响，客观性较德尔菲法差。

(3) 德尔菲法，又称函询调查法，它采用请询的方式，征求各方面专家的意见，各专家在互不通气的情况下，根据自己的观点和方法进行预测，然后由企业把各个专家的意见集在一起，通过不记名方式反馈给各位专家，请他们参考别人的意见来修正本人原来的判断，如此反复数次，最终确定预测结果。

3. 产品寿命周期分析法

产品寿命周期分析法是利用产品销售量在不同寿命周期阶段上的变化趋势进行销售预测的一种定性分析方法。它是对其他预测分析方法的补充。产品寿命周期是指产品从投入市场到退出市场所经历的时间，一般要经过推广期、成长期、成熟期和衰退期四个阶段。在这一发展过程中，产品销售量的变化曲线，称为产品寿命周期曲线。

判断产品所处的寿命周期阶段，可根据销售增长率指标进行。一般地，推广期增长率不稳定，成长期增长率最大，成熟期增长率稳定，衰退期增长率为负数。了解产品所处的寿命周期阶段有助于正确选择预测方法，如：推广期历史资料缺乏，可以运用定性分析法进行预测；成长期可运用回归分析法进行预测；成熟期销售量比较稳定，适用趋势预测分析法。

(二) 销售预测的定量分析法

定量分析法，也称数量分析法，是指在预测对象有关资料完备的基础上，运用一定的数学方法，建立预测模型，作出预测。它一般包括趋势预测分析法和因果预测分析法两大类。

1. 趋势预测分析法

趋势预测分析法主要包括算术平均法、加权平均法、移动平均法、指数平滑法等。

(1) 算术平均法。算术平均法是指将若干历史时期的实际销售量或销售额作为样本值，求出其算术平均数，并将该平均数作为下期销售量的预测值。其计算公式为

$$Y = \frac{\sum X_i}{n}$$

式中：Y 表示预测值；X_i 表示第 i 期的实际销售量；n 表示期数。

算术平均法适用于每期销售波动最不大的产品的销售预测。

【7-1】 某公司 2010—2017 年的产品销售量资料如表 7-1 所示。

表 7-1　2010—2017 年的产品销售量

年度	2010	2011	2012	2013	2014	2015	2016	2017
销售量/吨	3250	3300	3150	3350	3450	3500	3400	3600

要求：根据以上资料，用算术平均法预测公司 2018 年的销售量。

根据算术平均法的计算公式，公司 2018 年的预测销售量为

$$预测销售量(Y) = \frac{\sum X_i}{n} = \frac{3250 + 3300 + \cdots + 3400 + 3600}{8} = 3375 \text{ (吨)}$$

(2) 加权平均法。加权平均法是指将若干历史时期的实际销售量或销售额作为样本值，将各个样本值按照一定的权数计算得出加权平均数，并将该平均数作为下期销售量的预测值。一般地，由于市场变化较大，离预测期越近的样本值对其影响越大，而离预测期越远的则影响越小，所以权数的选取应遵循"近大远小"的原则。

其计算公式为

$$Y = \sum_{i=1}^{n} W_i X_i$$

式中：Y 表示预测值；W 表示第 i 期的权数（$0 < W_i \leqslant W_{i+1}$，且 $\sum W_i = 1$）；X_i 表示第 i 期的实际销售量；n 表示期数。

加权平均法较算术平均法更为合理，计算也较方便，因而在实践中应用较多。

【例 7-2】 沿用【例 7-1】中的资料，假设 2010—2017 年各期数据的权数如表 7-2 所示。

表 7-2 2010—2017 年各期数据的权数

年度	2010	2011	2012	2013	2014	2015	2016	2017
销售量/吨	3250	3300	3150	3350	3450	3500	3400	3600
权数	0.04	0.06	0.08	0.12	0.14	0.16	0.18	0.22

要求：根据上述资料，用加权平均法预测公司 2018 年的销售量。

根据算术平均法的计算公式，公司 2018 年的预测销售量为

$$预测销售量(Y) = \frac{\sum X_i}{n} = 3250 \times 0.04 + 3300 \times 0.06 + \cdots + 3400 \times 0.18 + 3600 \times 0.22$$
$$= 3429 \text{ (吨)}$$

(3) 移动平均法。移动平均法是指从 n 期的时间数列销售量中选取 m 期（m 数值固定，且 $m < n/2$）数据作为样本值，求其 m 期的算术平均数，并不断向后移动观测其平均值，以最后一个 m 期的平均数作为未来第 $n+1$ 期销售预测值的一种方法。这种方法假设预测值主要受最近 m 期销售量的影响。其计算公式为

$$Y_{n+1} = \frac{X_{n-(m-1)} + X_{n-(m-2)} + \cdots + X_{n-1} + X_n}{m}$$

为了能使预测值更能反映销售量变化的趋势，可以对上述结果按趋势值进行修正，其计算公式为

$$\overline{Y}_{n+1} = Y_{n+1} + (Y_{n+1} - Y_n)$$

由于移动平均法只选用了 n 期数据中的最后 m 期作为计算依据，故而代表性较差。此

法适用于销售量略有波动的产品预测。

【例 7-3】 沿用例【例 7-1】中的资料，假定公司预测前期(即 2017 年)的预测销售量为 3475 吨，要求分别用移动平均法和修正的移动平均法预测公司 2018 年的销售量(假设样本期为 3 期)。

根据移动平均法的计算公式，公司 2018 年的预测销售量为

预测销售量：

$$Y_{n+1} = \frac{X_{n-(m-1)} + X_{n-(m-2)} + \cdots + X_{n-1} + X_n}{m} = \frac{3500 + 3400 + 3600}{3} = 3525 \text{ (吨)}$$

根据修正的移动平均法计算公式，公司 2018 年的预测销售量为

修正后的预测销售量：

$$\overline{Y}_{n+1} = Y_{n+1} + (Y_{n+1} - Y_n) = 3500 + (3500 + 3475) = 3525 \text{ (吨)}$$

(4) 指数平滑法。指数平滑法实质上是一种加权平均法，是以事先确定的平滑指数 a 及 $(1-a)$ 作为权数进行加权计算，预测销售量的一种方法。其计算公式为

$$Y_{n+1} = aX_n + (1-a)Y_n$$

式中：Y_{n+1} 表示未来第 $n+1$ 期的预测值；Y_n 表示第 n 期预测值，即预测前期的预测值；X_n 表示第 n 期实际销售量，即预测前期的实际销售量；a 表示平滑指数；n 表示期数。

一般地，平滑指数的取值通常在 0.3～0.7 之间，其取值大小决定了前期实际值与预测值对本期预测值的影响。采用较大的平滑指数，预测值可以反映样本值新近的变化趋势；采用较小的平滑指数，则反映了样本值变动的长期趋势。因此，在销售量波动较大或进行短期预测时，可选择较大的平滑指数；在销售量波动较小或进行长期预测时，可选择较小的平滑指数。该方法运用比较灵活，适用范围较广，但在平滑指数的选择上具有一定的主观随意性。

【例 7-4】 沿用【例 7-1】中的资料，2017 年实际销售量为 3600 吨，假设原预测销售量为 3475 吨，平滑指数 $a = 0.5$。要求：用指数平滑法预测公司 2018 年的销售量。

根据指数平滑法的计算公式，公司 2018 年的预测销售量为

预测销售量 $Y_{n+1} = aX_n + (1-a)Y_n = 0.5 \times 3600 + (1-0.5) \times 3475$

2. 因果预测分析法

因果预测分析法是指分析影响产品销售量(因变量)的相关因素(自变量)以及它们之间的函数关系，并利用这种函数关系进行产品销售预测的方法。因果预测分析法中最常用的是回归分析法，本章主要介绍回归分析法。

回归直线法也称一元回归分析。它假定影响预测对象销售量的因素只有一个，根据直线方程式 $y = a + bx$，按照最小二乘法原理，可以确定一条误差最小的、能正确反应自变量 x 和因变量 y 之间关系的直线，其常数项 a 和系数 b 的计算公式为

$$b = \frac{n\sum xy - \sum x \sum y}{n\sum x^2 - \left(\sum x\right)^2}; \qquad a = \frac{\sum y - b\sum x}{n}$$

待求出 a、b 的值后，代入 $y = a + bx$，结合自变量 x 的取值，即可求得预测对象 y 的预测销售量或销售额。

【例7-5】 沿用【例7-1】中的资料，假定产品销售量只受广告费支出大小的影响，2018 年度预计广告费支出为 155 万元，以往年度的广告费支出资料如表 7-3 所示。

表 7-3 以往年度的广告费支出

年　度	2010	2011	2012	2013	2014	2015	2016	2017
销售量/吨	3250	3300	3150	3350	3450	3500	3400	3600
广告费/万元	100	105	90	125	135	140	140	150

要求：用回归直线法预测公司 2018 年的产品销售量。

根据上述资料，列表计算如表 7-4 所示。

根据公式，有

$$b = \frac{n\sum xy - \sum x \sum y}{n\sum x^2 - (\sum x)^2} = \frac{8 \times 3\,345\,500 - 985 \times 27\,000}{8 \times 124\,675 - (985)^2} = 6.22$$

$$a = \frac{\sum y - b\sum x}{n} = \frac{27\,000 - 6.22 \times 985}{8} = 2609.16$$

将 a、b 代入公式，得出站果，即 2018 年的产品预测销售量为

$$Y = a + bx = 2609.16 + 6.22x = 2609.16 + 6.22 \times 155 = 3573.26 \ (吨)$$

表 7-4 2010—2017 年各期数据的权数

年度	广告费支出/万元(x)	销售量/吨(y)	xy	x^2	y^2
2010	100	3250	325 000	10 000	10 562 500
2011	105	3300	346 500	11 025	10 890 000
2012	90	3150	283 500	8100	9 922 500
2013	125	3350	418 750	15 625	11 222 500
2014	135	3450	465 750	18 225	11 902 500
2015	140	3500	490 000	19 600	12 250 000
2016	140	3400	476 000	19 600	11 560 000
2017	150	3600	540 000	22 500	12 960 000
$n = 8$	$\sum x = 985$	$\sum y = 27\,000$	$\sum xy = 3\,345\,500$	$\sum x^2 = 124\,675$	$\sum y^2 = 91\,270\,000$

二、销售定价管理

在社会主义市场经济条件下，我国的价格体系和管理体制发生了深刻变革，以市场为

导向的价格体系和运行机制已经基本形成。正确制订销售定价策略，直接关系到企业的生存和发展，加强销售定价管理是企业财务管理的重要内容。

(一) 销售定价管理的含义

销售定价管理是指在调查分析的基础上，选用合适的产品定价方法，为销售的产品制订最为恰当的售价，并根据具体情况运用不同价格策略，以实现经济效益最大化的过程。

企业销售各种产品都必须确定合理的产品销售价格。产品价格的高低直接影响到销售量的大小，进而影响企业的盈利水平。单价水平过高，会导致销售量降低，如果达不到保本点，企业就会亏损；单价水平过低，虽然会起到促销作用，但单位毛利降低，使企业的盈利水平下降。因此，产品销售价格的高低，价格策略运用得恰当与否，都会影响到企业正常的生产经营活动，甚至影响到企业的生存和发展。进行良好的销售定价管理，可以使企业的产品更富有吸引力，扩大市场占用率，改善企业的相对竞争地位。

(二) 影响产品价格的因素

1. 价值因素

价格是价值的货币表现，价值的大小决定着价格的高低，而价值量的大小又是由生产产品的社会必要劳动时间决定的。因此，提高社会劳动生产率，缩短生产产品的社会必要劳动时间，可以相对地降低产品价格。

2. 成本因素

成本是影响定价的基本因素。企业必须获得可以弥补已发生成本费用的足够多的收入，才能长期生存发展下去。虽然短期内的产品价格有可能会低于其成本，但从长期来看，产品价格应等于总成本加上合理的利润，即产品售价必须足以补做全部的生产、管理、营销成本，并为企业提供合理的利润，否则企业无利可图，难以长久生存。

3. 市场供求因素

市场供求变动对价格的变动具有重大影响。当一种产品的市场供应大于需求时就会对其价格产生向下的压力；而当其供应小于需求时，则会推动价格的提升。市场供求关系是永远矛盾的两方面，因此产品价格也会不断地波动。

4. 竞争因素

市场竞争程度的不同，对定价的影响也不同。竞争越激烈，对价格的影响也越大，在完全竞争的市场上，企业几乎没有定价的主动权，只能接受市场价格，其定价管理的核心问题是在产品价格既定的条件下，依据"边际收入与边际成本相等时，企业的利润最大化"的原则，决定预期实现最大化利润的产销水平；在不完全竞争的市场上，竞争的强度主要取决于产品生产的难易和供求形势。为了做好定价决策，企业必须充分了解竞争者的情况，最重要的是竞争对手的定价策略。

5. 政策法规因素

各个国家对市场物价的高低和变动都有限制和法律规定，同时国家会通过生产市场、货币金融等手段间接调节价格。企业在制定定价策略时一定要很好地了解本国及所在国有关方面的政策和法规。

(三) 企业的定价目标

企业在一定的经营环境中，制定产品价格，通过价格效用实现企业预期的经营目标。要使销售定价管理卓有成效，企业必须制订与战略目标相匹配、切实可行的定价目标，以明确定价管理的方向，并用于指导选择适合的定价方法和价格运用策略。企业自身的实际情况及所面临的外部环境不同，企业的定价目标也多种多样，主要有以下几种：

1. 实现利润最大化

这种目标通常是通过为产品制定较高的价格，从而提高产品单位利润率，最终实现企业利润最大化。它适用于在市场中处于领先或垄断地位的企业或者在行业竞争中具有很强的竞争优势，并能长时间保持这种优势的企业。

2. 保持或提高市场占有率

市场占有率是指企业产品销售额在同类产品市场销售总额中所占的比重，其大小在一定程度上反映了企业的经营状况和竞争实力。以保持或提高市场占有率为定价目标，其目的是使产品价格有利于销售收入的提高，企业利润得到有效保障，并且可以有效打击竞争对手，这是一种注重企业长期经营利润的做法。企业为了实现这目标，其产品价格往往需要低于同类产品价格，以较低的价格吸引客户，逐步扩大市场份额，但在短期内可能要牺牲一定的利润空间。因此，这种定价目标要求企业具有潜在的生产经营能力，总成本的增长速度低于总销量的增长速度，商品的需求价格弹性较大，即适用于能够薄利多销的企业。

3. 稳定价格

为了长期稳定地占领市场，行业中能左右市场价格的一些大企业，往往希望价格稳定，在稳定的价格中获取稳定的利润。通常做法是由行业中的领导企业制订一个价格，其他企业的价格则与之保持一定的比例关系，无论是大企业，还是中小企业都不会随便降价。其优点是创造了一个相对稳定的市场环境，避免过度竞争产生两败俱伤的负面效应，减少风险，使企业能够以稳定的价格获得比较稳定的利润。这种定价通常适用于产品标准化的行业，如钢铁制造业等。

4. 应付和避免竞争

企业参照对市场有决定性影响的竞争对手的产品价格变动情况，随时调整本企业产品价格。当竞争对手维持原价时企业也保持原价；竞争对手改变价格时，企业也相应地调整价格，但是企业不会主动调整价格。这种定价方法主要适用于中小型企业。在激烈的价格竞争中，中小型企业没有足够实力对价格进行干预，为了避免在竞争中被淘汰必须与市场行情保持一致。

5．树立企业形象及产品品牌

企业形象及产品品牌是企业在经营中创造的重要无形资产。而价格是企业竞争的一种手段，表达了企业产品的定位，在一定程度上反映了企业形象和产品形象。以树立企业形象及产品品牌为定价目标主要有两种情况：一是树立优质高价形象。某些品牌产品具有较高质量的认知价值会被某一客户群所认同和接受。企业在定价时，可以不拘泥于实际成本，而是制订一个较高的价格，产生一种品牌的增值效应。采用这种策略，不但可以使企业获得高额利润，而且还能够满足消费者的心理需求。二是树立大众化评价形象。通过大众化的评价定位树立企业形象，吸引大量的普通消费者，以扩大销量，获得利润。

(四) 产品定价方法

产品定价方法主要包括以成本为基础的定价方法和以市场需求为基础的定价方法两大类。

1．以成本为基础的定价方法

在企业成本范畴中，基本上有三种成本可以作为定价基础即变动成本、制造成本和全部成本费用。变动成本是指在特定的业务量范围内，其总额会随业务量的变动而变动的成本。变动成本可以作为增量产量的定价依据，但不能作为一般产品的定价依据。制造成本是指企业为生产产品或提供劳务等发生的直接费用支出，一般包括直接材料、直接人工和制造费用。由于它不包括各种期间费用，因此不能正确反映企业产品的真实价值消耗和转移。利用制造成本定价不利于企业简单再生产的进行。全部成本费用是指企业为生产、销售一定种类和数量的产品所发生的所有成本费用总额，包括制造成本和管理费用、销售费用及财务费用等各种期间费用。在全部成本费用基础上制定价格，既可以保证企业简单再生产的正常进行，又可以使劳动者为社会劳动所创造的价值得以全部实现。

(1) 全部成本费用加成定价法。全部成本费用加成定价法就是在全部成本费用的基础上，加合理利润来定价。合理利润的确定，在工业企业一般是根据成本利润率，而在商业企业一般根据销售利润率，在考虑税金的情况下有关计算公式为

① 成本利润率定价：

$$成本利润率 = \frac{预测利润总额}{预测成本总额} \times 100\%$$

$$单位产品价格 = \frac{单位成本 \times (1 + 成本利润率)}{1 - 适用税率}$$

② 销售利润率定价：

$$销售利润率 = \frac{预测利润总额}{预测销售总额} \times 100\%$$

$$单位产品价格 = \frac{单位成本}{1 - 销售利润率 - 适用税率}$$

上述公式中，单位成本是指单位全部成本费用，可以用单位制造成本加上单位产品负担的期间费用来确定。

【例7-6】 某企业生产甲产品，预计单位产品的制造成本为100元，计划销售10 000件，计划期的期间费用总额为900 000元，该产品适用的消费税税率为5%。成本利润率必须达到20%。根据上述资料，运用全部成本费用加成定价法测算的单位甲产品的价格应为

$$单位产品价格 = \frac{100 + \dfrac{900\,000}{10\,000}}{1} \times \frac{1 - 20\%}{1 - 5\%} = 240 \ (元)$$

全部成本费用加成定价法可以保证全部生产耗费得到补偿，但它很难适应市场需求的变化，往往导致定价过高或过低。并且，当企业生产多种产品时，间接费用难以准确分摊，从而会导致定价不准确。

(2) 保本点定价法。保本点定价法的基本原理，是按照刚好能够保本的原理来制定产品销售价格，即能够保持既不盈利也不亏损的销售价格水平，也能用这一方法确定价格是最低销售价格。其计算公式为

$$单位产品价格 = \frac{单位固定成本 + 单位变动成本}{1 - 适用税率} = \frac{单位完全成本}{1 - 适用税率}$$

【例7-7】 某企业生产乙产品，本期计划销售量为10 000件，应负担的固定成本总额为250 000元，单位变动成本为70元，适用的消费税税率为5%。根据上述资料，运用保本点定价法测算的单位乙产品的价格应为

$$单位乙产品价格 = \frac{\dfrac{250\,000}{10\,000} + 70}{1 - 5\%} = 100 \ (元)$$

(3) 目标利润法。目标利润是指企业在预定时期内应实现的利润水平。目标利润定价法是根据预期目标利润和产品销售量、产品成本、适用税率等因素来确定产品销售价格的方法。其计算公式为

$$单位产品价格 = \frac{目标利润总额 + 完全成本总额}{产品销量} \times (1 - 适用税率)$$
$$= (单位目标利润 + 单位完全成本) \times (1 - 适用税率)$$

【例7-8】 某企业生产丙产品，本期计划销售量为10 000件，目标利润总额为240 000元，完全成本总额为52 000元，适用的消费税税率为5%。根据上述资料，运用目标利润法测算的单位丙产品的价格应为

$$单位丙产品价格 = \frac{240\,000 + 520\,000}{10\,000 \times (1 - 5\%)} = 80 \ (元)$$

(4) 变动成本定价法。变动成本定价法是指企业在生产能力有剩余的情况下增加生产一定数量的产品，这些增加的产品可以不负担企业的固定成本，只负担变动成本，在确定价格时产品成本仅以变动成本计算。此处所指变动成本是指完全变动成本，包括变动制造成本和变动期间费用。其计算公式为

$$单位产品价格 = \frac{单位变动成本 \times (1 + 成本利润率)}{1 - 适用税率}$$

【例 7-9】 某企业生产丁产品,设计生产能力为 12 000 件,计划生产 10 000 件,预计单位变动成本为 190 元,计划期的固定成本费用总额为 950 000 元,该产品适用的消费税税率为 5%,成本利润率必须达到 20%。假定本年度接到一额外订单,订购 1000 件丁产品,单价 300 元。请问:该企业计划内产品单位价格是多少?是否应接受这一额外订单?

根据上述资料,企业计划内生产的产品价格为

$$计划内单位丁产品价格 = \left(\frac{950\,000}{10\,000} + 190 \right) \times \frac{1 + 20\%}{1 - 5\%} = 360 \ (元)$$

追加生产 1000 件的单位变动成本为 190 元,则

$$计划外单位丁产品价格 = 190 \times \frac{1 + 20\%}{1 - 5\%} = 240 \ (元)$$

因为额外订单单价高于其按变动成本计算的价格,故应接受这一额外订单。

2. 以市场需求为基础的定价方法

以成本为基础的定价方法,主要关注企业的成本状况而不考虑市场需求状况,因而运用这种方法制订的产品价格不一定满足企业销售收入或利润最大化的要求,最优价格应是企业取得最大销售收入利润时的价格。以市场需求为基础的定价方法可以契合这一要求,主要有需求价格弹性系数定价法和边际分析定价法等。

(1) 需求价格弹性系数定价法。产品在市场上的供求变动关系,实质上体现在价格的刺激和制约作用上。需求增大导致价格上升,刺激企业生产;而需求减小,则会引起价格下降,从而制约了企业的生产规模。从另一个角度看,企业也可以根据这种关系,通过价格的升降来作用于市场需求。在其他条件不变的情况下,某种产品的需求量随其价格的升降而变动的程度,就是需求价格弹性系数。其计算公式为

$$E = \frac{\Delta Q / Q_0}{\Delta P / P_0}$$

式中:E 表示某种产品的需求价格弹性系数;ΔP 表示价格变动量;ΔQ 表示需求变动量;P_0 表示基期单位产品价格;Q_0 表示基期需求量。

运用需求价格弹性系数确定产品的销售价格时其基本计算公式为

$$P = \frac{P_0 Q_0^{(1/|E|)}}{Q^{(1/|E|)}}$$

式中:P_0 表示基期单位产品价格;Q_0 表示基期销售数量;E 表示需求价格弹性系数;P 表示单位产品价格;Q 表示预计销售数量。

【例 7-10】 某企业生产销售戊产品,2017 年前三个季度中,实际销售价格和销售数量如表 7-5 所示。若企业在第四季度要完成 4000 件的销售任务,那么销售价格应为多少?

表 7-5 2017 年前三个季度销售价格和销售数量

项 目	第一季度	第二季度	第三季度
销售价格 (元)	750	800	780
销售数量 (件)	3859	3387	3558

根据上述资料，产成品的销售价格的计算过程为

$$E_1 = \frac{(3378 - 3859)/3859}{800 - 750} = \frac{-0.1246}{0.0667} = -1.87$$

$$E_2 = \frac{(3558 - 3378)/3378}{(780 - 800)/800} = \frac{0.0533}{-0.025} = -2.13$$

$$E = \frac{E_1 + E_2}{2} = \frac{-1.87 - 2.13}{2} = -2$$

$$|E| = 2$$

$$P = \frac{P_0 Q_0^{(1/|E|)}}{Q^{(1/|E|)}} = \frac{780 \times 3558^{(1/2)}}{4000^{(1/2)}} = 735.64 \ (元)$$

即第四季度要完成 4000 件的销售任务，其单位产品的销售价格为 735.64 元。

(2) 边际分析定价法。边际分析定价法是指基于微分极值原理，通过分析不同价格与销售量组合下的产品边际收入、边际成本和边际利润之间的关系，进行定价决策的一种定量分析方法。

边际是指每增加或减少一个单位所带来的差异。那么，产品边际收入、边际成本和边际利润就是指销售量每增加或减少一个单位所形成的收入、成本和利润的差额。按照微分极值原理，如果利润函数的阶导数等于零，即边际利润等于零，边际收入等于边际成本，那么，利润将达到最大值。此时的价格就是最优销售价格。

当收入函数和成本函数均可微时，直接对利润函数求一阶导数，即可得到最优售价；当收入函数或成本函数为离散型函数时，可以通过列表法，分别计算各种价格与销售量组合下的边际利润，那么，在边际利润大于或等于零的组合中，边际利润最小时的价格就是最优售价。

(五) 价格运用策略

企业之间的竞争在很大程度上表现为企业产品在市场上的竞争。市场占有率的大小是衡量产品市场竞争能力的主要指标。除了提升产品质量之外，根据具体情况合理运用不同的价格策略，可以有效地提高产品的市场占有率和企业的竞争能力。其中，主要的价格运用策略有以下几种：

1. 折让定价策略

折让定价策略是指在一定条件下，以降低产品的销售价格来刺激购买者，从而达到扩大产品销售量的目的。价格的折让主要表现是折扣，一般表现为单价折扣、数量折扣、推广折扣和季节折扣等形式。单价折扣是指给予购买者以价格上的折扣，而不管其购买数量

的多少。数量折扣即按照购买者购买数量的多少所给予的价格折扣，购买数量越多，则折扣越大；反之，则越小。推广折扣是指企业为了鼓励中间商帮助推销本企业产品而给予的价格优惠。季节折扣即企业为鼓励购买者购买季节性商品所给予的价格优惠，这样可以鼓励购买者提早采购，减轻企业的仓储压力，加速资金周转。

2．心理定价策略

心理定价策略是指针对购买者的心理特点而采取的一种定价策略，主要有声望定价、尾数定价、双位定价和高位定价等。声望定价是指企业按照其产品在市上的知名度和在消费者中的信任程度来制定产品价格的一种方法。一般地，声望越高，价格越高，这就是产品的"名牌效应"。尾数定价即在制定产品价格时，价格的尾数取接近整数的小数(如 199.9 元)或带有一定谐音的数(如 158 元)等。它一般只适用于价值较小的中低档日用消费品定价。双位定价是指在向市场以挂牌价格销售时，采用两种不同的标价来促销的一种定价方法。比如某产品标明"原价 158 元，现促销价 99 元"这种策略适用于市场接受程度较低或销路不大好的产品。高位定价即根据消费者"价高质优"的心理特点实行高标价促销的方法。但高位定价必须是优质产品，不能弄虚作假。

3．组合定价策略

组合定价策略是针对相关产品组合所采取的一种方法。它根据相关产品在市场竞争中的不同情况，使互补产品价格有高有低，或使组合售价优惠。对于具有互补关系的相关产品，可以采取降低部分产品价格而提高互补产品价格，以促进销售，提高整体利润，如便宜的整车高价的配件等。对于其有配套关系的相关产品，可以对组合购买进行优惠，比如西服套装中的上衣和裤子等。组合定价策略可以扩大销售量、节约流通费用，有利于企业整体效益的提高。

4．寿命周期定价策略

寿命周期定价策略是根据产品从进入市场到退出市场的生命周期，分阶段确定不同价格的定价策略。产品在市场中的寿命周期一般分为推广期、成长期、成熟期和衰退期。推广期的产品需要获得消费者的认同，进一步占有市场，应采用低价促销策略；成长期的产品有了一定的知名度，销售量稳步上升，可以采用中等价格；成熟期的产品市场知名度处于最佳状态，可以采用高价促销，但由于市场需求接近饱和，竞争激烈，定价时必须考虑竞争者的情况，以保持现有市场销售量；衰退期的产品市场竞争力下降，销售量下滑，应该降价促销或维持现价并辅之以折扣等其他手段，同时，积极开发新产品，保持企业的市场竞争优势。

第二节　股利及其分配

一、利润分配程序

企业利润分配就是对企业所实现的经营成果进行分割和派发的活动。利润分配的基础是税后净利润。利润分配既是对股东投资回报的一种形式，也是企业内部筹资的一种方式，对企业的财务状况会产生重要影响。利润分配必须依据法定程序进行，按照《公司法》、《企业财务通则》等法律法规的规定，股份有限公司实现的利润，应首先依法缴纳企业所得税，税后利润应当按照下列基本程序进行分配。

(一) 弥补以前年度亏损

根据现行法律法规的规定，公司发生年度亏损，可以用下一年度的税前利润弥补，下一年度税前利润不足弥补时，可以在 5 年内延续弥补，5 年仍未弥补完亏损，可以用税后利润弥补。

(二) 提取法定公积金

公司在分配当年税后利润时，应当按照税后利润的 10%提取法定公积金，但当法定公积金累计额达到公司注册资本的 50%时，可以不再提取。

(三) 提取任意公积金

公司从税后利润中提取法定公积金后，经股东大会决议，还可以从税后利润中提取任意公积金。法定公积金和任意公积金都是公司从税后利润中提取的积累资本，是公司用于防范和抵御风险、提高经营能力的重要资本来源。盈余公积金和未分配利润都属于公司的留用利润，从性质上看属于股东权益。公积金可以用于弥补亏损，扩大生产经营或者转增公司股本，但转增股本后，所留存的法定公积金不得低于转增股本前公司注册资本的 25%。

(四) 向股东分配股利

公司在按照上述程序弥补亏损、提取公积金之后，所余当年利润与以前年度的未分配利润构成可供分配的利润，公司可以根据股利政策向股东分配股利。按照现行制度规定，股份有限公司依法回购后暂未转让或者注销的股份，不得参与利润分配；公司弥补以前年度亏损和提取公积金后，当年没有可供分配的利润时，一般不得向股东分配股利。

二、股利的种类

股份有限公司分派股利的形式一般有现金股利、股票股利、财产股利和负债股利等。后两种形式应用较少，我国有关法律规定，股份有限公司只能采用现金股利和股票股利两种形式。

(一) 现金股利

现金股利是股份有限公司以现金的形式从公司净利润中分配给股东的投资报酬，也称"红利"或者"股息"。现金股利是股份有限公司最常用的股利分配形式。优先股通常有固定的股息率，在公司经营正常并有足够利润的情况下，优先股的年股利额是固定的。普通股并没有固定的股息率，发放现金股利的次数和金额主要取决于公司的股利政策和经营业绩等因素。西方国家的许多公司按照季度发放现金股利，一年发放 4 次。我国公司一般半年或者一年发放一次现金股利。由于现金股利是从公司实现的净利润中支付给股东的，支付现金股利会减少公司的留用利润，因此发放现金股利并不会增加股东的财富总额。但是，不同的股东对现金股利的偏好是不一样的，有的股东希望公司发放较多的现金股利，有的股东则不愿意公司发放过多现金股利。现金股利的发放会对股票价格产生直接影响，在除息日之后，一般来说股票价格会下跌。

(二) 股票股利

股票股利是股份有限公司以股票的形式从公司净利润中分配给股东的股利。股份有限公司发放股票股利，必须经股东大会表决通过，根据股权登记日的股东持股比例将可供分配的利润转为股本，并按照持股比例无偿的向各个股东分配股票，增加股东的持股数量。发放股票股利不会改变公司的股东权益总额，也不会影响股东的持股比例，只是公司的股东权益结构发生了变化，未分配利润转为股本，因此会增加公司的股本总额。在公司发放股票股利时，除权后股票价格会相应下降。一般来说，如果不考虑股票市价的波动，发放股票股利后的股票价格，应当按照发放的股票股利的比例而成比例下降。分配股票股利，一方面扩张了股本，另一方面起到了股票分割的作用。处于高速成长阶段的公司可以利用分配股票股利方式来进行股本扩张，以使股价保持在一个合理的水平，避免因为股价过高而影响股票的流动性。

三、股利的发放程序

股份有限公司分配股利必须遵循法定的程序，一般是先由董事会提出股利分配预案，然后提交股东大会决议通过才能进行分配。股东大会决议通过股利分配预案之后，要向股东宣布发放股利的方案，并确定股权登记日、除息日和股利发放日等关键日期。

(一) 宣告日

宣告日就是股东大会决议通过并由董事会宣告发放股利的日期。公司董事会应先提出利润分配预案，并提交股东大会表决，利润分配方案经股东大会表决通过之后，董事会才能对外公布。在宣布股利分配方案时，应明确股利分配的年度、分配的范围、股利分配的形式、分配的现金股利金额或股票股利数量，并公布股权登记日、除息日和股利发放日。

(二) 股权登记日

股权登记日是有权领取本期股利的股东资格登记截止日期。公司规定股权登记日是为了确定股东能否领取本期股利。因为股票是经常流动的，所以确定这个日期就很有必要了。只有在股权登记日这一天登记在册的股东才有资格领取本期股利，而在这一天没有登记在册，即使是在股利发放日之前买入股票的股东，也无权领取本次分配的股利。在信息技术环境下，股权登记非常方便、快捷，一般在股权登记日当天交易结束时就可以打印股东名册。

(三) 除息日

除息日也称除权日，是指从股价中除去股利的日期，即领取股利的权利与股票分开的日期。在除息日之前的股票价格中包含了本次股利，在除息日之后的股票价格中不再包括本次股利，因此投资者只有在除息日之前购买股票，才能领取本次股利，在除息日当天或以后购买股票，则不能领取本次股利。除息日对股票价格具有重要影响，除息日股票价格因除权而相应下降，除息日股票的开盘参考价为前一交易日的收盘价减去每股股利。

在西方国家，按照证券业的传统惯例，除息日一般确定在股权登记日的前2个工作日，之所以如此规定，是因为股票交易后，办理过户登记手续需要时间，为了保证在股权登记日办理完股票过户手续，投资者必须在除息日之前买入股票。但是，目前先进的信息技术环境下，股票登记结算系统为股票的交割过户提供了快捷的手段，股票买卖交易的当天即可办理完交割过户手续，在这种交易结算条件下，除息日可以确定为股权登记日的下一个工作日。

(四) 股利发放日

股利发放日也称为股利支付日，是公司将股利正式支付给股东的日期。在这一天，公司应该通过邮寄等方式将股利支付给股东。目前公布公司可以通过证券登记结算系统将股利直接划入股东在证券公司开立的资金账户。

第三节　股利分配政策

一、股利政策的内容

股利政策是确定公司的净利润如何分配的方针和策略。在实践中，公司的股利政策主要包括四项内容：

(1) 股利分配的形式，即采取现金股利还是股票股利；

(2) 股利支付率的确定；

(3) 每股股利的确定；

(4) 股利分配的时间，即何时分配和多长时间分配一次。

其中，每股股利和股利支付率的确定是股利分配政策的核心内容，它决定了公司的净利润中有多少以现金股利的形式发放给股东，有多少以留用利润的形式对公司进行再投资。一般来说，投资者对每股股利的变动会比较敏感，如果公司各年度之间的每股股利相差较大，就给市场传递了公司经营业绩不稳定的信息，不利于公司股票价格的稳定。

二、股利政策的评价指标

(一) 股利支付率

股利支付率是公司年度现金股利总额与净利润总额的比率，或者是公司年度每股股利与每股利润的比率。其计算公式表示为

$$P = \frac{D}{E} \times 100\%$$

或
$$P = \frac{DPS}{EPS} \times 100\%$$

式中：P 表示股利支付率；D 表示年度现金股利总额；E 表示年度净利润总额；DPS(Dividend per share)表示年度每股股利；EPS(Earnings Per Share)表示年度每股利润。

股利支付率用来评价公司实现的净利润中有多少用于分配给股东。股利支付率反映了公司所采取的股利政策是高股利政策还是低股利政策。与股利支付率相对应的另一个相关指标就是利润留存率，用来评价公司净利润中用于再投资的比例。利润留存率等于 1 减去股利支付率。

(二) 股利报酬率

股利报酬率，也称股息收益率，是指公司年度每股股利与每股价格的比率。其计算公式表示为

$$K = \frac{DPS}{P} \times 100\%$$

式中：K 表示股利报酬率；DPS 表示年度每股股利；P 表示每股价格。

股利支付率是投资者评价公司股利政策的一个重要指标，它反映了投资者进行股票投资所取得的红利收益，是投资者判断投资风险、衡量投资收益的重要标准之一。

三、股利政策的类型

公司在制订股利政策时会受到很多因素的影响，而且不同的股利政策也会对公司的股票价格产生影响，所以，对于股份有限公司来说，制订一个合理的股利政策就显得尤为重要。股利政策的选择既要符合公司的经营状况和财务状况，又要符合股东的长远利益。在实践中，常用的股利政策包括：剩余股利政策、固定股利政策、稳定增长股利政策、固定股利支付率政策和低正常股利加额外股利政策。

(一) 剩余股利政策

在制订股利政策时，公司的投资机会和筹资实力是两个重要的影响因素。剩余股利政策就反映了股利政策与投资、筹资之间的关系。在公司有良好的投资机会时，为了降低资

本成本，公司通常会采用剩余股利政策。实证研究表明，如果公司的成长机会较多，由于可支配的现金流量相对较少，就会采用低股利支付率股利政策，而将多余的留用利润用于投资项目。也就是说，成长机会与股利支付水平呈现负相关。剩余股利政策是一种投资优先的股利政策。

实施剩余股利政策，一般应该按照以下步骤来确定股利分配额：

(1) 根据选定的最佳投资方案，测算投资所需的资本数额；

(2) 按照公司的目标资本结构，测算投资所需要增加的股权资本的数额；

(3) 税后利润首先用于满足投资所需要增加的股权资本数额；

(4) 满足投资需要后的剩余部分用于向股东分配股利。

(二) 固定股利政策

固定股利政策是指公司较长时期内每股支付固定股利额的股利政策。固定股利政策在公司盈利发生一般变化时，并不影响股利的支付，而是使其保持稳定的水平；只有当公司对未来利润增长确有把握，并且认为这种增长不会发生逆转时，才会增加每股股利额。

固定股利政策实施的理由包括三个方面：首先，固定股利政策可以向投资者传递公司经营状况稳定的信息；其次，固定股利政策有利于投资者有规律的安排股利收入和支出；最后，固定股利政策有利于稳定公司的股票价格。由此可见，这种股利政策适用于经营状况比较稳定的公司。

(三) 稳定增长股利政策

稳定增长股利政策是指在一定时期内保持公司的每股股利额稳定增长的股利政策。采用这种股利政策的公司一般会随着公司盈利的增加，保持每股股利稳定提高。公司确定一个稳定的股利增长率，实际上就是向投资者传递该公司经营业绩稳定增长的信息，可以降低投资者对公司经营风险的担心，从而有利于股票价格上涨。公司采取稳定增长股利政策时，要使股利增长率等于或略低于利润增长率，这样才能保证股利的增长具有可持续性。稳定增长股利政策适合于处于成长期或成熟期的公司，在公司的初创阶段或衰退阶段则不适合采用这种股利政策。

(四) 固定股利支付率政策

固定股利支付率政策是一种变动的股利政策，公司每年都从净利润中按照固定的股利支付率发放现金股利。这种股利政策使得公司的股利支付与盈利状况密切相关：盈利状况好，则每股股利增加；盈利状况不好，则每股股利下降。股利随公司的经营业绩"水涨船高"。这种股利政策不会给公司造成较大的财务负担，但是，公司的股利水平可能变动较大、忽高忽低，这样可能向投资者传递公司经营不稳定的信息，容易使股票价格产生较大的波动，不利于树立良好的公司形象。

(五) 低正常股利加额外股利政策

低正常股利加额外股利政策是一种介于固定股利政策和变动股利政策之间的折中的股利政策。这种股利政策每期都支付稳定的、较低的正常股利额，当公司盈利较多时，再根据实际情况发放额外股利，这种股利政策具有较大的灵活性；在公司盈利较少或投资需要较多资本时，可以只支付较低的正常股利，这样既不会给公司造成较大的财务压力，又能保证股东定期得到一笔固定的股利收入；在公司盈利较多且不需要较多资本投资时，可以向股东发放额外股利。

第四节 股票分割与股票回购

一、股票分割

(一) 股票分割的含义

股票分割是指将面值较高的股票分割成几股面值较低的股票。通过股票分割，公司股票面值降低，同时公司股票股数增加，股票的市场价格也会相应下降，因此，股票分割不会增加公司价值，也不会增加股东财富。一般来说，公司股票分割的动机包括两个方面，即通过股票分割使得股票价格下降和通过股票分割向投资者公示利好信息。

【例 7-11】 信达公司是一家信息技术公司，目前公司普通股股数为 6000 万股，每股面值 12 元。由于公司目前正处于快速成长阶段，每年的盈利都高于行业平均水平，股票上市 5 年来股价不断上涨，已经由 5 年前上市时的 15 元/股上涨到目前的 64 元/股。由于股价较高且股票数量较少，已经影响到股票的流动性，因此公司决定进行股票分割，按照 1∶2 的比例将 1 股分割成 2 股，每股面值降至 6 元，普通股股数增加到 12 000 万股，这样就可以吸引更多的投资者买入该公司的股票。通过股票分割，股票价格会相应的下降至 32 元/股，而股东所持的股票数量会增加 1 倍。

(二) 股票分割的作用

降低股票价格，股票分割会使公司股票每股价格降低，买卖该股票所需资金量减少，从而可以促进股票的流通和交易。流通性的提高和股东数量的增加，会在一定程度上加大对公司股票恶意收购的难度。此外，降低股票价格还可以为公司发行新股做准备，因为股价太高会使许多潜在投资者力不从心而不敢轻易对公司股票进行投资。

向市场和投资者传递"公司发展前景良好"的信号，有助于提高投资者对公司股票的信心。

(三) 股票分割与股票股利的比较

对于公司来说，进行股票分割和发放股票股利都属于股本扩张政策，二者都会使得公司股票数量增加,股票价格下降,并且都不会增加公司价值和股东财富。从这些方面来看,股票分割和股票股利是非常相似的,但二者也存在以下差异。

股票分割降低了股票面值,而发放股票股利不会改变股票面值。这主要是因为股票分割是股本重新拆分,将原来的股本细分为更多的股份,因而每股面值会相应成比例降低,而股票股利是公司以股票的形式用实现的净利润向股东无偿派发股利,股票面值不会降低。

股票分割不会影响到资产负债表中股东权益各项目金额的变化,只是股票面值降低,股票股数增加,因而股本的金额不会变化,资本公积金和留用利润的金额也不会变化。发放股票股利,公司应该将股东权益中的留用利润的金额按照发放股票股利面值总数转为股本,因而股本的金额相应增加,而留用利润相应减少。

我国公司常采用资本公积转增股本和发放股票股利的方式进行股本扩张。

【例 7-12】　丰迪公司是一家商业流通企业,近年来公司营业收入和利润都快速增长,2016 年底资产负债表如表 7-6 所示。

表 7-6　丰迪公司资产负债表　　　　　　　　单位:万元

资　产		负债与所有者权益	
		负债	
流动资产	8000	流动负债	18 000
		非流动负债	42 000
		负债总额	60 000
		所有者权益	
非流动资产	12 000	股本(每股面值 10 元,2000 万股)	20 000
		资本公积	60 000
		盈余公积	30 000
		未分配利润	30 000
		所有者权益总额	140 000
资产总额	20 000	负债与所有者权益总额	200 000

由于该公司目前股票价格已经达到 48 元/股,影响到股票的流动性。为了提高股票对中小投资者的吸引力,改善股票流动性,公司决定增加股本总额,以使得股票价格降低。现有两个备选方案。

方案 1:按照 1∶2 的比例实施股票分割。

方案 2:实施每 10 股用资本公积转增 6 股,并派发 4 股股票股利分配方案。

实施方案 1,经过股票分割后,丰迪公司的股票数量增长到 4000 万股,股票面值下降到 5 元/股,但资产负债表中的股本仍然为 20 000 万元(5 元/股×4000 万股 = 20 000 万元),其他各项金额也不变,股票分割后股票价格会下降到 24 元/股。方案 1 实施后,丰迪公司的资产负债表如表 7-7 所示。

表 7-7 方案 1 实施后丰迪公司资产负债表 单位：万元

资 产		负债与所有者权益	
流动资产	8000	**负债**	
		流动负债	18 000
		非流动负债	42 000
		负债总额	60 000
非流动资产	12 000	**所有者权益**	
		股本(每股面值 5 元，4000 万股)	20 000
		资本公积	60 000
		盈余公积	30 000
		未分配利润	30 000
		所有者权益总额	140 000
资产总额	20 000	负债与所有者权益总额	200 000

实施方案 2，经过资本公积转增股本，资本公积减少至 48 000 万元(60 000–10 元/股 × 1200 万股)，派发股票股利后未分配利润减至 22 000 万元(30 000 – 10 元/股 × 800 万股)，股本总额增长到 40 000 万元(20 000 + 12 000 + 8000)，股票数量增加到 4000 万股，股票面值仍然是 10 元/股，股票价格也会下降至 24 元/股。方案 2 实施后，丰迪公司的资产负债表如表 7-8 所示。

表 7-8 方案 2 实施后丰迪公司资产负债表 单位：万元

资 产		负债与所有者权益	
流动资产	8000	**负债**	
		流动负债	18 000
		非流动负债	42 000
		负债总额	60 000
非流动资产	12 000	**所有者权益**	
		股本(每股面值 10 元，4000 万股)	40 000
		资本公积	48 000
		盈余公积	30 000
		未分配利润	22 000
		所有者权益总额	140 000
资产总额	20 000	负债与所有者权益总额	200 000

由此可见，两个方案最终达到的效果基本相同，但方案 1 资产负债表中的所有者权益各项目的金额未发生变化，而方案 2 资产负债表中的所有者权益股本、资本公积和未分配利润项目的金额发生变化。

二、股票回购

(一) 股票回购的含义

股票回购是股份公司出资购回本公司发行在外的股票，将其作为库藏股或是进行注销的行为，是一种特殊的利润分配形式。公司回购的股票可以注销，以减少公司的股本总额，也可以作为库藏股，公司持有的库藏股可以在将来出售或者用于实施股权激励计划。公司持有本公司的库藏股通常不能超过一定期限，也不能享有与正常的普通股相同的权力，例如，没有投票权和分配股利的权利。我国相关法律规定，上市公司回购股票只能为了减少注册资本而进行注销，不能作为库藏股由公司持有。

(二) 股票回购的动机

1. 传递股价被低估信息的动机

当资本市场低迷时，公司的股价有可能被低估，此时，管理层如果认为本公司股票被严重低估，就可以通过股票回购来传递这种信息，从而促使股价上升。在实践中，公司股票回购公告发布后，股票价格就会上涨。

2. 为股东避税的动机

由于资本利得与现金股利存在税率差异，现金股利的税率通常高于资本利得的税率，公司为了减少股东缴纳的个人所得税，可以用股票回购的方式代替发放现金股利，从而为股东带来税收利益。

3. 减少公司自由现金流量的动机

在公司存在过多的自由现金流量的情况下，公司可以通过股票回购的方式将现金分配给股东。股票回购可以使公司流通在外的股票数量减少，由于每股利润增加，在市盈率不变的情况下，股价会上涨，股东所持有的股票市值会增加，这等于向股东分配了现金。

4. 反收购动机

当公司股票被低估时，就有可能成为被收购的目标，从而对现有股东的控制权产生威胁。为了维护原有股东对公司的控制权，预防和抵制敌意收购，公司可以通过股票回购方式，减少流通在外的股票股数，提高股票价格。

(三) 股票回购的方式

公司进行股票回购主要采取公开市场回购、要约回购和协议回购三种方式进行。

公开市场回购是指公司在公开交易市场上以当前市价回购股票；要约回购是指公司在特定期间向股东发出以高出当前市场价格的某一价格回购既定数量股票的要约，并根据要约内容进行回购；协议回购是指公司以协议价格直接向一个或几个主要股东回购股票。

(四) 股票回购的影响

股票回购对上市公司的影响主要表现在以下几个方面：

(1) 股票回购需要大量资金支付回购成本，容易造成资金紧张，降低资产流动性，影响公司的后续发展。

(2) 股票回购无异于股东退股和公司资本减少，也可能会使公司的发起人股东更注重创业利润的实现，从而不仅在一定程度上削弱了对债权人利益的保护，而且忽视了公司的长远发展，损害了公司的根本利益。

(3) 股票回购容易导致公司操纵股价。公司回购自己的股票容易导致其利用内幕消息进行炒作，加剧公司行为的非规范化，损害投资者的利益。

✦✦✦✦✦ 复习思考题 ✦✦✦✦✦

1. 在完全资本市场体系下，股利政策与股价是否有关。
2. 如何评价股利政策的合理性。
3. 股份有限公司在选择采用股票股利进行股利分配时，应考虑哪些因素。

✦✦✦✦✦ 计　算　题 ✦✦✦✦✦

某公司 2016 年末股东权益如表所示：

项　目	金额
股本(面值 10 元，5000 万股)	50 000
资本公积	34 000
盈余公积	36 000
未分配利润	35 000
股东权益合计	155 000

目前该公司采用的股票价格为 60 元/股，在公司采用以下不同股利分配方案情况下，股东权益、股本数额会发生怎样的变化？如果不考虑信号效应，股价会如何变化？

(1) 公司决定采用的股利分配方案为：每 10 股用资本公积转增 2 股，分派股票股利 3 股。

(2) 公司决定采用现金股利分配方案，每 10 股分配现金股利 1.20 元。

项目八 财务分析

学习目标 ✍

(1) 熟悉财务分析的基本内容;

(2) 掌握财务分析中的各种能力分析;

(3) 理解企业财务综合分析方法。

【思维导图】

参照彩图 15 和彩图 16。

案例导入 📄

浙江古越龙山绍兴酒股份有限公司(股票代码 600059,简称古越龙山)于 1997 年 5 月在上交所上市,主要经营黄酒、白酒,是中国黄酒业第一家上市公司,是国内最大的黄酒生产基地。截至 2012 年年末,公司资产总额达到 35.86 亿元,归属于上市公司股东的所有者权益 24.08 亿元;2012 年,经营活动现金流量净额为 7184 万元,全年实现营业收入 14.22 亿元,同比增长 14.15%,归属于上市公司股东的净利润为 1.91 亿元,同比增长 12.09%;2012 年 11 月,公司股价连续下跌,至 12 月 3 日,跌至每股 9.60 元,与当年最高价 16.24 元相比,跌幅达 40.89%。

如何解读古越龙山的财务报表,股东,债权人与管理层如何分析并利用财务报表?影响古越龙山营业收入,净利润以及股价的因素是什么?能否从财务报表的角度寻找古越龙山股票价格下降的原因?

第一节 财务分析概述

企业财务报告主要是通过分类的方法给企业利益相关者提供各种会计信息,但这种信息综合性较差,不能深入揭示企业各个方面的财务能力,不能反映出企业在一定时期内的发展变化趋势。为了提高会计信息的利用程度,需要采用财务分析的专门方法对这些会计信息进一步加工处理,从而更深入地反映企业的各种财务能力。

财务分析就是采用一系列专门的分析技术和方法,对企业等经济组织过去和现在有关筹资活动、投资活动、经营活动、分配活动的盈利能力、营运能力、偿债能力和增长能力状况等进行分析与评价的经济管理活动。它使企业的投资者、债权人、经营者及其他关心企业的组织或个人了解企业过去、评价企业现状、预测企业未来，做出正确决策，提供准确的信息或依据。简而言之，财务分析就是以企业的财务报告等会计资料为基础，对企业的财务状况、经营成果和现金流量进行分析和评价的一种方法。

一、财务分析的作用

财务分析的作用是对财务报告所提供的会计信息的进一步加工和处理，其目的是为会计信息使用者提供更具相关性的会计信息，以提高其决策质量，具体体现在以下几个方面：

(1) 财务分析是评价财务状况及经营业绩的重要依据，通过财务分析，可以了解企业偿债能力、营运能力、盈利能力和现金流量状况，合理评价经营者的经营业绩，以奖优罚劣，促进管理水平的提高。

(2) 财务分析是实现理财目标的重要手段，企业理财的根本目标是实现企业价值最大化。通过财务分析，不断挖掘潜力，从各方面揭露矛盾，找出差距，充分认识未被利用的人力、物力资源，寻找利用不当的原因，促进企业经营活动按照企业价值最大化目标运行。

(3) 财务分析是实施正确投资决策的重要步骤，投资者通过财务分析，可了解企业获利能力、偿债能力，从而进一步预测投资后的收益水平和风险程度，以做出正确的投资决策。

二、财务分析的基本活动

从资产负债表分析企业的基本活动。

1. 资产负债表基本结构与内容

资产负债表项目对应的企业基本活动如表 8-1 所示。

表 8-1　资产负债表项目对应的企业基本活动

资产负债表项目	企业的基本活动	资产负债表项目	企业的基本活动
资产	投资活动结果 (经营活动占用资源)	负债及所有者权益	筹资活动的结果
现金	投资剩余 (满足经营意外支付)	短期借款	银行信用筹资
应收账款	应收账款投资 (促进销售)	应付账款	商业信用筹资
存货	存货投资 (保证销售或生产连续性)	长期负债	长期负债筹资
长期投资	对外长期投资 (控制子企业经营)	资本	权益筹资
固定资产	对内长期投资 (经营的基本条件)	留存利润	内部筹资

2．资产负债表的作用

(1) 资产项目的构成及作用。资产是指企业过去的交易或者事项形成的、由企业拥有或者控制的、预期会给企业带来经济利益的资源。资产按其流动性分为：流动资产、长期投资、固定资产、无形资产、递延资产和其他资产等。资产项目的作用：提供了企业变现能力的信息；提供了企业资产结构信息；提供了反映企业资产管理水平的信息；提供了反映企业价值的信息。

(2) 负债项目的构成及作用。负债是指企业过去的交易或者事项形成的、预期会导致经济利益流出企业的现时义务。负债按偿付时间的长短分为：短期负债、长期负债。负债项目的作用：提供了反映企业总体债务水平的信息；提供了反映企业债务结构的信息。

(3) 所有者权益项目的构成及作用。所有者权益指企业资产扣除负债后由所有者享有的剩余权益。所有者权益主要包括：实收资本、资本公积、盈余公积、未分配利润。所有者权益项目的作用：所有者权益的内部结构反映了企业自有资金的来源构成，包括所有者投入的资本、直接计入所有者权益的利得和损失、留存收益等；提供了企业收益分配情况的信息，企业收益的分配主要是利润的分配，分配顺序为税前自动弥补以前 5 年内的未弥补亏损；税后利润提取法定盈余公积、任意盈余公积、向股东分配股利；盈余公积和未分配利润等项目的变动可反映利润分配的状况。

除上述外，将三者结合起来，还可提供分析企业偿债能力的信息，分析企业权益结构的信息。

3．资产负债表附表

资产负债表中所列示的项目是浓缩后的信息，会计准则要求对这些信息在会计报表附注中加以详细披露，通常采用表格形式，因此也将其称为资产负债表附表。资产负债表附表主要有三种：资产减值准备明细表、应付职工薪酬明细表、应交税费明细表。

(二) 从利润表分析企业的基本活动

利润表是反映企业在一定期间(如年度、月度或季度)内生产经营成果(或亏损)的会计报表。利润表有两种格式：一是单步式利润表；二是多步式利润表。我国利润表采用多步式格式。

利润表的信息作用：提供了反映企业财务成果的信息；提供了反映企业盈利能力的信息；提供了反映企业营业收入、成本费用状况的信息。

利润表附表主要有 2 种：利润分配表提供了反映企业利润分配情况的信息；分部报表反映企业各行业、各地区经营业务的收入、成本、费用、营业利润、资产总额和负债总额等情况的报表。

除上述附表外，还有主营业务收支明细表，亦称主要产品销售利润明细表；管理费用明细表；销售费用明细表；财务费用明细表；营业外收支明细表；投资净收益明细表；其他业务收支明细表等也属于利润表的附表。

利润表项目对应的企业基本活动如表 8-2 所示。

表 8-2 利润表项目对应的企业基本活动

利润表项目	企业的基本活动
一、营业收入	经营活动收入
减：营业成本	经营活动费用
营业税金及附加	经营活动费用
销售费用	经营活动费用(销售部门相关)
管理费用	经营活动费用(管理部门)
财务费用	筹资活动费用(债权人所得)
资产减值损失	经营活动费用
加：公允价值变动收益	经营活动费用
投资收益	投资活动收益
二、营业利润	主要经营活动毛利
加：营业外收入	投资和其他非经营活动收益
减：营业外支出	投资和其他非经营活动损失
三、利润总额	全部活动净利润(未扣除政府所得)
减：所得税	全部活动费用(政府所得)
四、净利润	全部活动净利润(所有者所得)

(三) 从现金流量表分析企业的基本活动

现金流量表提供了企业资金来源与运用的信息，反映资产负债表各项目对现金流动的影响。按企业经营活动的性质，现金流量表分为经营活动产生的现金净流量、投资活动产生的现金净流量、筹资活动产生的现金净流量。

现金流量表项目对应的企业基本活动如表 8-3 所示。

表 8-3 现金流量表项目对应的企业基本活动

现金流量表项目	企业的基本活动
经营现金流入	经营活动：会计期间经营活动现金流动量
经营现金流出	
经营现金流量净额	
投资现金流入	投资活动：会计期间投资活动现金流动量
投资现金流出	
投资现金流量净额	
筹资现金流入	筹资活动：会计期间筹资活动现金流动量
筹资现金流出	
筹资现金流量净额	

三、财务分析的主要步骤

财务报表分析不是一种有固定程序的工作，不存在唯一的通用分析程序，分析步骤一般包括以下几步。

(一) 确立分析标准

财务报表使用者立场不同，目的也不同。因此，财务报表分析注重比较，先要确定分析立场，再设定一个客观标准衡量财务报表的数据，最后，客观确定企业财务状况和经营成果。

(二) 明确分析的目的

财务报表分析目标，依分析类型的不同而有所不同。如信用分析，主要分析企业的偿债能力和支付能力；投资分析，主要分析投资的安全性和盈利性。

(三) 制订分析方案

根据分析工作量的大小和分析问题的难易程度制订分析方案。例如全面分析还是重点分析，是协作进行还是分工负责，进一步列出分析项目，安排工作进度，确定分析的内容、标准和时间。

(四) 收集、核实并整理有关的信息

需要收集的相关资料信息一般包括：宏观经济形势信息、行业情况信息、企业内部数据(如企业产品市场占有率、销售政策、产品品种、有关预测数据等)等；核对和明确财务报表是否反映了真实情况，是否与所收集到的资料相符；将资料分类，按时间先后顺序排列，便于以后撰写分析报告。

(五) 分析现状得出分析结论

根据分析目标和内容，评价所收集的资料，寻找数据间的因果关系，联系企业客观环境情况，解释形成现状的原因，揭示经营失误，暴露存在的问题，提出分析意见，解释结果，提供对决策有帮助的信息。

四、财务分析的方法

(一) 比较分析法

比较分析法是将同一企业不同时期的财务状况或不同企业之间的财务状况进行比较，揭示企业财务状况中所存在差异的分析方法。比较分析法可分为纵向比较分析法和横向比较分析法两种。

纵向比较分析法又称趋势分析法，是将同一企业连续若干期的财务状况进行比较，确

定其增减变动的方向、数额和幅度，以此来揭示企业财务状况的发展变化趋势的分析方法，如比较财务报表法、比较财务比率法。趋势分析法的比较对象是本企业的历史，是在财务分析中最常用的分析方法。

横向比较分析法是将本企业的财务状况与其他企业的同期财务状况进行比较，确定其存在的差异及其程度，以此来揭示企业财务状况中所存在的问题的分析方法。

比较分析法的具体运用主要有重要财务指标的比较、会计报表的比较和会计报表项目构成的比较三种方式。

1. 重要财务指标的比较

重要财务指标的比较是将不同时期财务报告中的相同指标或比例进行纵向比较，直接观察其增减变动情况及变动幅度，研究其发展趋势，预测其发展前景。用于不同时期财务指标比较的比率主要有以下两种方法：

(1) 定基动态比率是以某一时期的数额为固定的基期数额而计算出来的动态比率。其计算公式为

$$定基动态比率 = \frac{分析期数据}{固定期数据} \times 100\%$$

(2) 环比动态比率是以每一分析期的数据与上期数据相比较计算出来的动态比率。其计算公式为

$$环比动态比率 = \frac{分析期数据}{前一期数据} \times 100\%$$

2. 会计报表的比较

会计报表的比较指将连续几期的报表数据并列起来，比较各指标不同期间的增减变动金额和幅度，并由此判断企业财务状况和经营成果发展变化的一种方法。会计报表的比较具体包括资产负债表的比较、利润表的比较和现金流量表的比较等。

3. 会计报表项目构成的比较

会计报表项目构成的比较是以会计报表中的某个总体指标作为100%，再计算出各组成项目占该总体指标的百分比，从而比较各个项目百分比的增减变动，以此来判断有关财务活动的变化趋势。

采用比较分析法时，应当注意以下问题：

(1) 用于对比的各个时期的指标，其计算口径必须保持一致；

(2) 应剔除偶发性项目的影响，使分析所利用的数据能反映正常的生产经营状况；

(3) 应运用例外原则对某项有显著变动的指标做重点分析，并研究其产生的原因，以便采取对策，趋利避害。

(二) 比率分析法

比率分析法是通过计算各种比率指标来确定财务活动变动程度的方法。比率指标的类型主要有构成比率、效率比率和相关比率三类。

1. 构成比率

构成比率又称结构比率，是某项财务指标的各组成部分数值占总体数值的百分比，反映部分与总体的关系。其计算公式为

$$构成比率 = \frac{某个组成部分数值}{总体数值} \times 100\%$$

比如企业资产中流动资产、固定资产和无形资产占总资产的百分比，利用构成比率，可以研究总体中某个部分的比例是否合理，以便协调各项财务活动。

2. 效率比率

效率比率是某项财务活动中投入与产出之间关系的财务比率，反映投入与产出的关系。利用效率比率可以进行得失比较，考察经营成果，评价经济效益。

比如，利润项目与销售成本、销售收入、资本金等项目加以对比，可以计算出成本利润率、销售利润率和资本金利润率等指标，从不同角度观察比较企业盈利能力高低及其增减变化情况。

3. 相关比率

相关比率是以某个项目和与其有关但又不同的项目加以对比所得的比率，反映有关经济活动的相互关系。利用相关比率指标，可以研究企业相互关联的业务安排是否合理，以保障经营活动顺畅进行。比如，将流动资产与流动负债进行对比，计算出流动比率，可以判断企业的短期偿债能力；将负责总额与资产总额进行对比，可以判断企业的长期偿债能力。

采用比率分析法时，应当注意以下几点：对比项目的相关性；对比口径的一致性；衡量标准的科学性。

(三) 因素分析法

因素分析法是依据分析指标与其影响因素的关系，从数量上确定各因素对分析指标影响方向和影响程度的一种方法。

因素分析法具体有两种：连环替代法和差额分析法。

1. 连环替代法

连环替代法指顺序地用各项因素的实际数替换基数，借以计算几个相互联系的因素对综合经济指标变动影响程度的一种分析方法。

采用连环替代法的计算程序：确定影响指标变动的各项因素，分解指标体系，确定分析对象；连环顺序替代，计算替代结果；比较替代结果，确定影响程度加总影响数值，验算分析结果。

采用连环替代法时，必须按照各因素之间的依存关系，排列成一定的顺序并依次替代。各因素排列顺序的确定原则：如果既有数量因素又有质量因素，先数量后质量；如果既有实物数量因素，又有价值数量因素，先实物后价值；如果都是数量因素或都是质量因素，那么区分主要因素和次要因素，主要因素排列在先。

2．差额分析法

差额分析法是连环替代法的一种简化形式，是利用各个因素的比较值与基准值之间的差额，来计算各因素对分析指标的影响。

采用因素分析法时，必须注意以下问题：

(1) 因素分解的关联性，构成经济指标的因素，必须客观上存在着因果关系，并能够反映形成该项目指标差异的内在构成原因，否则就失去了价值。

(2) 因素替代的顺序性，确定替代因素时，必须根据各因素的依存关系，遵循一定的顺序并一次替代，不可随意加以颠倒，否则就会得出不同的计算结果。

(3) 顺序替代的连环性，因素分析法在计算每一因素变动的影响时，都是在前一次计算的基础上进行，并采用连环比较的方法确定因素变化的影响效果。

(4) 计算结果的假定性，由于因素分析法计算的各因素变动的变化影响数，会因替代顺序不同而有区别，因而计算结果不免带有假定性，即它不可能是每个计算的结果都达到绝对的准确，因此，分析时应力求使这种假定合乎逻辑，具有实际经济意义，这样计算结果的假定性才不至于妨碍分析的有效性。

五、财务分析指标的局限性

(一) 资料来源的局限性

1．报表数据的时效性问题

财务报表只能对已经发生了的历史财务信息加以列报，用于预测未来发展趋势，只有参考价值，并非绝对合理。即使是采用了一些技术手段对未来趋势进行预测，也是将建立在财务报表提供的历史资料的基础上，只是一个历史的假设。

2．报表数据的真实性问题

企业作在为信息提供者，在其形成财务报表之前必然研究信息使用者，尤其是外部使用者所关注的财务状况及其对信息的偏好进行研究，提供的信息尽力满足信息使用者对企业财务状况、经营成果的期待。其最终的报表信息可能跟企业实际状况相距甚远，从而误导信息使用者。

3．报表数据的可靠性问题

根据目前的会计准则要求，就同一性质的经济业务企业可以根据实际自身需要选择不同的会计处理方式，还可以采用一定的会计估计方法。这样就为企业操纵会计报表数据留下一定空间，减少财务信息的公信力。

(二) 财务分析指标的局限性

1．财务指标体系不严密

每一个财务指标只能反映企业的财务状况或经营状况的某一方面，每一类指标都过分强调本身所反映的方面，导致整个指标体系不严密。

2．财务指标所反映的情况具有相对性

在判断某个具体财务指标是好还是坏，或根据一系列指标形成对企业的综合判断时，必须注意财务指标本身所反映情况的相对性。因此，在利用财务指标进行分析时，必须掌握好对财务指标的"信任度"。

3．财务指标的评价标准不统一

例如，对流动比率，人们一般认为指标值为 2 比较合理，速动比率则认为 1 比较合适，但许多成功企业的流动比率都低于 2，不同行业的速动比率也有很大差别，如采用大量现金销售的企业，几乎没有应收账款，速动比率大大低于 1 是很正常的。相反，一些应收账款较多的企业，速动比率可能要大于 1。因此，在不同企业之间用财务指标进行评价时没有一个统一标准，不便于不同行业间的对比。

4．财务指标的计算口径不一致

例如，对反映企业营运能力指标，分母的计算可用年末数，也可用平均数，而平均数的计算又有不同的方法，这些都会导致计算结果不一样，不利于评价比较。

第二节 财务能力分析

财务比率也称财务指标，是通过财务报表数据的相对关系来揭示企业经营管理的各个方面的问题，是最重要的财务分析方法。基本的财务报表分析内容包括偿债能力分析、营运能力分析、盈利能力分析、发展能力分析和现金流量分析等五个方面。

为便于说明，本节各项财务指标的计算，将主要沿用 ABC 企业的数据，该企业资产负债表和利润表如表 8-4，表 8-5 所示。

表 8-4 ABC 企业资产负债表

编制单位：ABC 企业 　　　　　　2016 年 12 月 31 日 　　　　　　单位：万元

资　产	年末余额	年初余额	负债和所有者权益	年末余额	年初余额
流动资产：			流动负债：		
货币资金	260	135	短期借款	310	235
交易性金融资产	40	70	交易性金融资产	0	0
应收票据	50	65	应付票据	35	30
应收账款	2000	1005	应付账款	510	555
预付账款	70	30	预收账款	60	30
应收利息	0	0	应付职工薪酬	90	105
应收股利	0	0	应交税费	55	70
其他应收款	120	120	应付股利	0	0
存货	605	1640	应付利息	55	35
一年内到期的非流动资产	235	0	其他应付款	240	145
其他流动资产	210	65	一年内到期的非流动资产	260	0
流动资产合计	3590	3130	其他流动负债	25	35
			流动负债合计	1640	1240

资　　产	年末余额	年初余额	负债和所有者权益	年末余额	年初余额
非流动资产:			非流动负债:		
可供出售金融资产	0	0	长期借款	2260	1235
持有至到期投资	0	0	应付债券	1210	1310
长期应收款	0	0	其他非流动负债	360	385
长期股权投资	160	235	非流动负债合计	3830	2930
固定资产	6190	4775	负债合计	5470	4170
在建工程	100	185	所有者权益		
固定资产清理	0	70	实收资本	3000	3000
无形资产	100	120	资本公积	90	60
递延所得税资产	35	85	盈余公积	380	210
其他非流动资产	25	0	未分配利润	1260	1160
非流动资产合计	6610	5470	所有者权益合计	4730	4430
资产总计	10 200	8600	负债和所有者权益合计	10 200	8600

表 8-5　ABC 企业利润表

编制单位: ABC 企业　　　　　　　　2016 年度　　　　　　　　单位: 万元

项　　目	本年金额	上年金额
一、营业收入	15 010	14 260
减: 营业成本	13 230	12 525
营业税金及附加	150	150
销售费用	120	110
管理费用	240	210
财务费用	560	490
加: 公允价值变动收益	110	190
投资收益	210	130
二、营业利润	1030	1095
加: 营业外收入	60	95
减: 营业外支出	110	35
三、利润总额	980	1155
减: 所得税费用	330	385
四、净利润	650	770

一、偿债能力分析

企业的偿债能力是指在一定期间内清偿各种到期债务的能力。偿债能力分析是企业财务分析的一个重要方面，企业的管理者、债权人及股权持有者都很重视偿债能力的分析。偿债能力分析可分为短期偿债能力分析和长期偿债能力分析。

(一) 短期偿债能力分析

短期偿债能力是指企业用其流动资产偿付流动负债的能力，它反映企业偿付即将到期债务的实力。流动负债对企业的财务风险影响较大，如果不能及时偿还，就可能使企业陷入财务困境，有面临破产倒闭的风险。流动资产是偿还流动负债的保证，可以通过分析流动负债与流动资产之间的关系来判断企业的偿债能力。衡量企业短期偿债能力的指标有：营运资金、流动比率、速动比率、现金比率等。

1. 营运资金

营运资金是指流动资产超过流动负债的部分，即流动资产与流动负债的差额。营运资金是计量企业短期偿债能力的绝对指标。其计算公式如下：

$$营运资金 = 流动资产 - 流动负债$$

根据 ABC 企业的财务报表数据，可知

$$本年末营运资金 = 3590 - 1640 = 1950 (万元)$$
$$上年末营运资金 = 3130 - 1240 = 1890 (万元)$$

计算营运资金使用的流动资产和流动负债可以直接取自资产负债表。资产负债表项目区分为流动项目和非流动项目，且按照流动性强弱排序，方便计算营运资金和分析流动性。一般情况下，企业应保持一定数额的营运资金，以防止流动负债超过流动资产，即保持营运资金＞0，该指标越高，代表企业短期偿债能力越强，财务状况越稳定。否则当流动资产小于流动负债，即营运资金为负时，企业部分非流动负债得以流动负债作为资金来源，就会存在不能偿债的风险。

衡量营运资金持有量的合理性，没有一个统一的标准，如零售业营运资金较大，餐饮业营运资金较小甚至为负数，制造业保持一定的营运资金水平。营运资金指标是一个绝对数，不便于不同企业之间的比较，在实务中很少直接使用营运资金作为偿债能力指标，多通过债务的存量比率来评价。

如 A 企业和 B 企业有相同的营运资金(见表 8-6)，它们的偿债能力是否相同。

表 8-6　A 企业和 B 企业营运资金表　　　　　　　　单位：万元

	A 企业	B 企业
流动资产	600	2400
流动负债	200	2000
营运资金	400	400

虽然 A 企业和 B 企业营运资金都是 400 万元，但是 A 企业的偿债能力明显比 B 企业好。因为 A 企业的营运资金占流动资产的 2/3，即流动资产中只有 1/3 用于偿还流动负债；而 B 企业的营运资金占流动资产的 1/6，即流动资产中的绝大部分要用来偿还流动负债。B 企业的偿债风险很大，偿债能力远低于 A 企业。

2. 流动比率

流动比率是流动资产与流动负债的比值。其计算公式如下：

$$流动比率 = 流动资产 \div 流动负债$$

流动比率是指在假设全部流动资产都可以用于偿还流动负债，全部流动负债都需要还清的前提下，表明每 1 元流动负债有多少流动资产作为偿债保障。通常认为生产企业合理的流动比率为 2，因为流动资产中变现能力最差的存货金额约占流动资产总额的一半，其他流动性较大的流动资产至少等于流动负债，企业短期偿债能力才会有保证。

流动比率是相对数，排除了企业规模的影响，更适合同业比较以及本企业不同历史时期的比较。

流动比率高并不意味着短期偿债能力一定很强，因为流动比率假设所有的流动资产都能变现清偿流动负债，而实际上流动资产的变现能力并不相同、变现金额与账面金额存在较大差异，流动比率只是对短期偿债能力的粗略估计，还需要进一步分析流动资产的构成项目。

计算出来的流动比率只有和同业平均流动比率、本企业过去流动比率进行比较，才能知道其高低，而且还需进一步分析流动资产和流动负债所包含的内容及经营因素才能判断这一指标过高或过低的原因。

营业周期、流动资产中的应收账款和存货的周转速度是影响流动比率的主要因素。营业周期短、应收账款和存货的周转速度快的企业其流动比率低一些也是可以接受的。

根据 ABC 企业的财务报表数据，其 2016 年的流动比率为

$$年初流动比率 = 3130 \div 1240 = 2.524$$
$$年末流动比率 = 3590 \div 1640 = 2.189$$

年初、年末流动比率都大于 2，说明 ABC 企业具有较强的短期偿债能力。

流动比率比较容易被人为操纵，且没有揭示流动资产的构成，只能大致反映流动资产的整体变现能力。剔除了变现能力较弱的存货之后的比率所反映的短期偿债能力才更加可信，这个指标就是速动比率。

3. 速动比率

速动资产与流动负债的比值称为速动比率。其计算公式如下：

$$速动比率 = 速动资产 \div 流动负债$$

速动资产包括：货币资金、交易性金融资产、各种应收款项，可以在短期内变现。非速动资产包括：存货、预付账款、一年内到期的非流动资产、其他流动资产。

速动比率是指在假设全部速动资产都可以用于偿还流动负债的前提下，表明每 1 元流

动负债有多少速动资产作为偿债保障。

速动比率经验值为 1，因为通常认为存货占了流动资产的一半左右，因此剔除了存货影响的速动比率至少是 1。与流动比率一样，不同行业的速动比率差别很大，如采用大量现金销售的商店，几乎没有应收款项，速动比率远低于 1 很正常；相反，一些应收款项较多的企业，速动比率可能会大于 1。

影响速动比率可信性的重要因素是应收款项的变现能力。账面上的应收款项不一定能变现成现金，实际坏账可能比计提的准备要多；季节性的变化，可能使报表上的应收款项金额不能反映平均水平，计算出来的速动比率不能客观反映其短期偿债能力。

根据 ABC 企业的财务报表数据，其 2016 年的速动比率为

$$年初速动比率 = 1395 \div 1240 = 1.13$$
$$年末速动比率 = 2470 \div 1640 = 1.51$$

年初、年末速动比率都高于公认值 1，说明其短期偿债能力较强。经进一步分析发现，ABC 企业的速动资产中应收账款的比重分别为 72%和 81%，这部分不一定能按时收回，所以还必须进一步分析现金比率。

4. 现金比率

速动资产中，流动性最强、可直接用于偿债的资产称为现金资产。现金资产包括货币资金、交易性金融资产等。现金资产与流动负债的比值称为现金比率。其计算公式如下：

$$现金比率 = (货币资金 + 交易性金融资产) \div 流动负债$$

现金比率是在假设现金可全部用于偿还流动负债的情况下，表明 1 元流动负债有多少现金资产作为偿债保障。由于流动负债是在 年内或 个营业周期内陆续清偿，所以并不需要企业时时保留相当于流动负债金额的现金资产。研究表明可以接受 0.2 的现金比率，这一比率过高，就意味着企业过多的资源占用在盈利能力较低的现金资产上，从而影响企业的盈利能力。

现金比率虽然能反映企业的直接支付能力，但在一般情况下，企业不可能也无必要保留过多的现金类资产；对于经营活动具有高度的投机性和风险性、存货和应收账款停留的时间比较长的行业来说，对现金比率进行分析非常重要；对财务发生困难的企业，特别是发现企业的应收账款和存货的变现能力存在问题的情况下，计算现金比率能更真实、更准确地反映企业的短期偿债能力。

根据 ABC 企业的财务报表数据，其 2016 年年初年末的现金比率为

$$年初现金比率 = (135 + 70) \div 1240 = 0.165$$
$$年末现金比率 = (260 + 40) \div 1640 = 0.183$$

年初、年末现金比率都比较低，尽管流动比率和速动比率都比较高，也说明 ABC 企业短期偿债还是有一定的风险，应尽力缩短应收账款的周转期，加大应收账款催账速度，以加速应收账款资金的周转。

5. 影响短期偿债能力的其他因素

分析企业的短期偿债能力，除了进行短期偿债能力指标的计算分析以外，还要对影响

企业短期偿债能力的各种因素进行分析。

(1) 增强短期偿债能力的因素包括：可动用的银行贷款指标(贷款额度)；可以很快变现的长期资产；偿债能力的声誉及筹资环境。

(2) 降低短期偿债能力的因素包括：或有的负债(如未决诉讼、未决仲裁、债务担保、产品质量保证、环境污染整治、承诺、重组义务等)；担保责任引起的负债。

(二) 长期偿债能力分析

长期偿债能力是指企业偿还长期债务的能力，是评价企业财务状况的重点内容。企业在长期内不仅要偿还流动负债还要偿还非流动负债，因此，长期偿债能力衡量的是企业对所有负债的偿还能力，以便债权人和投资者全面了解企业的偿债能力及财务风险。反映企业长期偿债能力的指标有：资产负债率，产权比率，权益乘数和利息保障倍数。

1. 资产负债率

资产负债率是负债总额与资产总额的比率，它表明在资产总额中，债权人提供资金所占的比重。用于衡量企业利用债权人资金进行财务活动的能力，以及在清算时企业资产对债权人权益的保障程度。其计算公式为

$$资产负债率 = (总负债 \div 总资产) \times 100\%$$

资产负债率越低，企业偿债越有保证，贷款越安全。资产负债率代表企业的举债能力。当资产负债率高于 50% 时，表明企业资产来源主要依靠的是负债，财务风险较大；当资产负债率低于 50% 时，企业资产的主要来源是所有者，财务比较稳健。这一比率低，说明资产对负债的保障能力越高，企业的长期偿债能力越强。

资产负债率的合理范围，并没有严格的标准，不同行业、不同地区的企业甚至同一企业的不同时期，对资产负债率的要求也是不一样的。

应站在不同的角度对资产负债率进行分析。不同的利益相关者对资产负债率的要求不同。如债权人希望较低的资产负债率；股东希望在风险可承受范围内保持适度的资产负债率，以充分发挥财务杠杆的作用，获得更大的收益；经营者需要权衡企业的资产结构与资本结构，权衡财务风险与收益。

根据 ABC 企业的财务报表数据，其 2016 年年初、年末的资产负债率为

$$年初资产负债率 = 4170 \div 8600 \times 100\% = 48.49\%$$
$$年末资产负债率 = 5470 \div 10\ 200 \times 100\% = 53.63\%$$

年末数据有些上升，表明企业年末负债水平提高。再结合企业所在行业分析，ABC 企业所属行业的资产负债率为 60%，说明其资产负债率上升，财务风险有所加大但相对于行业水平而言其财务风险仍然较低，长期偿债能力较强。企业仍有进步空间去提高其负债水平，以发挥财务杠杆的作用。

2. 产权比率

产权比率又称资本负债率，是负债总额与所有者权益的比值，是企业财务结构稳健与

否的重要标志。其计算公式为

$$产权比率 = 负债总额 \div 所有者权益 \times 100\%$$

产权比率表明由债务人提供的资本与所有者提供的指标的相对关系，即企业的财务结构是否稳定；反映了债权人资本受股东权益保障的程度，或者是企业清算时对债权人利益的保障程度。这一比率越低，说明企业长期偿债能力越强，债权人权益保障程度越高。在分析时同样要求结合企业的具体情况进行分析，当企业的资产收益率大于负债成本率时，负债经营有利于提高资金收益率，获得额外的利润，此时的产权比率可以适当高一些。产权比率高，是高风险、高报酬的财务活动；产权比率低，是低风险、低报酬的财务结构。

产权比率与资产负债率具有共同的经济意义，资产负债率中应注意的问题，在产权比率分析中也应引起注意。

根据 ABC 企业的财务报表数据，其 2016 年年初、年末的产权比率为

$$年初产权比率 = 4170 \div 4430 \times 100\% = 94.13\%$$
$$年末产权比率 = 5470 \div 4730 \times 100\% = 115.64\%$$

年末的数据提高，说明该企业举债经营程度提高，财务风险加大。但仍然低于行业水平，行业的产权比率是 1.5 (行业的资产负债率为 60%，产权比率是 60% ÷ 40% = 1.5)。

产权比率与资产负债率的不同之处在于资产负债率侧重分析债务偿还时安全性的物质保障程度，产权比率侧重于揭示债务资本和权益资本的相互关系，说明所有者权益对偿债风险的承受能力。

3. 权益乘数

权益乘数是总资产与股东权益的比值，其计算公式为

$$权益乘数 = 总资产 \div 股东权益$$

权益乘数表明每一元股东权益拥有的资产额。在企业存在负债的情况下，权益乘数大于 1，企业负债比例越高，权益乘数越大。产权比率和权益乘数是资产负债率的另外两种形式，是常用的反映财务杠杆水平的指标。

对权益乘数的分析应该从不同的角度进行分析。权益乘数越小，企业的偿债能力就越强。

根据 ABC 企业的财务报表数据，其计算公式为

$$年初权益乘数 = 8600 \div 4430 = 1.94$$
$$年末权益乘数 = 10\,200 \div 4730 = 2.16$$

4. 利息保障倍数

利息保障倍数是指息税前利润对利息费用的倍数。其计算公式为

$$利息保障倍数 = 息税前利润 \div 应付利息$$
$$= (净利润 + 利息费用 + 所得税费用) \div 应付利息$$

利息保障倍数表明每 1 元利息支付有多少倍的息税前利润作保障，它可以反映债务政策的风险大小，企业是否有足够的息税前利润去支付利息。

分母的应付利息是指本期的全部应付利息，不仅包括计入财务费用的利息费用，还应包括计入固定资产成本的资本化利息；利息保障倍数反映的是企业支付利息的能力，体现企业举债经营的基本条件，不能反映债务本金的偿还能力。因此，在评价偿债能力时，还应结合债务本金、债务期限等因素综合评价。

利息保障倍数越高，企业长期偿债能力越强。从长期看利息保障倍数至少要大于 1 (国际公认标准是 3)，即息税前利润至少要大于应付利息，企业才具备偿还债务利息的可能性。如果利息保障倍数过低，企业将面临亏损、偿债的安全性与稳定性下降的风险。在短期内，利息保障倍数小于 1 也仍然具有利息支付能力，计算息税前利润时，减去的一些折旧和摊销费用并不需要支付现金。但这种支付能力是暂时的，当企业需要重置资产时，势必发生支付困难。因此在分析时需要比较企业多个会计年度(如 5 年)的利息保障倍数，以说明企业付息能力的稳定性。

根据 ABC 企业的财务报表数据，假定表中财务费用全部为利息费用，资本化利息为 0，则其计算公式为

$$年初利息保障倍数 = (1155 + 490) \div 490 = 3.36$$
$$年末利息保障倍数 = (980 + 560) \div 560 = 2.75$$

利息保障倍数减少，利息支付能力下降，但盈利能力还能支付将近 3 期的利息，有一定的偿还能力，但还需要与其他企业特别是本行业水平进行比较分析评价。

5. 影响长期偿债能力的其他因素

(1) 长期租赁。当企业急需某种设备或厂房而又缺乏足够资金时，可以通过租赁的方式解决。财产租赁的形式包括融资租赁和经营租赁。融资租赁形成的负债会反映在资产负债表中，而经营租赁的负债则未反映在资产负债表中。当企业的经营租赁额比较大、期限比较长或具有经常性时，就形成了一种长期性融资，因此，经营租赁也是一种表外融资。这种长期融资，到期必须支付租金，会对企业偿债能力产生影响。因此，如果企业经常发生经营租赁业务，应考虑租赁费用对偿债能力的影响。

(2) 债务担保。担保项目的时间长短不一，有的影响企业的长期偿债能力，有的影响企业的短期偿债能力。

(3) 可动用的银行贷款指标和授信额度。当企业有可以动用的银行贷款指标或授信额度时，这些数据不在财务报表内反映，但由于可以随时增加企业的支付能力，因此可以提高企业的偿债能力。

(三) 或有事项和承诺事项

如果企业存在债务担保或未决诉讼等或有事项，则会增加企业的潜在偿债压力。同样各种承诺支付事项，也会加大企业的短期偿债能力。

二、营运能力分析

营运能力指企业资金周转状况，资金周转状况好，说明企业的经营管理水平高，资金

利用效率高。因此营运能力指标可通过投入与产出之间的关系反映出来。营运能力分析主要包括：流动资产营运能力分析、固定资产营运能力分析、总资产营运能力分析。

(一) 流动资产营运能力分析

流动资产营运能力分析主要包括：应收账款营运能力分析、存货营运能力分析、流动资产营运能力分析。

1. 应收账款营运能力分析

应收账款在流动资产中的地位举足轻重，及时收回应收账款，既能增强企业的短期偿债能力，也能反映出企业管理应收账款的效率。反映应收账款周转情况的比率有应收账款周转率(次数)和应收账款周转天数。

应收账款周转率(次数)是企业一定时期内赊销销售收入净额与应收账款平均余额的比率，表明一定时期内应收账款平均回收的次数。其计算公式如下：

$$应收账款周转率 = \frac{销售收入}{应收账款平均余额}$$

$$应收账款平均余额 = \frac{期初应收账款 + 期末应收账款}{2}$$

应收账款周转率越高，说明应收账款周转速度越快，发生坏账的可能性越小。

应收账款周转天数也称为应收账款收现期：

$$应收账款周转天数 = \frac{计算期天数}{应收账款周转率} = 计算期天数 \times \frac{应收账款平均余额}{赊销销售收入净额}$$

应收账款周转天数表明从销售开始到收回现金平均需要的天数。应收账款周转天数越短，说明企业应收账款的周转速度越快。

理论上讲，分子应当用赊销净额，但是赊销数据难以取得，且可以假设现金销售是收账时间为零的应收账款，因此只要保持计算口径的历史一致性，使用赊销净额不影响分析。

分母应当为计提坏账准备前的应收账款余额，应收账款在财务报表上按净额列示，计提坏账准备越多，应收账款的周转率越高，周转天数越少，对应收账款管理欠佳的企业反而会得出应收账款周转情况更好的错误结论。

应收账款年末余额的可靠性问题，如应收账款是特定时点的存量，容易受季节性、偶然性、人为因素的影响等。在用应收账款周转率指标评价业绩时，最好使用多个时点的平均数，以减少这些因素的影响。

根据 ABC 企业的财务报表数据，ABC 企业 2016 年度销售收入净额为 15 010 万元，2016 年应收账款、应收票据年末数为 2050(2000+50)万元，年初数为 1070(1005+65)万元，假设年初、年末坏账准备为零。2016 年该企业应收账款周转率计算如下：

$$应收账款周转率 = \frac{15\,010}{(2050 + 1070)/2} = 9.62 \ (次)$$

$$应收账款周转天数 = \frac{360}{9.62} = 37 \ (天)$$

运用应收账款周转率指标评价企业应收账款管理效率时，应将计算出的指标与该企业前期、与行业平均或与其他类似企业数据相比较来进行判断。

2．存货营运能力分析

存货在流动资产中所占比重较大，存货的流动性直接影响了企业流动比率。存货周转率可以通过存货周转次数和周转天数来分析。

存货周转率(次数)是企业一定时期内销售成本(销售收入)与平均存货余额的比率。它可以反映企业存货变现能力和销货能力，是衡量企业购入存货、投入生产、销售收回等各环节管理效率的综合性指标。其计算公式为

$$存货周转率(周转次数) = \frac{销售成本}{存货平均余额}$$

其中：

$$存货平均余额 = \frac{存货期初余额 + 存货期末余额}{2}$$

存货周转天数表明存货周转一次需要的时间，也就是存货转换成现金平均需要的时间。其计算公式为

$$存货周转天数 = \frac{计算天数}{存货周转率}$$

在正常经营情况下，存货周转率越高，说明存货周转速度越快，销售成本占用资金少。反之，则存货周转率低，说明库存商品占用大量资金，销售状况不好。

根据 ABC 企业的财务报表数据，该企业存货周转率指标为

$$存货周转率 = \frac{13230}{(1640 + 605) / 2} = 11.79 \ (次)$$

$$存货周转天数 = \frac{360}{11.79} = 30.53 \ (天)$$

存货周转速度越快，存货的占用水平越低，流动性越强，存货转换为现金或应收账款的速度就快，企业的短期偿债能力即盈利能力就会增强。通过存货周转速度的分析，有利于找出存货管理中存在的问题，尽可能降低资金占用水平。

计算存货周转率时，若分析资产获利能力及各项资产的周转情况，则用"销售收入"计算存货周转率；若分析资产的流动性或存货管理的业绩，则用"销售成本"计算存货周转率。

存货周转天数不是越少越好，若存货周转率过低，可能存在存货管理水平太低、经常缺货或采购次数过于频繁、批量过小等问题；应关注构成存货的原材料、在产品、半成品、产成品和低值易耗品之间的比例关系；应结合应收账款周转情况和信用政策进行分析。

3. 流动资产营运能力分析

(1) 流动资产周转率是销售收入与流动资产平均余额的比率,反映企业对流动资产的利用效率,其计算公式如下:

$$流动资产周转率 = \frac{销售收入}{流动资产平均余额}$$

其中:

$$流动资产平均余额 = \frac{期初流动资产余额 + 期末流动资产余额}{2}$$

(2) 流动资产周转天数。流动资产周转天数表明流动资产周转一次需要的时间,也就是流动资产转换成现金平均需要的时间。其计算公式为

$$流动资产周转天数 = \frac{计算天数}{流动资产周转率} = 计算期天数 \times \frac{流动资产平均余额}{销售收入}$$

通常,流动资产中应收账款和存货占绝大部分,因此它们的周转状况对流动资产周转具有决定性影响。

一般情况下,流动资产周转率指标越高,表明企业流动资产周转速度越快,以相同的流动资产完成的周转额越多,流动资产利用效果越好。流动资产周转天数越少,表明流动资产在生产、销售各个阶段所占用的时间越短,可以相对节约流动资产,增强企业盈利能力。

但是究竟流动资产周转率应该达到多少才算好,并没有一个确定的标准,对企业流动资产周转率的分析应该基于企业历年的数据以及同行业状况。

流动资产周转率是一个综合分析指标,作为营运能力的关键因素,不能将流动资产周转率的分析与企业的偿债能力以及盈利能力割裂开来,而一味地追求高流动资产周转率;在较快的周转速度下,流动资产会相对节约,相当于流动资产投入的增加,在一定程度上增加了企业的盈利能力。

根据 ABC 企业的财务报表数据,该企业流动资产周转指标计算如下:

$$流动资产周转率 = \frac{15\,010}{(3130 + 3590)/2} = 4.47\ (次)$$

$$流动资产周转天数 = \frac{360}{4.47} = 80.53\ (天)$$

(二) 固定资产营运能力分析

固定资产的营运能力分析是对固定资产利用率与其所占用的资金之间的关系的分析,主要指标是固定资产周转率。

固定资产周转率是指企业销售收入与固定资产平均净值的比率,其计算公式为

$$固定资产周转率 = \frac{销售收入}{平均固定资产}$$

$$平均固定资产 = \frac{期初固定资产 + 期末固定资产}{2}$$

固定资产周转率表示在一个会计年度内，固定资产周转的次数，或表示每 1 元固定资产支持的销售收入。

固定资产周转率主要用于分析大型生产设备等的利用效率，该指标越高，说明固定资产投资得当，结构合理，利用效率高。

根据 ABC 企业的财务报表数据，该企业固定资产周转率计算如下：

$$2015 年固定资产周转率 = \frac{14\,260}{(4000 + 4775)/2} = 3.25 \ (次)$$

$$2016 年固定资产周转率 = \frac{15\,010}{(4775 + 6190)/2} = 2.74 \ (次)$$

通过以上计算数据可知，该企业 2016 年固定资产周转速度比 2015 年慢，其主要原因在于固定资产增长幅度大于销售收入增长幅度，说明企业营运能力有所减弱，这种幅度是否合理，还要视企业目标及同行业水平比较而定。

在计算和使用固定资产周转率时应注意的问题：随着固定资产的磨损，固定资产的产出能力会降低；净值能真实地反映固定资产的实际资金占用情况，更准确地反映周转状况；采用固定资产净值将受到固定资产折旧计提、减值准备计提的影响，在使用该指标时应注意其可比性问题；当企业固定资产平均净值过低(如因资产陈旧或过度计提折旧)，或者当企业属于劳动密集型企业时，采用固定资产周转率对企业进行营运能力分析的意义不大，因为这时固定资产对于企业来说，并不是其销售的业务或者产品的必要组成部分。

(三) 总资产营运能力分析

总资产营运能力分析是对企业总资产利用率与其所占用的资金之间的关系的分析，是衡量企业组织、管理、营运整个资产的能力和效率，是企业经营效益的重要影响因素。其主要指标为总资产周转率。

总资产周转率(次数)是指企业销售收入与平均资产总额的比率，其计算公式为

$$总资产周转率 = \frac{销售收入}{平均资产总额}$$

其中：

$$平均资产总额 = \frac{期初总资产 + 期末总资产}{2}$$

在计算和使用总资产周转率时应注意的问题：

(1) 由于年度报告中只包括资产负债表的年初数和年末数，外部报表使用者可直接用资产负债表的年初数来代替上年平均数进行比率分析。

(2) 如果企业的总资产周转率突然上升，而企业的销售收入却无多大变化，则可能是企业本期报废了大量固定资产造成的，而不是企业的资产利用效率提高。

(3) 如果企业的总资产周转率较低，且长期处于较低的状态，企业应采取措施提高各项资产的利用效率，处置多余、闲置不用的资产，提高销售收入，从而提高总资产周转率。

(4) 如果企业资金占用的波动性较大，平均总资产应采用更详细的资料进行计算，如按照月份、季度、年份计算。

$$月平均总资产 = \frac{月初总资产 + 月末总资产}{2}$$

$$季平均占用额 = \frac{\frac{1}{2}季初 + 第1月月末 + 第2月月末 + \frac{1}{2}季末}{3}$$

$$年平均占用额 = \frac{\frac{1}{2}年初 + 第1季季末 + 第2季季末 + 第3季季末 + \frac{1}{2}年末}{4}$$

计算总资产周转率时，分子分母应保持一致。

这一比率用来衡量企业资产整体的使用效率。总资产由各项组成，在销售收入既定的情况下总资产周转率的驱动因素是各项资产。因此总资产周转率的情况分析应结合各项资产的周转情况，以发现影响企业资产周转的主要因素。

根据 ABC 企业的财务报表数据，该企业总资产周转率计算如下：

$$2015 年总资产周转率 = \frac{14\,260}{(7800 + 8600) / 2} = 1.74 (次)$$

$$2016 年总资产周转率 = \frac{15\,010}{(8600 + 10\,200) / 2} = 1.6 (次)$$

总资产周转率比上年减慢了，这与前面计算分析固定资产周转速度减慢结论一致，该公司应该扩大销售额，处理闲散资产，以提高资产使用效率。

三、盈利能力分析

盈利能力是指企业获取资金或资本的增值能力，通常表现为一定时期内企业收益数额的多少及其水平的高低。利润率越高，盈利能力就越强。盈利能力是营运能力的目的与归宿，也是偿债能力和发展能力的结果与表现。盈利能力指标主要包括销售毛利率，销售净利率，总资产净利率和净资产收益率。'

(一) 销售毛利率

销售毛利率是指企业的销售毛利与销售收入的比率，反映了企业销售的初始盈利能力。

$$销售毛利率 = \frac{销售毛利}{销售收入} \times 100\%$$

其中：

$$销售毛利 = 销售收入 - 销售成本$$

销售毛利率反映 1 元销售收入实现毛利润的多少，即企业主营业务的盈利能力和获利水平，体现了企业生产经营活动最基本的获利能力。毛利是公司利润形成的基础。销售毛利率越高，说明抵补企业各项支出的能力越强，盈利能力越高；反之，则相反。

销售毛利率高于行业水平的企业意味着实现一定的收入占用了更少的成本，表明它们在资源、技术或劳动生产率方面具有竞争优势，在盈利能力方面也优于其他企业。

根据 ABC 企业的财务报表数据，可计算企业销售毛利率如下：

$$2015 \text{ 年销售毛利率} = \frac{14\,260 - 12\,525}{14\,260} = 12.17\%$$

$$2016 \text{ 年销售毛利率} = \frac{15\,010 - 13\,230}{15\,010} = 11.86\%$$

(二) 销售净利率

销售净利率是指企业的净利润与销售收入的比率，其计算公式如下：

$$\text{销售净利率} = \frac{\text{净利润}}{\text{销售收入}} \times 100\%$$

销售净利率反映了每一元销售收入最终赚取了多少利润，反映了产品最终的盈利能力，该比率越大，企业的盈利能力就越强。

在利润表上，从销售收入到净利润需要扣除销售成本、期间费用、税金等项目，因此可以将销售净利率的扣除项目进行分解来识别影响销售净利率的主要因素。

根据 ABC 企业的财务报表数据，可计算该企业销售净利率如下：

$$2015 \text{ 年销售净利率} = \frac{770}{14\,260} = 5.4\%$$

$$2016 \text{ 年销售净利率} = \frac{650}{15\,010} = 4.33\%$$

从上述计算分析可以看出，2016 年各项销售利润率指标均比上年有所下降，说明企业盈利能力有所下降，企业应查明原因，采取相应措施，提高盈利水平。

(三) 总资产净利率

总资产净利率是指企业在一定时期内获取的净利润与平均资产总额的比率，反映了每一元资产所创造的净利润。其计算公式为

$$\text{总资产净利率} = \frac{\text{净利润}}{\text{平均总资产}} \times 100\%$$

总资产净利率衡量的是企业资产的盈利能力，该比率越高，表明企业资产的利用效果越好，企业的盈利能力越强。影响总资产净利率的因素是销售净利率和总资产周转率。

$$\text{总资产净利率} = \frac{\text{净利润}}{\text{平均总资产}} = \frac{\text{净利润}}{\text{销售收入}} \times \frac{\text{销售收入}}{\text{平均总资产}} = \text{销售净利率} \times \text{总资产周转率}$$

因此，企业可以通过提高销售净利率、加速总资产周转率来提高总资产净利率。

根据 ABC 企业的财务报表数据，可计算该企业总资产净利率如下：

$$2015 \text{ 年总资产净利率} = \frac{770}{(7800 + 8600)/2} \times 100\% = 9.39\%$$

$$2016 \text{ 年总资产净利率} = \frac{650}{(10\,200 + 8600)/2} \times 100\% = 6.91\%$$

2016 年企业各项销售利润指标均比上年有所下降、说明企业盈利能力有所下降，企业应查明原因，采取提高销售净利率、加速总资产周转率等相应措施，提高盈利水平。

(四) 净资产收益率

净资产收益率，又称股东权益报酬率或所有者权益报酬率，是指企业净利润与平均所有者权益的比率，表示每一元股东资本赚取的净利润。其计算公式为

$$净资产收益率 = \frac{净利润}{平均所有者权益} \times 100\%$$

$$平均所有者权益 = \frac{期初所有者权益 + 期末所有者权益}{2}$$

净资产收益率是评价企业盈利能力的一个重要的财务指标也是杜邦财务指标体系的核心，更是投资者关注的重点。该指标是从所有者角度考察企业盈利水平的高低的，该比率越高，说明所有者投资带来的收益越高，股东和债权人利益的保障程度越高。如果该指标在一段时间内持续增长，说明企业盈利能力稳定上升。但净资产收益率不是一个越高越好的概念，分析时要注意企业的财务风险。

四、发展能力分析

企业发展能力是指企业未来一定时期生产经营的增长趋势和增长水平。企业发展能力分析是从动态的角度评价和判断企业的成长能力，根据过去的资料在评价企业发展成果的基础上推测企业未来的发展潜力。衡量企业发展能力的指标主要有：销售收入增长率、总资产增长率、营业利润增长率等。

(一) 销售收入增长率

销售收入增长率反映的是相对化的销售收入增长情况，是衡量企业经营状况和市场占有能力、预测企业经营业务拓展趋势的重要指标。在实际分析时，需要考虑企业历年的销售水平、市场占有情况、行业未来发展及其他影响企业发展是潜在因素，或结合企业前三年的销售收入增长率进行趋势性分析判断。其计算公式为

$$销售收入增长率 = \frac{本年销售收入增长额}{上年销售收入} \times 100\%$$

其中： 本年销售收入增长额 = 本年销售收入 − 上年销售收入

根据 ABC 企业的财务报表数据，可计算其销售收入增长率如下：

$$销售收入增长率 = \frac{15\,010 - 14\,260}{14\,260} \times 100\% = 5.26\%$$

销售收入增长率为正值，说明企业本期销售规模增加；该指标越大，表明企业销售增长的越快，市场开拓和客户发展情况越好，反之则相反。该指标应结合销售增长的具体原因，分析销售增长的来源，是销售数量的增加，是单位产品售价的提高，还是产品销售结构的改变等；该指标应与同行业水平横向比较，与本企业历史水平纵向比较，分析差异，改善营销管理的措施。

分析销售收入增长是否具有良好的成长性，是否具有效益性，只有当收入增长率大于资产增长率时，才具有效益性，否则说明销售方面的可持续增长能力不强；销售增长率受增长基数的影响，如果增长基数即上期营业收入较小，本期营业收入即使有较小增长，也会引起销售增长率的大幅提高，不利于企业之间的比较。因此还需要分析销售收入增长额、三年销售平均增长率。

(二) 总资产增长率

总资产增长率是从企业总量扩张方面衡量企业的发展能力，表明企业规模发展水平对企业发展后劲的影响。其计算公式如下：

$$总资产增长率 = \frac{本年资产增长额}{年初资产总额} \times 100\%$$

其中：　　　　　　　本年资产增长额 = 年末资产总额 − 年初资产总额

根据 ABC 企业的财务报表数据，可计算该企业总资产增长率如下

$$总资产增长率 = \frac{10\,200 - 8600}{8600} \times 100\% = 18.6\%$$

总资产增长率越高，说明企业年内资产规模扩张的速度越快，获得规模效益的能力越强，但要避免盲目扩张。

根据各项资产在总资产中的比重，制订合理的资产增长目标，即使资产规模和资产增长速度相同，但由于资本结构不同，资金来源的资本成本不同，即使短期内表现较好的高增长指标，从长期来看也不利于企业的发展；总资产增长率高，并不意味着资产规模增长就适当，必须结合销售增长和收益增长进行分析；注意企业发展战略、会计处理方法、历史成本原则等对总资产增长率的影响。一些重要的资产无法体现在资产总额中，如人力资源、非专利技术、企业文化等，所以该指标无法反映企业真正的资产增长情况。

(三) 营业利润增长率

营业利润增长率指企业本年营业利润增长额与上年营业利润总额的比率，反映企业营业利润的增减变动情况。其计算公式为

$$营业利润增长率 = \frac{本年营业利润增长额}{上年营业利润总额} \times 100\%$$

其中： 本年营业利润增长额 = 本年营业利润 − 上年营业利润

根据 ABC 企业的财务报表数据，可计算该企业营业利润增长率如下：

$$营业利润增长率 = \frac{1030 - 1095}{1095} \times 100\% = -5.94\%$$

营业利润增长率为负数，说明该企业销售情况不好，企业没有营业利润；该指标为正数，说明企业营业利润增长了，增长越多，企业发展能力越强。

第三节　财务综合分析

财务综合分析评价就是企业的偿债能力、盈利能力、营运能力和发展能力的综合分析，分析它们的相互关系和内在联系，系统、全面、综合地对企业的财务状况和经营成果进行分析和评价，说明企业整体财务状况和经营成果在所处行业内的优势。下面介绍两种常用的综合分析法：财务比率综合分析法和杜邦分析法。

一、财务比率综合评分法

财务比率综合评分法也称沃尔评分法，是指通过对选定的几项财务比率进行评分，然后计算出综合得分，并据此评价企业的综合财务状况的方法。

1928 年，亚历山大·沃尔出版的《信用晴雨表研究》和《财务报表比率分析》中提出了信用能力指数的概念，他选择了 7 个财务比率即流动比率、产权比率、固定资产比率、存货周转率、应收账款周转率、固定资产周转率和自有资本周转率，分别给定各指标的比重，然后确定标准比率(以行业平均数为基础)，将实际比率与标准比率相比，得出相对比率，将此相对比率与各指标比重相乘，得出总评分。提出了综合比率评价体系，把若干个财务比率用线性关系结合起来，以此来评价企业的财务状况。在沃尔之后，这种方法不断发展，成为对企业进行财务综合分析的一种重要方法。

(一) 财务比率综合评分法的基本步骤

1. 选定评价企业财务状况的比率指标并分配权重

我们可以参考财政部《企业效绩评价操作细则(修订)》中的企业效绩评价指标体系建立评价指标和各评价指标的权数。盈利能力的指标：资产净利率、销售净利率、净值报酬率；偿债能力的指标：自有资本比率、流动比率、应收账款周转率、存货周转率；发展能力的指标：销售增长率、净利增长率、资产增长率。按重要程度确定各项比率指标的评分值，评分值之和为 100。三类指标的评分值约为 5∶3∶2。盈利能力指标三者的比例约为

2：2：1，偿债能力指标和发展能力指标中各项具体指标的重要性大体相当。

2．确定各项评价指标的标准值

财务指标的标准值一般以行业平均数、企业历史先进数、国家有关标准或者国际公认数为基准来加以确定。表中的标准是根据《企业绩效评价标准值(2009)》大型工业企业优秀值填列的。

3．计算企业在一定时期各项比率指标的实际值

相关数据根据企业基本财务比率计算结果取得：

$$资产净利率 = \frac{净利润}{资产总额} \times 100\%$$

$$销售净利率 = \frac{净利润}{销售收入} \times 100\%$$

$$净值报酬率 = \frac{净利润}{净资产} \times 100\%$$

$$自有资本比率 = \frac{净资产}{资产总额} \times 100\%$$

$$流动比率 = \frac{流动资产}{流动负债}$$

$$应收账款周转率 = \frac{赊销净额}{平均应收账款余额}$$

$$存货周转率 = \frac{产品销售成本}{平均存货成本}$$

$$销售增长率 = \frac{销售增长额}{基期销售额} \times 100\%$$

$$净利增长率 = \frac{净利增加额}{基期净利} \times 100\%$$

$$资产增长率 = \frac{资产增加额}{基期资产总额} \times 100\%$$

4．对各项评价指标计分并计算综合分数

各项评价指标的计分按下列公式进行：

$$各项评价指标的得分 = 各项指标的权重 \times \frac{指标的实际值}{指标的标准值}$$

$$综合分数 = \sum 各项平价指标的得分$$

5．形成评价结果

沃尔比重评分法的公式：

$$实际分数 = \frac{实际值}{标准值} \times 权重$$

总评价大于100，企业整体财务状况良好；总评价接近100，企业整体财务状况基本良好；总评价远低于100，企业整体财务状况较差。当某一单项指标的实际值畸高时，会导致最后总分大幅度增加，掩盖情况不良的指标，从而给管理者造成一种假象。

(二) 财务比率综合评分法的局限性

1. 指标选择方面

沃尔评分法未能在理论上证明为什么要选择7个财务比率指标，因而无法解决指标及指标数量选择上的主观性和随意性。

2. 指标权重方面

沃尔评分法无法提供赋予各个指标权重大小的依据，无法证明各个指标所占权重的合理性，因而导致各个指标权重的赋予具有较大的主观性和随意性。

3. 指标评分规则方面

沃尔评分法的评分规则是，比率的实际值越高，其单项得分就越高，企业的总体评价就越好，这是由于各项评价指标的得分＝各项指标的权重×(指标的实际值÷指标的标准值)，就意味着当某项指标实际值大于标准值时，该指标的得分就会越高。在实务中，有些指标可能是低于标准值才是代表理想值。但是，用该公式计算出来分数却是低于标准分，显然与实际不符。因此，在指标选择上，应注意评价指标的同向性，对于不同向的指标应进行同向化处理或是选择其他替代指标，例如资产负债率就可以用其倒数的值来代替。

4. 技术方面

沃尔评分法在技术上也存在一个问题，就是当某一个指标严重异常时，会对总评分产生不合逻辑的重大影响。如当某一单项指标的实际值畸高时，会导致最后总分大幅度增加，掩盖了情况不良的指标，从而出现"一美遮百丑"的现象。因此，在实务运用时，可以设定各指标得分值的上限或下限，如按标准值的1.5倍定分数上限，0.5倍定分数下限，运用沃尔比重评分法对AB公司的财务评价，具体数据见表8-7。

表8-7 AB公司的财务状况综合评分表

评价内容	权数	基本指标		评价步骤			
		指 标	权数	标准值	实际值	关系比率	实际得分
			(1)	(2)	(3)	(4)=(3)÷(2)	(5)=(4)×(1)
财务效益状况	38	净资产收益率	25	14.20%	29.98%	2.11	52.79
		总资产报酬率	13	13.10%	21.55%	1.64	21.38
资产营运状况	18	总资产周转率	9	1.5	1.05	0.70	6.28
		流动资产周转率	9	4.5	1.98	0.44	3.95

续表

评价内容	权数	基本指标					
		指标	权数	标准值	实际值	关系比率	实际得分
			(1)	(2)	(3)	(4)=(3)÷(2)	(5)=(4)×(1)
偿债能力状况	20	资产负债率	12	43.50%	54.37%	1.25	15.00
		已获利息倍数	8	7.2	5.43	0.75	6.03
发展能力状况	24	销售(营业)增长率	12	26.70%	61.11%	2.29	27.47
		资本积累率	12	23.10%	35.82%	1.55	18.61
合计	100		100				151.51

由于 ABC 公司的综合得分为 151.51 分，大于 100 分。说明其财务状况的整体水平优于评价标准。

在实务运用时，还可以设定各指标得分值的上限或下限，如按标准值的 1.5 倍定分数上限，0.5 倍定分数下限，以避免因为某一单项指标的实际值畸高时导致最后总分大幅度增加而掩盖了情况不良的指标的现象，如表 8-8-所示。

表 8-8 调整后的 AB 公司的财务状况综合评分表

评价内容	权数	基本指标				评价步骤		
		指标	权数	标准值	实际值	关系比率 (4)=(3)÷(2)		实际得分
			(1)	(2)	(3)	实际比率	调整比率	(5)=(4)×(1)
财务效益状况	38	净资产收益率	25	14.20%	29.98%	2.11	1.50	37.50
		总资产报酬率	13	13.10%	21.55%	1.64	1.50	19.50
资产营运状况	18	总资产周转率	9	1.5	1.05	0.70	0.70	6.30
		流动资产周转率	9	4.5	1.98	0.44	0.50	4.50
偿债能力状况	20	资产负债率	12	43.50%	54.37%	1.25	1.25	15.00
		已获利息倍数	8	7.2	5.43	0.75	0.75	6.00
发展能力状况	24	销售(营业)增长率	12	26.70%	61.11%	2.29	1.50	18.00
		资本积累率	12	23.10%	35.82%	1.55	1.50	18.00
合计	100		100					124.80

总之，沃尔比重评分法是评价企业总体财务状况的一种比较可取的方法，这一方法的关键在于指标的选定、权重的分配以及标准值的确定等。

二、杜邦分析法

杜邦分析法又称杜邦财务分析体系(简称杜邦体系)，是根据各主要财务比率指标之间的内在联系，建立财务分析指标体系，对企业财务状况及经营成果进行综合系统分析评价的方法。

(一) 杜邦分析法的基本思路

杜邦分析法是建立一套完整的、相互关联的财务比率体系。该方法以净资产收益率为起点，以总资产净利率和权益乘数为基础，重点揭示企业获利能力及权益乘数对净资产收益率的影响，以及各相关指标间的相互作用关系。因其最初由美国杜邦公司成功应用而得名。杜邦分析体系如图8-1所示。

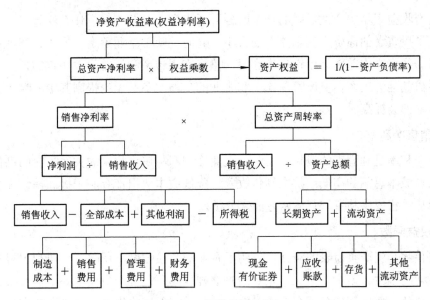

图 8-1　杜邦分析体系

注：本章销售净利率即营业净利率，销售收入即营业收入，销售费用即营业费用；图8-1中有关资产、负债和权益通常用平均值计算。

根据图 8-1 可以得出下面的主要公式：

$$净资产收益率 = 销售净利率 \times 总资产周转率 \times 权益乘数$$

$$= \frac{净利润}{销售收入} \times \frac{销售收入}{资产平均总额} \times \frac{总资产}{股东权益}$$

$$= \frac{净利润}{净资产}$$

其中：

$$权益乘数 = \frac{1}{1-资产负债率} = \frac{总资产}{净资产}$$

$$销售净利率 = \frac{净利润}{销售收入}$$

$$总资产周转率 = \frac{销售收入}{资产平均总额}$$

总资产净利率 = 销售净利率 × 总资产周转率

净利润 = 销售收入 - 成本费用 + 其他损益及收入 - 所得税费用

资产平均总额 = 流动资产 + 非流动资产

成本费用 = 营业成本 + 销售费用 + 管理费用 + 财务费用 + 营业税金及附加

流动资产 = 货币资金 + 预付款项 + 应收账款 + 其他

非流动资产 = 长期期权投资 + 固定资产 + 无形资产 + 其他

1．净资产收益率

净资产收益率是综合性最强的一个财务分析指标，是杜邦分析体系的起点。该指标的高低反映了投资者的净资产获利能力的大小，同时反映了企业筹资、投资、资产运营等活动的效率。净资产收益率是由销售净利率，总资产周转率和权益乘数决定的，三个比率分别反映了盈利能力比率、资产管理比率和企业的负债比率，无论提高其中的哪个比率，净资产收益率都会提高。

2．销售净利率

销售净利率是利润表的概括，反映了企业净利润与销售收入的关系，它的高低取决于销售收入与成本总额的高低：扩大销售收入、降低成本费用都有利于提高销售净利率，需要进一步从销售成果和资产营运两方面来分析。

3．权益乘数

权益乘数是资产负债表的概括，表明了企业的负债程度，反映了公司利用财务杠杆进行经营活动的程度。该指标越大，企业的负债程度越高；资产负债率高，权益乘数就大，这说明公司负债程度高，公司会有较多的杠杆利益，但风险也高；反之，资产负债率低，权益乘数就小，这说明公司负债程度低，公司会有较少的杠杆利益，但相应所承担的风险也低，它是资产权益率的倒数。

4．总资产周转率

总资产周转率把利润表和资产负债表联系起来，使净资产收益率可以综合反映企业资产实现销售收入的综合能力。分析时，必须综合销售收入分析企业资产结构是否合理，即流动资产和长期资产的结构比率关系。同时还要分析流动资产周转率、存货周转率、应收账款周转率等有关资产使用效率指标，找出总资产周转率高低变化的确切原因。如企业持有的货币资金超过其业务需要就会影响企业的盈利能力，如企业存货和应收账款过多，就会即影响企业的盈利能力又影响企业的偿债能力。因此还应进一步分析各项资产的占用数额和周转速度。

销售净利率和总资产周转率反映了企业的经营战略。两者共同作用得到总资产净利率，反映了企业管理者运用受托资产赚取盈利的业绩。

(二) 杜邦分析法的局限性

从企业绩效评价的角度来看，杜邦分析法只包括财务方面的信息，不能全面反映企业的实力，有很大的局限性，在实际运用中需要加以注意，必须结合企业的其他信息加以分析。主要表现在：

1. 忽视了对现金流量的分析

数据仅来源于三张主表。不能全面反映上市公司的重要财务指标(如每股收益、每股净资产、净资产收益率、股利支付率等)，不能反映股东权益的股份化。对短期财务结果过分重视，有可能助长公司管理层的短期行为，忽略企业长期的价值创造。

2. 忽视了对企业可持续发展能力的分析

销售净利率这一核心指标易受到会计利润短期性的影响，忽略企业长期的价值创造。分析指标仅局限于财务指标，忽视了其他指标如顾客、供应商、员工、技术创新等因素对企业经营业绩的影响。

3. 忽视了对企业的绩效进行评价

杜邦分析法仅局限于过去的财务信息，属于事后分析，对事前预测、事后控制的作用不大。在杜邦分析法的实际应用中，必须结合企业的其他分析方法加以分析，以弥补杜邦分析法的局限性，同时也弥补了其他分析方法的缺陷，使得财务分析结果更加完整和科学。

✦✦✦✦✦ 复习思考题 ✦✦✦✦✦

1. 简述财务分析的目的和内容。
2. 如何分析企业的短期偿债能力？
3. 如何分析企业的长期偿债能力？
4. 计算存货周转率时应注意哪些问题。

✦✦✦✦✦ 计 算 题 ✦✦✦✦✦

已知 A 公司 2016 年资产负债有关资料如下：

A 公司简要资产负债表　　　　　　　2016.12.31

资　产	年初	年末	负债及所有者权益	年初	年末
流动资产：			流动负债合计	175	150
货币资金	50	45	长期负债合计	245	200
应收账款	60	90	负债合计	420	350
存货	92	144			
预付账款	23	36			
流动资产合计	225	315	所有者权益合计	280	350
固定资产净值	475	385			
总　计	700	700	总计	700	700

该公司 2015 年度销售净利率为 16%，总资产周转率为 0.5 次，权益乘数为 2.5，净资产收益率为 20%，2016 年度营业收入为 420 万元，净利润为 63 万元。要求：

(1) 计算 2016 年年末的资产负债率和权益乘数。

(2) 计算 2016 年总资产周转率、销售净利率和净资产收益率(均按期末数计算)。

(3) 按销售净利率、总资产周转率、权益乘数的次序使用连环替代法进行杜邦财务分析，确定各因素对净资产收益率的影响。

附录一 复利终值系数表(F/P, i, n)

期数	1%	2%	3%	4%	5%	6%	7%	8%	9%	10%
1	1.0100	1.0200	1.0300	1.0400	1.0500	1.0600	1.0700	1.0800	1.0900	1.1000
2	1.0201	1.0404	1.0609	1.0816	1.1025	1.1236	1.1449	1.1664	1.1881	1.2100
3	1.0303	1.0612	1.0927	1.1249	1.1576	1.1910	1.2250	1.2597	1.2950	1.3310
4	1.0406	1.0824	1.1255	1.1699	1.2155	1.2625	1.3108	1.3605	1.4116	1.4641
5	1.0510	1.1041	1.1593	1.2167	1.2763	1.3382	1.4026	1.4693	1.5386	1.6105
6	1.0615	1.1262	1.1941	1.2653	1.3401	1.4185	1.5007	1.5869	1.6771	1.7716
7	1.0721	1.1487	1.2299	1.3159	1.4071	1.5036	1.6058	1.7138	1.8280	1.9487
8	1.0829	1.1717	1.2668	1.3686	1.4775	1.5938	1.7182	1.8509	1.9926	2.1436
9	1.0937	1.1951	1.3048	1.4233	1.5513	1.6895	1.8385	1.9990	2.1719	2.3579
10	1.1046	1.2190	1.3439	1.4802	1.6289	1.7908	1.9672	2.1589	2.3674	2.5937
11	1.1157	1.2434	1.3842	1.5395	1.7103	1.8983	2.1049	2.3316	2.5804	2.8531
12	1.1268	1.2682	1.4258	1.6010	1.7959	2.0122	2.2522	2.5182	2.8127	3.1384
13	1.1381	1.2936	1.4685	1.6651	1.8856	2.1329	2.4098	2.7196	3.0658	3.4523
14	1.1495	1.3195	1.5126	1.7317	1.9799	2.2609	2.5785	2.9372	3.3417	3.7975
15	1.1610	1.3459	1.5580	1.8009	2.0789	2.3966	2.7590	3.1722	3.6425	4.1772
16	1.1726	1.3728	1.6047	1.8730	2.1829	2.5404	2.9522	3.4259	3.9703	4.5950
17	1.1843	1.4002	1.6528	1.9479	2.2920	2.6928	3.1588	3.7000	4.3276	5.0545
18	1.1961	1.4282	1.7024	2.0258	2.4066	2.8543	3.3799	3.9960	4.7171	5.5599
19	1.2081	1.4568	1.7535	2.1068	2.5270	3.0256	3.6165	4.3157	5.1417	6.1159
20	1.2200	1.4859	1.8061	2.1911	2.6533	3.2071	3.8697	4.6610	5.6044	6.7275
21	1.2324	1.5157	1.8603	2.2788	2.7860	3.3996	4.1406	5.0338	6.1088	7.4002
22	1.2447	1.5460	1.9161	2.3699	2.9253	3.6035	4.4304	5.4365	6.6586	8.1403
23	1.2572	1.5769	1.9736	2.4647	3.0715	3.8197	4.7405	5.8715	7.2579	8.9543
24	1.2697	1.6084	2.0328	2.5633	3.2251	4.0489	5.0724	6.3412	7.9111	9.8497
25	1.2824	1.6406	2.0938	2.6658	3.3864	4.2919	5.4274	6.8485	8.6231	10.8347
26	1.2953	1.6734	2.1566	2.7725	3.5557	4.5494	5.8074	7.3964	9.3992	11.9182
27	1.3082	1.7069	2.2213	2.8834	3.7335	4.8223	6.2139	7.9881	10.2451	13.110
28	1.3213	1.7410	2.2879	2.9987	3.9201	5.1117	6.6488	8.6271	11.1671	14.421
29	1.3345	1.7758	2.3566	3.1187	4.1161	5.4184	7.1143	9.3173	12.1722	15.8631
30	1.3478	1.8114	2.4273	3.2434	4.3219	5.7435	7.6123	10.0627	13.2677	17.4494
40	1.4889	2.2080	3.0260	4.8010	7.0400	10.268	14.974	21.725	31.408	45.259
50	1.6446	2.6916	4.3839	7.1067	11.467	18.420	29.457	46.902	74.358	117.39
60	1.8167	3.2810	5.8916	10.5200	18.679	32.988	57.946	101.26	176.03	304.48

期数	12%	14%	15%	16%	18%	20%	24%	28%	32%	36%
1	1.1200	1.1400	1.1500	1.1600	1.1800	1.2000	1.2400	1.2800	1.3200	1.3600
2	1.2544	1.2996	1.3225	1.3456	1.3924	1.4400	1.5376	1.6384	1.7424	1.8496
3	1.4049	1.4815	1.5209	1.5609	1.6430	1.7280	1.9066	2.0972	2.3000	2.5155
4	1.5735	1.6890	1.7490	1.8106	1.9388	2.0736	2.3642	2.6844	3.0360	3.4210
5	1.7623	1.9254	2.0114	2.1003	2.2878	2.4883	2.9316	3.4360	4.0080	4.6526
6	1.9738	2.1950	2.3131	2.4364	2.6996	2.9860	3.6325	4.3980	5.2899	6.3275
7	2.2107	2.5023	2.6600	2.8262	3.1855	3.5832	4.5077	5.6295	6.9826	8.6054
8	2.4760	2.8526	3.0590	3.2784	3.7589	4.2998	5.5895	7.2058	9.2170	11.703
9	2.7731	3.2519	3.5179	3.8030	4.4355	5.1598	6.9310	9.2234	12.166	15.917
10	3.1058	3.7072	4.0456	4.4114	5.2338	6.1917	8.5944	11.806	16.060	21.647
11	3.4786	4.2262	4.6524	5.1173	6.1759	7.4301	10.6571	15.112	21..119	29.439
12	3.8960	4.8179	5.3503	5.9360	7.2876	8.916	13.215	19.343	27.983	40.037
13	4.3635	5.4924	6.1528	6.8858	8.5994	10.699	16.386	24.759	36.937	54.451
14	4.8871	6.2613	7.0757	7.9875	10.1472	12.839	20.319	31.691	48.757	74.053
15	5.4736	7.1379	8.1371	9.2655	11.974	15.407	25.196	40.565	64.359	100.71
16	6.1304	8.1372	9.3576	10.748	14.129	18.488	31.243	51.923	84.954	136.97
17	6.8660	9.2765	10.761	12.468	16.672	22.186	38.741	66.461	112.14	186.28
18	7.6900	10.575	12.375	14.463	19.673	26.623	48.039	85.071	148.02	253.34
19	8.6128	12.056	14.232	16.777	23.214	31.948	59.568	108.89	195.39	344.54
20	9.6463	13.743	16.367	19.461	27.393	38.338	74.864	139.38	257.92	468.57
21	10.804	15.668	18.822	22.574	32.324	46.005	91.592	178.41	340.45	637.26
22	12.100	17.861	21.645	26.186	38.142	55.206	113.57	228.36	449.39	866.67
23	13.552	20.362	24.891	30.376	45.008	66.247	140.83	292.30	593.20	1178.7
24	15.179	23.212	28.625	35.236	53.109	79.497	174.63	374.14	783.02	1603.0
25	17.000	26.462	32.919	40.874	62.669	95.396	216.54	478.90	1033.6	2180.1
26	19.040	30.167	37.857	47.414	73.949	114.48	268.51	613.00	1364.3	2964.9
27	21.325	34.390	43.535	55.000	87.260	137.37	332.95	784.64	1800.9	4032.3
28	23.884	39.204	50.066	63.800	102.97	164.84	412.86	1004.3	2377.2	5483.9
29	26.750	44.693	57.575	74.009	121.50	197.81	511.95	1285.6	3137.9	7458.1
30	29.960	50.950	66.212	85.850	143.37	237.38	634.82	1645.5	4142.1	10 143
40	93.051	188.83	267.86	378.72	750.38	1469.8	5455.9	19427	66 521	*
50	289.00	700.23	1083.7	1670.7	3927.4	9100.4	46890	*	*	*
60	897.60	2595.9	4384.0	7370.2	20 555	56 348	*	*	*	*
*>99 999										

附录二 复利现值系数表(P/F, i, n)

期数	1%	2%	3%	4%	5%	6%	7%	8%	9%	10%
1	0.9901	0.9804	0.9709	0.9615	0.9524	0.9434	0.9346	0.9259	0.9174	0.9091
2	0.9803	0.9712	0.9426	0.9246	0.9070	0.8900	0.8734	0.8573	0.8417	0.8264
3	0.9706	0.9423	0.9151	0.8890	0.8638	0.8396	0.8163	0.7938	0.7722	0.7513
4	0.9610	0.9238	0.8885	0.8548	0.8227	0.7921	0.7629	0.7350	0.7084	0.6830
5	0.9515	0.9057	0.8626	0.8219	0.7835	0.7473	0.7130	0.6806	0.6499	0.6209
6	0.9420	0.8880	0.8375	0.7903	0.7462	0.7050	0.6663	0.6302	0.5963	0.5645
7	0.9327	0.8606	0.8131	0.7599	0.7107	0.6651	0.6227	0.5835	0.5470	0.5132
8	0.9235	0.8535	0.7894	0.7307	0.6768	0.6274	0.5820	0.5403	0.5019	0.4665
9	0.9143	0.8368	0.7664	0.7026	0.644 6	0.5919	0.5439	0.5002	0.4604	0.4241
10	0.9053	0.8203	0.7441	0.6756	0.613 9	0.5584	0.5083	0.4632	0.4224	0.3855
11	0.8963	0.8043	0.7224	0.6496	0.584 7	0.5268	0.4751	0.4289	0.3875	0.3505
12	0.8874	0.7885	0.7014	0.6246	0.556 8	0.4970	0.4440	0.3971	0.3555	0.3186
13	0.8787	0.7730	0.6810	0.6006	0.5303	0.4688	0.4150	0.3677	0.3262	0.2897
14	0.8700	0.7579	0.6610	0.5775	0.5051	0.4423	0.3878	0.3405	0.2992	0.2633
15	0.8613	0.7430	0.6419	0.5553	0.4810	0.4173	0.3624	0.3152	0.2745	0.2394
16	0.8528	0.7284	0.6232	0.5339	0.4581	0.3936	0.3387	0.2919	0.2519	0.2176
17	0.8444	0.7142	0.6050	0.5134	0.4363	0.3714	0.3166	0.2703	0.2311	0.1978
18	0.8360	0.7002	0.5874	0.4936	0.4155	0.3503	0.2959	0.2502	0.2120	0.1799
19	0.8277	0.6864	0.5703	0.4746	0.3957	0.3305	0.2765	0.2317	0.1945	0.1635
20	0.8195	0.6730	0.5537	0.4564	0.3769	0.3118	0.2584	0.2145	0.1784	0.1486
21	0.8114	0.6598	0.5375	0.4388	0.3589	0.2942	0.2415	0.1987	0.1637	0.1351
22	0.8034	0.6468	0.5219	0.4220	0.3418	0.2775	0.2257	0.1839	0.1502	0.1228
23	0.7954	0.6342	0.5067	0.4057	0.3256	0.2618	0.2109	0.1703	0.1378	0.1117
24	0.7876	0.6217	0.4919	0.3901	0.3101	0.2470	0.1971	0.1577	0.1264	0.1015
25	0.7798	0.6095	0.4776	0.3751	0.2953	0.2330	0.1842	0.1460	0.1160	0.0923
26	0.7720	0.5976	0.4637	0.3604	0.2812	0.2198	0.1722	0.1352	0.1064	0.0839
27	0.7644	0.5859	0.4502	0.3468	0.2678	0.2074	0.1609	0.1252	0.0976	0.0763
28	0.7568	0.5744	0.4371	0.3335	0.2551	0.1956	0.1504	0.1159	0.0895	0.0693
29	0.7493	0.5631	0.4243	0.3207	0.2429	0.1846	0.1406	0.1073	0.0822	0.0630
30	0.7419	0.5521	0.4120	0.3083	0.2314	0.1741	0.1314	0.0994	0.0754	0.0573
35	0.7059	0.5000	0.3554	0.2534	0.1813	0.1301	0.0937	0.0676	0.0490	0.0356
40	0.6717	0.4529	0.3066	0.2083	0.1420	0.0972	0.0668	0.0460	0.0318	0.0221
45	0.6391	0.4102	0.2644	0.1712	0.1113	0.0727	0.0476	0.0313	0.0207	0.0137
50	0.6080	0.3715	0.2881	0.1407	0.0872	0.0543	0.0339	0.0213	0.0134	0.0085
55	0.5785	0.3365	0.1968	0.1157	0.0683	0.0406	0.0242	0.0145	0.0087	0.0053

財 务 管 理

续表

期数	12%	14%	15%	16%	18%	20%	24%	28%	32%	36%
1	0.8929	0.8772	0.8696	0.8621	0.8475	0.8333	0.8065	0.7813	0.7576	0.7353
2	0.7972	0.7695	0.7561	0.7432	0.7182	0.6944	0.6504	0.6104	0.5739	0.5407
3	0.7118	0.6750	0.6575	0.6407	0.6086	0.5787	0.5245	0.4768	0.4348	0.3975
4	0.6355	0.5921	0.5718	0.5523	0.5158	0.4823	0.4230	0.3725	0.3294	0.2923
5	0.5674	0.5194	0.4972	0.4762	0.4371	0.4019	0.3411	0.2910	0.2495	0.2149
6	0.5066	0.4556	0.4323	0.4104	0.3704	0.3349	0.2751	0.2274	0.1890	0.1580
7	0.4523	0.3996	0.3759	0.3538	0.3139	0.2791	0.2218	0.1776	0.1432	0.1162
8	0.4039	0.3506	0.3269	0.3050	0.2660	0.2326	0.1789	0.1388	0.1085	0.0854
9	0.3606	0.3075	0.2843	0.2620	0.2255	0.1938	0.1443	0.1084	0.0822	0.0628
10	0.3220	0.2697	0.2472	0.2267	0.1911	0.1615	0.1164	0.0847	0.0623	0.0462
11	0.2875	0.2366	0.2149	0.1954	0.1619	0.1346	0.0938	0.0662	0.0472	0.0340
12	0.2567	0.2076	0.1869	0.1685	0.1373	0.1122	0.0757	0.0517	0.0357	0.0250
13	0.2292	0.1821	0.1625	0.1452	0.1163	0.0935	0.0610	0.0404	0.0271	0.0184
14	0.2046	0.1597	0.1413	0.1252	0.0985	0.0779	0.0492	0.0316	0.0205	0.0135
15	0.1827	0.1401	0.1229	0.1079	0.0835	0.0649	0.0397	0.0247	0.0155	0.0099
16	0.1631	0.1229	0.1069	0.0980	0.0709	0.0541	0.0320	0.0193	0.0118	0.0073
17	0.1456	0.1078	0.0929	0.0802	0.0600	0.0451	0.0259	0.0150	0.0089	0.0054
18	0.1300	0.0946	0.0808	0.0691	0.0508	0.0376	0.0208	0.0118	0.0068	0.0039
19	0.1161	0.0829	0.0703	0.0596	0.0431	0.0313	0.0168	0.0092	0.0051	0.0029
20	0.1037	0.0728	0.0611	0.0514	0.0365	0.0261	0.0135	0.0072	0.0039	0.0021
21	0.0926	0.0638	0.0531	0.0443	0.0309	0.0217	0.0109	0.0056	0.0029	0.0016
22	0.0826	0.0560	0.0462	0.0382	0.0262	0.0181	0.0088	0.0044	0.0022	0.0012
23	0.0738	0.0491	0.0402	0.0329	0.0222	0.0151	0.0071	0.0034	0.0017	0.0008
24	0.0659	0.0431	0.034 9	0.0284	0.0188	0.0126	0.0057	0.0027	0.0013	0.0006
25	0.0588	0.0378	0.0304	0.0245	0.0160	0.0105	0.0046	0.0021	0.0010	0.0005
26	0.0525	0.0331	0.0264	0.0211	0.0135	0.0087	0.0037	0.0016	0.0007	0.0003
27	0.0469	0.0291	0.0230	0.0182	0.0115	0.0073	0.0030	0.0013	0.0006	0.0002
28	0.0419	0.0255	0.0200	0.0157	0.0097	0.0061	0.0024	0.0010	0.0004	0.0001
29	0.0374	0.0244	0.0174	0.0135	0.0082	0.0051	0.0020	0.0008	0.0003	0.0001
30	0.0334	0.0196	0.0151	0.0116	0.0070	0.0042	0.0016	0.0006	0.0002	
35	0.0189	0.0102	0.0075	0.0055	0.0030	0.0017	0.0005	0.0002	0.0001	
40	0.0107	0.0053	0.0037	0.0026	0.0013	0.0007	0.0002	0.0001	*	*
45	0.0061	0.0027	0.0019	0.0013	0.0006	0.0003	0.0001	*	*	*
50	0.0036	0.0014	0.0009	0.0006	0.0003	0.0001	*	*	*	*
55	0.0020	0.0007	0.0005	0.0003	0.0001	*	*	*	*	*
*＜0.0001										

附录三　年金终值系数表(*F*/*A*, *i*, *n*)

期数	1%	2%	3%	4%	5%	6%	7%	8%	9%	10%
1	1.0000	1.0000	1.0000	1.0000	1.0000	1.0000	1.0000	1.0000	1.0000	1.0000
2	2.0100	2.0200	2.0300	2.0400	2.0500	2.0600	2.0700	2.0800	2.0900	2.1000
3	3.0301	3.0604	3.0909	3.1216	3.1535	3.1836	3.2149	3.2464	3.2781	3.3100
4	4.0604	4.1216	4.1836	4.2465	4.3101	4.3746	4.4399	4.5061	4.5731	4.6410
5	5.1010	5.2040	5.3091	5.4163	5.5256	5.6371	5.7507	5.8666	5.9847	6.1051
6	6.1520	6.3081	6.4684	6.6330	6.8019	6.9753	7.1533	7.3359	7.5233	7.7156
7	7.2135	7.4343	7.6625	7.8983	8.1420	8.394 8	8.654 0	8.9228	9.2004	9.4872
8	8.2857	8.5830	8.8923	9.2142	9.5491	9.8975	10.260	10.637	11.028	11.436
9	9.3685	9.7546	10.159	10.583	11.027	11.491	11.978	12.488	13.021	13.579
10	10.462	10.950	11.464	12.006	12.578	13.181	13.816	14.487	15.913	15.937
11	11.567	12.169	12.808	13.486	14.207	14.972	15.784	16.645	17.560	18.531
12	12.683	13.412	14.192	15.026	16.917	16.870	17.888	18.977	20.141	21.384
13	13.809	14.680	15.618	16.627	17.713	18.882	20.141	21.495	22.953	24.523
14	14.947	15.974	17.086	18.292	19.599	21.015	22.550	24.214	26.019	27.975
15	16.097	17.293	18.599	20.024	21.579	23.276	25.129	27.152	29.361	31.772
16	17.258	18.639	20.157	21.825	23.657	25.673	27.888	30.324	33.003	35.950
17	18.430	20.012	21.762	23.698	25.84	28.213	30.840	33.750	36.974	40.545
18	19.615	21.412	23.414	25.645	28.132	30.906	33.999	37.450	41.301	45.599
19	20.811	22.841	25.117	27.671	30.539	33.760	37.379	41.446	46.018	51.159
20	22.019	24.297	26.870	29.778	33.066	36.786	40.995	45.762	51.160	57.275
21	23.239	25.783	28.676	31.969	35.719	39.993	44.865	50.423	56.765	64.002
22	24.472	27.299	30.537	34.249	38.505	43.392	49.006	55.457	62.875	71.403
23	25.716	28.845	32.453	36.618	41.430	46.996	53.436	60.883	69.532	79.543
24	26.973	30.422	34.426	39.083	44.502	50.816	58.177	66.765	76.790	88.497
25	28.243	32.03	36.459	41.646	47.727	54.863	63.294	73.106	84.701	98.347
26	29.526	33.671	38.553	44.312	51.113	59.156	68.676	79.954	93.324	109.18
27	30.821	35.344	40.710	47.084	54.669	63.706	74.484	87.351	102.72	121.10
28	31.129	37.051	42.931	49.968	58.403	68.528	80.698	95.339	112.97	134.21
29	33.450	38.792	45.219	52.966	62.323	73.640	87.347	103.97	124.14	148.63
30	34.785	40.568	47.575	56.085	66.439	79.058	94.461	113.28	136.31	164.49
40	48.886	60.402	75.401	95.026	120.80	154.76	199.64	259.06	337.89	442.59
50	64.463	84.579	112.80	152.67	209.35	290.34	406.53	573.77	815.08	1163.9
60	81.670	114.05	163.05	237.99	353.58	533.13	813.52	1 253.2	1 944.8	3 034.8

续表

期数	12%	14%	15%	16%	18%	20%	24%	28%	32%	36%
1	1.0000	1.0000	1.0000	1.0000	1.0000	1.0000	1.0000	1.0000	1.0000	1.0000
2	2.1200	2.1400	2.1500	2.1600	2.1800	2.2000	2.2400	2.2800	2.3200	2.3600
3	3.3744	3.4396	3.4725	3.5056	3.5724	3.6400	3.7776	3.9184	3.0624	3.2096
4	4.7793	4.9211	4.9934	5.0665	5.2154	5.3680	5.6842	6.0156	6.3624	6.7251
5	6.3528	6.6101	6.7424	6.8771	7.1542	7.4426	8.0484	8.6993	9.3983	10.146
6	8.1152	8.5355	8.7537	8.9775	9.4420	9.929 9	10.980	12.136	13.406	14.799
7	10.089	10.730	11.067	11.414	12.142	12.916	14.615	16.534	18.696	21.126
8	12.300	13.233	13.727	14.240	15.327	16.499	19.123	22.163	25.678	29.732
9	14.776	16.085	16.786	17.519	19.086	20.799	24.712	29.369	34.895	41.435
10	17.549	19.337	20.304	21.321	23.521	25.959	31.643	38.593	47.062	57.352
11	20.655	23.045	24.349	25.733	28.755	32.150	40.238	50.398	63.122	78.988
12	24.133	27.271	29.002	30.850	34.931	39.581	50.895	65.510	84.32	108.44
13	28.029	32.089	34.352	36.786	42.219	48.497	64.110	84.853	112.30	148.47
14	32.393	37.581	40.505	43.672	50.818	54.196	80.496	109.61	149.24	202.93
15	37.280	43.842	47.580	51.660	60.965	72.035	100.82	141.3	198.00	276.98
16	42.753	50.980	55.717	60.925	72.939	87.442	126.01	181.87	262.36	377.69
17	48.884	59.118	65.075	71.673	87.068	105.93	157.25	233.79	347.31	514.66
18	55.750	68.394	75.836	84.141	103.74	128.12	195.99	300.25	459.45	770.94
19	63.440	79.969	88.212	98.603	123.41	154.74	244.03	385.32	607.47	954.28
20	72.052	91.025	120.44	115.38	146.63	186.69	303.60	494.21	802.86	1298.8
21	81.699	104.77	118.81	134.84	174.02	225.03	377.46	633.59	1060.8	1767.4
22	92.503	120.44	137.63	157.41	206.34	271.03	469.06	812.00	1401.2	2404.7
23	104.60	138.30	159.28	183.60	244.49	326.24	582.63	1040.4	1850.6	3271.3
24	118.16	185.66	184.17	213.98	289.49	392.48	723.46	1332.7	2443.8	4450.0
25	133.33	181.87	212.79	249.21	342.60	471.98	898.09	1706.8	3226.8	6053.0
26	150.33	208.33	245.71	290.09	405.27	567.38	1114.6	2185.7	4260.4	8231.1
27	169.37	238.50	283.57	337.50	479.22	681.85	1383.1	2798.7	5624.8	11 198.0
28	190.70	272.89	327.10	392.50	566.48	819.22	1716.1	3583.3	7425.7	15 230.3
29	214.58	312.09	377.17	456.30	669.45	984.07	2129.0	4587.7	9802.9	20 714.2
30	241.33	356.79	434.75	530.31	790.95	1181.9	2640.9	5873.2	12 941	28 172.3
40	767.09	1342.0	1779.1	2360.8	4163.2	7343.9	27 290	69 377	*	*
50	2400.0	4994.5	7217.7	10 436	21 813	45 497	*	*	*	*
60	7471.6	18 535	29 220	46 058	*	*	*	*	*	*

* ＞99 999

附录四 年金现值系数表(P/A, i, n)

期数	1%	2%	3%	4%	5%	6%	7%	8%	9%
1	0.9901	0.9804	0.9709	0.9615	0.9524	0.9434	0.9346	0.9259	0.9174
2	1.9704	1.9416	1.9135	1.8861	1.8594	1.8334	1.8080	1.7833	1.7591
3	2.9410	2.8839	2.8286	2.7751	2.7232	2.6730	2.6243	2.5771	2.5313
4	3.9000	3.8077	3.7171	3.6299	3.5450	3.4651	3.3872	3.3121	3.2397
5	4.8534	4.7135	4.5797	4.4518	4.3295	4.2124	4.1002	3.9927	3.8897
6	5.7955	5.6014	5.4172	5.2421	5.0757	4.9173	4.7665	4.6229	4.4859
7	6.7282	6.4720	6.2303	6.0021	5.7864	5.5824	5.3893	5.2064	5.0330
8	7.6517	7.3255	7.0197	6.7327	6.4632	6.2098	5.9713	5.7466	5.5348
9	8.5660	8.1622	7.7861	7.4353	7.1078	6.8017	6.5152	6.2469	5.9952
10	9.4713	8.9826	8.5302	8.1109	7.7217	7.3601	7.0236	6.7101	6.4170
11	10.3676	9.7868	9.2526	8.7605	8.3064	7.8869	7.4987	7.1390	6.8052
12	11.2551	10.5753	9.9540	9.3851	8.8633	8.3838	7.9427	7.5361	7.1607
13	12.1337	11.3484	10.6350	9.9856	9.3936	8.8527	8.3577	7.9038	7.4869
14	13.0037	12.1062	11.2961	10.5631	9.8986	9.2950	8.7455	8.2442	7.7862
15	13.8651	12.8493	11.9379	11.1184	10.3797	9.7122	9.1079	8.5595	8.0607
16	14.7179	13.5777	12.5611	11.6523	10.8378	10.1059	9.4466	8.8514	8.3126
17	15.5623	14.2919	13.1661	12.1657	11.2741	10.4773	9.7632	9.1216	8.5436
18	16.3983	14.9920	13.7535	12.68966	11.6896	10.8276	10.0591	9.3719	8.7556
19	17.2260	15.6785	14.3238	13.13399	12.0853	11.1581	10.3356	9.6036	8.9601
20	18.0456	16.3514	14.8775	13.5903	12.4622	11.4699	10.5940	9.8181	9.1285
21	18.8570	17.0112	15.4150	14.0292	12.8212	11.7641	10.8355	10.0618	9.2922
22	19.6604	17.6580	15.9369	14.4511	13.1640	12.0417	11.0612	10.2007	9.4426
23	20.4558	18.2922	16.4436	14.8568	13.4886	12.3034	11.2722	10.3711	9.5802
24	21.2434	18.9139	16.9355	15.2470	13.7986	12.5504	11.4693	10.5288	9.7066
25	22.0232	19.5235	17.4131	15.6221	14.0939	12.7834	11.6536	10.6748	9.8226
26	22.7952	20.1210	17.8768	15.9828	14.3752	13.0032	11.8258	10.8100	9.9290
27	23.5596	20.7059	18.3270	16.3296	14.6430	13.2105	11.9867	10.9352	10.0266
28	24.3164	21.2813	18.7641	16.6631	14.8981	13.4062	12.1371	11.0511	10.1161
29	25.0658	21.8444	19.1885	16.9837	15.1411	13.5907	12.2777	11.1584	10.1983
30	25.8077	22.3965	19.6004	17.2920	15.3725	13.7648	12.4090	11.2578	10.2737
35	29.4086	24.9986	21.4872	18.6646	16.3742	14.4982	12.9477	11.6546	10.5668
40	32.8347	27.3555	23.1148	19.7928	17.1591	15.0463	13.3317	11.9246	10.7574
45	36.0945	29.4902	24.5187	20.7200	17.7741	15.4558	13.6055	12.1084	10.8812
50	39.1961	31.4236	25.7298	21.4822	18.2559	15.7619	13.8007	12.2335	10.9617
55	42.1472	33.1748	26.7744	22.1086	18.6335	15.9905	13.9399	12.3186	11.0140

续表

期数	10%	12%	14%	15%	16%	18%	20%	24%	28%	32%
1	0.9091	0.8929	0.8772	0.8696	0.8621	0.8475	0.8333	0.8065	0.7813	0.7576
2	1.7355	1.6901	1.6467	1.6257	1.6052	1.5656	1.5278	1.4568	1.3916	1.3315
3	2.4869	2.4018	2.3216	2.2832	2.2459	2.1743	2.1065	1.9813	1.8684	1.7663
4	3.1699	3.0373	2.9137	2.8550	2.7982	2.6901	2.5887	2.4043	2.2410	2.0957
5	3.7908	3.6048	3.4331	3.3522	3.2743	3.1272	2.9906	2.7454	2.5320	2.3452
6	4.3553	4.1114	3.8887	3.7845	3.6847	3.4976	3.3255	3.0205	2.7594	2.5342
7	4.8684	4.5638	4.2882	4.1604	4.0386	3.8115	3.6046	3.2423	2.9370	2.6675
8	5.3349	4.9676	4.6389	4.4873	4.3436	4.0776	3.8372	3.4212	3.0758	2.7860
9	5.7590	5.3282	4.9464	4.7716	4.6065	4.3030	4.0310	3.5655	3.1842	2.8681
10	6.1446	5.6502	5.2161	5.0188	4.8332	4.4941	4.1925	3.6819	3.2689	2.9304
11	6.4951	5.9377	5.4527	5.2337	5.0284	4.6560	4.3271	3.7757	3.3351	2.9776
12	6.8137	6.1944	5.6603	5.4206	5.1971	4.7932	4.4392	3.8514	3.3868	3.0133
13	7.1034	6.4235	5.8424	5.5831	5.3423	4.9095	4.5327	3.9124	3.4272	3.0404
14	7.3667	6.6282	6.0021	5.7255	5.4675	5.0081	4.6106	3.9616	3.4587	3.0609
15	7.6061	6.8109	6.1422	5.8474	5.5755	5.0916	4.6755	4.0013	3.4834	3.0764
16	7.8237	6.9740	6.2651	5.9542	5.6685	5.1624	4.7296	4.0333	3.5026	3.0882
17	8.0216	7.1196	6.3729	6.0472	5.7487	5.2223	4.7746	4.0591	3.5177	3.0971
18	8.2014	7.2497	6.4674	6.1280	5.8178	5.2732	4.8122	4.0799	3.5294	3.1039
19	8.3649	7.3658	6.5504	6.1982	5.8775	5.3162	4.8435	4.0967	3.5386	3.1090
20	8.5136	7.4694	6.6231	6.2593	5.9288	5.3527	4.8696	4.1103	3.5458	3.1129
21	8.6487	7.5620	6.6870	6.3125	5.9731	5.3837	4.8913	4.1212	3.5514	3.1158
22	8.7715	7.6446	6.7429	6.3587	6.0113	5.4099	4.9094	4.1300	3.5558	3.1180
23	8.8832	7.7184	6.7921	6.3988	6.0442	5.4321	4.9245	4.1371	3.5592	3.1997
24	8.9847	7.7843	6.8351	6.4338	6.0726	5.4509	4.9371	4.1428	3.5619	3.1210
25	9.0770	7.8431	6.8729	6.4641	6.0971	5.4669	4.9476	4.1474	3.5640	3.1220
26	9.1609	7.8957	6.9061	6.4906	6.1182	5.4804	4.9563	4.1511	3.5656	3.1227
27	9.2372	7.9426	6.9352	6.5135	6.1364	5.4919	4.9636	4.1542	3.5669	3.1233
28	9.3066	7.9844	6.9607	6.5335	6.1520	5.5016	4.9697	4.1566	3.5679	3.1237
29	9.3696	8.0218	6.9830	6.5509	6.1656	5.5098	4.9747	4.1585	3.5687	3.1240
30	9.4269	8.0552	7.0027	6.5660	6.1772	5.5168	4.9789	4.1601	3.5693	3.1242
35	9.6442	8.1755	7.0700	6.6166	6.2153	5.5386	4.9915	4.1644	3.5708	3.1248
40	9.7991	8.2438	7.1050	6.6418	6.2335	5.5482	4.1659	4.1659	3.5712	3.1250
45	9.8628	8.2825	7.1232	6.6543	6.2421	5.5523	4.9986	4.1664	3.5714	3.1250
50	9.9148	8.3045	7.1327	6.6605	6.2463	5.5541	4.9995	4.1666	3.5714	3.1250
55	9.9471	8.3170	7.1376	6.6636	6.2482	5.5549	4.9998	4.1666	3.5714	3.1250

附录五　企业财务通则

中华人民共和国财政部令(第 41 号)

　　根据《国务院关于〈企业财务通则〉、〈企业会计准则〉的批复》的(国函[1992]178 号)规定,财政部对《企业财务通则》(财政部令第 4 号)进行了修订,修订后的《企业财务通则》已经财政部部务会议讨论通过,现予公布,自 2007 年 1 月 1 日起施行。

中华人民共和国财政部

2006-12-4

第一章　总　　则

　　第一条　为了加强企业财务管理,规范企业财务行为,保护企业及其相关方的合法权益,推进现代企业制度建设,根据有关法律、行政法规的规定,制定本通则。

　　第二条　在中华人民共和国境内依法设立的具备法人资格的国有及国有控股企业适用本通则,金融企业除外,其他企业参照执行。

　　第三条　国有及国有控股企业(以下简称企业)应当确定内部财务管理体制,建立健全财务管理制度,控制财务风险。

　　企业财务管理应当按照制定的财务战略,合理筹集资金,有效营运资产,控制成本费用,规范收益分配及重组清算财务行为,加强财务监督和财务信息管理。

　　第四条　财政部负责制订企业财务规章制度。

　　各级财政部门(以下通称主管财政机关)应当加强对企业财务的指导、管理、监督,其主要职责包括:

　　(一)监督执行企业财务规章制度,按照财务关系指导企业建立健全内部财务制度。

　　(二)制订促进企业改革发展的财政财务政策,建立健全支持企业发展的财政资金管理制度。

　　(三)建立健全企业年度财务会计报告审计制度,检查企业财务会计报告质量。

　　(四)实施企业财务评价,监测企业财务运行状况。

　　(五)研究、拟订企业国有资本收益分配和国有资本经营预算的制度。

　　(六)参与审核属于本级人民政府及其有关部门、机构出资的企业重要改革、改制方案。

　　(七)根据企业财务管理的需要提供必要的帮助、服务。

第五条　各级人民政府及其部门、机构，企业法人、其他组织或者自然人等企业投资者(以下通称投资者)，企业经理、厂长或者实际负责经营管理的其他领导成员(以下通称经营者)，依照法律、法规、本通则和企业章程的规定，履行企业内部财务管理职责。

第六条　企业应当依法纳税。企业财务处理与税收法律、行政法规规定不一致的，纳税时应当依法进行调整。

第七条　各级人民政府及其部门、机构出资的企业，其财务关系隶属同级财政机关。

第二章　企业财务管理体制

第八条　企业实行资本权属清晰、财务关系明确、符合法人治理结构要求的财务管理体制。

企业应当按照国家有关规定建立有效的内部财务管理级次。企业集团公司自行决定集团内部财务管理体制。

第九条　企业应当建立财务决策制度，明确决策规则、程序、权限和责任等。法律、行政法规规定应当通过职工(代表)大会审议或者听取职工、相关组织意见的财务事项，依照其规定执行。

企业应当建立财务决策回避制度。对投资者、经营者个人与企业利益有冲突的财务决策事项，相关投资者、经营者应当回避。

第十条　企业应当建立财务风险管理制度，明确经营者、投资者及其他相关人员的管理权限和责任，按照风险与收益均衡、不相容职务分离等原则，控制财务风险。

第十一条　企业应当建立财务预算管理制度，以现金流为核心，按照实现企业价值最大化等财务目标的要求，对资金筹集、资产营运、成本控制、收益分配、重组清算等财务活动，实施全面预算管理。

第十二条　投资者的财务管理职责主要包括：

(一) 审议批准企业内部财务管理制度、企业财务战略、财务规划和财务预算。

(二) 决定企业的筹资、投资、担保、捐赠、重组、经营者报酬、利润分配等重大财务事项。

(三) 决定企业聘请或者解聘会计师事务所、资产评估机构等中介机构事项。

(四) 对经营者实施财务监督和财务考核。

(五) 按照规定向全资或者控股企业委派或者推荐财务总监。

投资者应当通过股东(大)会、董事会或者其他形式的内部机构履行财务管理职责，可以通过企业章程、内部制度、合同约定等方式将部分财务管理职责授予经营者。

第十三条　经营者的财务管理职责主要包括：

(一) 拟订企业内部财务管理制度、财务战略、财务规划，编制财务预算。

(二) 组织实施企业筹资、投资、担保、捐赠、重组和利润分配等财务方案，诚信履行企业偿债义务。

(三) 执行国家有关职工劳动报酬和劳动保护的规定，依法缴纳社会保险费、住房公积金等，保障职工合法权益。

(四) 组织财务预测和财务分析，实施财务控制。

(五) 编制并提供企业财务会计报告，如实反映财务信息和有关情况。

(六) 配合有关机构依法进行审计、评估、财务监督等工作。

第三章　资　金　筹　集

第十四条　企业可以接受投资者以货币资金、实物、无形资产、股权、特定债权等形式的出资。其中，特定债权是指企业依法发行的可转换债券、符合有关规定转作股权的债权等。

企业接受投资者非货币资产出资时，法律、行政法规对出资形式、程序和评估作价等有规定的，依照其规定执行。

企业接受投资者商标权、著作权、专利权及其他专有技术等无形资产出资的，应当符合法律、行政法规规定的比例。

第十五条　企业依法以吸收直接投资、发行股份等方式筹集权益资金的，应当拟订筹资方案，确定筹资规模，履行内部决策程序和必要的报批手续，控制筹资成本。

企业筹集的实收资本，应当依法委托法定验资机构验资并出具验资报告。

第十六条　企业应当执行国家有关资本管理制度，在获准工商登记后 30 日内，依据验资报告等向投资者出具出资证明书，确定投资者的合法权益。

企业筹集的实收资本，在持续经营期间可以由投资者依照法律、行政法规以及企业章程的规定转让或者减少，投资者不得抽逃或者变相抽回出资。

除《公司法》等有关法律、行政法规另有规定外，企业不得回购本企业发行的股份。企业依法回购股份，应当符合有关条件和财务处理办法，并经投资者决议。

第十七条　对投资者实际缴付的出资超出注册资本的差额(包括股票溢价)，企业应当作为资本公积管理。

经投资者审议决定后，资本公积用于转增资本。国家另有规定的，从其规定。

第十八条　企业从税后利润中提取的盈余公积包括法定公积金和任意公积金，可以用于弥补企业亏损或者转增资本。法定公积金转增资本后留存企业的部分，以不少于转增前注册资本的 25% 为限。

第十九条　企业增加实收资本或者以资本公积、盈余公积转增实收资本，由投资者履行财务决策程序后，办理相关财务事项和工商变更登记。

第二十条　企业取得的各类财政资金，区分以下情况处理：

(一) 属于国家直接投资、资本注入的，按照国家有关规定增加国家资本或者国有资本公积。

(二) 属于投资补助的，增加资本公积或者实收资本。国家拨款时对权属有规定的，按规定执行；没有规定的，由全体投资者共同享有。

(三) 属于贷款贴息、专项经费补助的，作为企业收益处理。

（四）属于政府转贷、偿还性资助的，作为企业负债管理。

（五）属于弥补亏损、救助损失或者其他用途的，作为企业收益处理。

第二十一条　企业依法以借款、发行债券、融资租赁等方式筹集债务资金的，应当明确筹资目的，根据资金成本、债务风险和合理的资金需求，进行必要的资本结构决策，并签订书面合同。

企业筹集资金用于固定资产投资项目的，应当遵守国家产业政策、行业规划、自有资本比例及其他规定。

企业筹集资金，应当按规定核算和使用，并诚信履行合同，依法接受监督。

第四章　资 产 营 运

第二十二条　企业应当根据风险与收益均衡等原则和经营需要，确定合理的资产结构，并实施资产结构动态管理。

第二十三条　企业应当建立内部资金调度控制制度，明确资金调度的条件、权限和程序，统一筹集、使用和管理资金。企业支付、调度资金，应当按照内部财务管理制度的规定，依据有效合同、合法凭证，办理相关手续。

企业向境外支付、调度资金应当符合国家有关外汇管理的规定。

企业集团可以实行内部资金集中统一管理，但应当符合国家有关金融管理等法律、行政法规规定，并不得损害成员企业的利益。

第二十四条　企业应当建立合同的财务审核制度，明确业务流程和审批权限，实行财务监控。

企业应当加强应收款项的管理，评估客户信用风险，跟踪客户履约情况，落实收账责任，减少坏账损失。

第二十五条　企业应当建立健全存货管理制度，规范存货采购审批、执行程序，根据合同的约定以及内部审批制度支付货款。

企业选择供货商以及实施大宗采购，可以采取招标等方式进行。

第二十六条　企业应当建立固定资产购建、使用、处置制度。

企业自行选择、确定固定资产折旧办法，可以征询中介机构、有关专家的意见，并由投资者审议批准。固定资产折旧办法一经选用，不得随意变更。确需变更的，应当说明理由，经投资者审议批准。

企业购建重要的固定资产、进行重大技术改造，应当经过可行性研究，按照内部审批制度履行财务决策程序，落实决策和执行责任。

企业在建工程项目交付使用后，应当在一个年度内办理竣工决算。

第二十七条　企业对外投资应当遵守法律、行政法规和国家有关政策的规定，符合企业发展战略的要求，进行可行性研究，按照内部审批制度履行批准程序，落实决策和执行的责任。

企业对外投资应当签订书面合同，明确企业投资权益，实施财务监管。依据合同支付投资款项，应当按照企业内部审批制度执行。

企业向境外投资的，还应当经投资者审议批准，并遵守国家境外投资项目核准和外汇管理等相关规定。

第二十八条　企业通过自创、购买、接受投资等方式取得的无形资产，应当依法明确权属，落实有关经营、管理的财务责任。

无形资产出现转让、租赁、质押、授权经营、连锁经营、对外投资等情形时，企业应当签订书面合同，明确双方的权利义务，合理确定交易价格。

第二十九条　企业对外担保应当符合法律、行政法规及有关规定，根据被担保单位的资信及偿债能力，按照内部审批制度采取相应的风险控制措施，并设立备查账簿登记，实行跟踪监督。

企业对外捐赠应当符合法律、行政法规及有关财务规定，制订实施方案，明确捐赠的范围和条件，落实执行责任，严格办理捐赠资产的交接手续。

第三十条　企业从事期货、期权、证券、外汇交易等业务或者委托其他机构理财，不得影响主营业务的正常开展，并应当签订书面合同，建立交易报告制度，定期对账，控制风险。

第三十一条　企业从事代理业务，应当严格履行合同，实行代理业务与自营业务分账管理，不得挪用客户资金、互相转嫁经营风险。

第三十二条　企业应当建立各项资产损失或者减值准备管理制度。各项资产损失或者减值准备的计提标准，一经选用，不得随意变更。企业在制订计提标准时可以征询中介机构、有关专家的意见。

对计提损失或者减值准备后的资产，企业应当落实监管责任。能够收回或者继续使用以及没有证据证明实际损失的资产，不得核销。

第三十三条　企业发生的资产损失，应当及时予以核实、查清责任，追偿损失，按照规定程序处理。

企业重组中清查出的资产损失，经批准后依次冲减未分配利润、盈余公积、资本公积和实收资本。

第三十四条　企业以出售、抵押、置换、报废等方式处理资产时，应当按照国家有关规定和企业内部财务管理制度规定的权限和程序进行。其中，处理主要固定资产涉及企业经营业务调整或者资产重组的，应当根据投资者审议通过的业务调整或者资产重组方案实施。

第三十五条　企业发生关联交易的，应当遵守国家有关规定，按照独立企业之间的交易计价结算。投资者或者经营者不得利用关联交易非法转移企业经济利益或者操纵关联企业的利润。

第五章　成　本　控　制

第三十六条　企业应当建立成本控制系统，强化成本预算约束，推行质量成本控制办法，实行成本定额管理、全员管理和全过程控制。

第三十七条 企业实行费用归口、分级管理和预算控制，应当建立必要的费用开支范围、标准和报销审批制度。

第三十八条 企业技术研发和科技成果转化项目所需经费，可以通过建立研发准备金筹措，据实列入相关资产成本或者当期费用。

符合国家规定条件的企业集团，可以集中使用研发费用，用于企业主导产品和核心技术的自主研发。

第三十九条 企业依法实施安全生产、清洁生产、污染治理、地质灾害防治、生态恢复和环境保护等所需经费，按照国家有关标准列入相关资产成本或者当期费用。

第四十条 企业发生销售折扣、折让以及支付必要的佣金、回扣、手续费、劳务费、提成、返利、进场费、业务奖励等支出的，应当签订相关合同，履行内部审批手续。

企业开展进出口业务收取或者支付的佣金、保险费、运费，按照合同规定的价格条件处理。

企业向个人以及非经营单位支付费用的，应当严格履行内部审批及支付的手续。

第四十一条 企业可以根据法律、法规和国家有关规定，对经营者和核心技术人员实行与其他职工不同的薪酬办法，属于本级人民政府及其部门、机构出资的企业，应当将薪酬办法报主管财政机关备案。

第四十二条 企业应当按照劳动合同及国家有关规定支付职工报酬，并为从事高危作业的职工缴纳团体人身意外伤害保险费，所需费用直接作为成本(费用)列支。

经营者可以在工资计划中安排一定数额，对企业技术研发、降低能源消耗、治理"三废"、促进安全生产、开拓市场等作出突出贡献的职工给予奖励。

第四十三条 企业应当依法为职工支付基本医疗、基本养老、失业、工伤等社会保险费，所需费用直接作为成本(费用)列支。

已参加基本医疗、基本养老保险的企业，具有持续盈利能力和支付能力的，可以为职工建立补充医疗保险和补充养老保险，所需费用按照省级以上人民政府规定的比例从成本(费用)中提取。超出规定比例的部分，由职工个人负担。

第四十四条 企业为职工缴纳住房公积金以及职工住房货币化分配的财务处理，按照国家有关规定执行。

职工教育经费按照国家规定的比例提取，专项用于企业职工后续职业教育和职业培训。

工会经费按照国家规定比例提取并拨缴工会。

第四十五条 企业应当依法缴纳行政事业性收费、政府性基金以及使用或者占用国有资源的费用等。

企业对没有法律法规依据或者超过法律法规规定范围和标准的各种摊派、收费、集资，有权拒绝。

第四十六条 企业不得承担属于个人的下列支出：

(一) 娱乐、健身、旅游、招待、购物、馈赠等支出。

(二) 购买商业保险、证券、股权、收藏品等支出。

（三）个人行为导致的罚款、赔偿等支出。

（四）购买住房、支付物业管理费等支出。

（五）应由个人承担的其他支出。

第六章　收益分配

第四十七条　投资者、经营者及其他职工履行本企业职务或者以企业名义开展业务所得的收入，包括销售收入以及对方给予的销售折扣、折让、佣金、回扣、手续费、劳务费、提成、返利、进场费、业务奖励等收入，全部属于企业。

企业应当建立销售价格管理制度，明确产品或者劳务的定价和销售价格调整的权限、程序与方法，根据预期收益、资金周转、市场竞争、法律规范约束等要求，采取相应的价格策略，防范销售风险。

第四十八条　企业出售股权投资，应当按照规定的程序和方式进行。股权投资出售底价，参照资产评估结果确定，并按照合同约定收取所得价款。在履行交割时，对尚未收款部分的股权投资，应当按照合同的约定结算，取得受让方提供的有效担保。

上市公司国有股减持所得收益，按照国务院的规定处理。

第四十九条　企业发生的年度经营亏损，依照税法的规定弥补。税法规定年限内的税前利润不足弥补的，用以后年度的税后利润弥补，或者经投资者审议后用盈余公积弥补。

第五十条　企业年度净利润，除法律、行政法规另有规定外，按照以下顺序分配：

（一）弥补以前年度亏损。

（二）提取10%法定公积金。法定公积金累计额达到注册资本50%以后，可以不再提取。

（三）提取任意公积金。任意公积金提取比例由投资者决议。

（四）向投资者分配利润。企业以前年度未分配的利润，并入本年度利润，在充分考虑现金流量状况后，向投资者分配。属于各级人民政府及其部门、机构出资的企业，应当将应付国有利润上缴财政。

国有企业可以将任意公积金与法定公积金合并提取。股份有限公司依法回购后暂未转让或者注销的股份，不得参与利润分配；以回购股份对经营者及其他职工实施股权激励的，在拟订利润分配方案时，应当预留回购股份所需利润。

第五十一条　企业弥补以前年度亏损和提取盈余公积后，当年没有可供分配的利润时，不得向投资者分配利润，但法律、行政法规另有规定的除外。

第五十二条　企业经营者和其他职工以管理、技术等要素参与企业收益分配的，应当按照国家有关规定在企业章程或者有关合同中对分配办法作出规定，并区别以下情况处理：

（一）取得企业股权的，与其他投资者一同进行企业利润分配。

（二）没有取得企业股权的，在相关业务实现的利润限额和分配标准内，从当期费用中列支。

第七章　重 组 清 算

第五十三条　企业通过改制、产权转让、合并、分立、托管等方式实施重组，对涉及资本权益的事项，应当由投资者或者授权机构进行可行性研究，履行内部财务决策程序，并组织开展以下工作：

(一) 清查财产，核实债务，委托会计师事务所审计。

(二) 制订职工安置方案，听取重组企业的职工、职工代表大会的意见或者提交职工代表大会审议。

(三) 与债权人协商，制订债务处置或者承继方案。

(四) 委托评估机构进行资产评估，并以评估价值作为净资产作价或者折股的参考依据。

(五) 拟订股权设置方案和资本重组实施方案，经过审议后履行报批手续。

第五十四条　企业采取分立方式进行重组，应当明晰分立后的企业产权关系。

企业划分各项资产、债务以及经营业务，应当按照业务相关性或者资产相关性原则制订分割方案。对不能分割的整体资产，在评估机构评估价值的基础上，经分立各方协商，由拥有整体资产的一方给予他方适当经济补偿。

第五十五条　企业可以采取新设或者吸收方式进行合并重组。企业合并前的各项资产、债务以及经营业务，由合并后的企业承继，并应当明确合并后企业的产权关系以及各投资者的出资比例。

企业合并的资产税收处理应当符合国家有关税法的规定，合并后净资产超出注册资本的部分，作为资本公积；少于注册资本的部分，应当变更注册资本或者由投资者补足出资。

对资不抵债的企业以承担债务方式合并的，合并方应当制定企业重整措施，按照合并方案履行偿还债务责任，整合财务资源。

第五十六条　企业实行托管经营，应当由投资者决定，并签订托管协议，明确托管经营的资产负债状况、托管经营目标、托管资产处置权限以及收益分配办法等，并落实财务监管措施。

受托企业应当根据托管协议制订相关方案，重组托管企业的资产与债务。未经托管企业投资者同意，不得改组、改制托管企业，不得转让托管企业及转移托管资产、经营业务，不得以托管企业名义或者以托管资产对外担保。

第五十七条　企业进行重组时，对已占用的国有划拨土地应当按照有关规定进行评估，履行相关手续，并区别以下情况处理：

(一) 继续采取划拨方式的，可以不纳入企业资产管理，但企业应当明确划拨土地使用权权益，并按规定用途使用，设立备查账簿登记。国家另有规定的除外。

(二) 采取作价入股方式的，将应缴纳的土地出让金转作国家资本，形成的国有股权由企业重组前的国有资本持有单位或者主管财政机关确认的单位持有。

（三）采取出让方式的，由企业购买土地使用权，支付出让费用。

（四）采取租赁方式的，由企业租赁使用，租金水平参照银行同期贷款利率确定，并在租赁合同中约定。

企业进行重组时，对已占用的水域、探矿权、采矿权、特许经营权等国有资源，依法可以转让的，比照前款处理。

第五十八条　企业重组过程中，对拖欠职工的工资和医疗、伤残补助、抚恤费用以及欠缴的基本社会保险费、住房公积金，应当以企业现有资产优先清偿。

第五十九条　企业被责令关闭、依法破产、经营期限届满而终止经营的，或者经投资者决议解散的，应当按照法律、法规和企业章程的规定实施清算。清算财产变卖底价，参照资产评估结果确定。国家另有规定的，从其规定。

企业清算结束，应当编制清算报告，委托会计师事务所审计，报投资者或者人民法院确认后，向相关部门、债权人以及其他的利益相关人通告。其中，属于各级人民政府及其部门、机构出资的企业，其清算报告应当报送主管财政机关。

第六十条　企业解除职工劳动关系，按照国家有关规定支付的经济补偿金或者安置费，除正常经营期间发生的列入当期费用以外，应当区别以下情况处理：

（一）企业重组中发生的，依次从未分配利润、盈余公积、资本公积、实收资本中支付。

（二）企业清算时发生的，以企业扣除清算费用后的清算财产优先清偿。

第八章　信　息　管　理

第六十一条　企业可以结合经营特点，优化业务流程，建立财务和业务一体化的信息处理系统，逐步实现财务、业务相关信息一次性处理和实时共享。

第六十二条　企业应当逐步创造条件，实行统筹企业资源计划，全面整合和规范财务、业务流程，对企业物流、资金流、信息流进行一体化管理和集成运作。

第六十三条　企业应当建立财务预警机制，自行确定财务危机警戒标准，重点监测经营性净现金流量与到期债务、企业资产与负债的适配性，及时沟通企业有关财务危机预警的信息，提出解决财务危机的措施和方案。

第六十四条　企业应当按照有关法律、行政法规和国家统一的会计制度的规定，按时编制财务会计报告，经营者或者投资者不得拖延、阻挠。

第六十五条　企业应当按照规定向主管财政机关报送月份、季度、年度财务会计报告等材料，不得在报送的财务会计报告等材料上作虚假记载或者隐瞒重要事实。主管财政机关应当根据企业的需要提供必要的培训和技术支持。

企业对外提供的年度财务会计报告，应当依法经过会计师事务所审计。国家另有规定的，从其规定。

第六十六条　企业应当在年度内定期向职工公开以下信息：

（一）职工劳动报酬、养老、医疗、工伤、住房、培训、休假等信息。

（二）经营者报酬实施方案。

（三）年度财务会计报告审计情况。

（四）企业重组涉及的资产评估及处置情况。

（五）其他依法应当公开的信息。

第六十七条 主管财政机关应当建立健全企业财务评价体系，主要评估企业内部财务控制的有效性，评价企业的偿债能力、盈利能力、资产营运能力、发展能力和社会贡献。评估和评价的结果可以通过适当方式向社会发布。

第六十八条 主管财政机关及其工作人员应当恰当使用所掌握的企业财务信息，并依法履行保密义务，不得利用企业的财务信息谋取私利或者损害企业利益。

第九章 财 务 监 督

第六十九条 企业应当依法接受主管财政机关的财务监督和国家审计机关的财务审计。

第七十条 经营者在经营过程中违反本通则有关规定的，投资者可以依法追究经营者的责任。

第七十一条 企业应当建立、健全内部财务监督制度。

企业设立监事会或者监事人员的，监事会或者监事人员依照法律、行政法规、本通则和企业章程的规定，履行企业内部财务监督职责。

经营者应当实施内部财务控制，配合投资者或者企业监事会以及中介机构的检查、审计工作。

第七十二条 企业和企业负有直接责任的主管人员和其他人员有以下行为之一的，县级以上主管财政机关可以责令限期改正、予以警告，有违法所得的，没收违法所得，并可以处以不超过违法所得3倍、但最高不超过3万元的罚款；没有违法所得的，可以处以1万元以下的罚款。

（一）违反本通则第三十九条、四十条、四十二条第一款、四十三条、四十六条规定列支成本费用的。

（二）违反本通则第四十七条第一款规定截留、隐瞒、侵占企业收入的。

（三）违反本通则第五十、五十一条、五十二条规定进行利润分配的。但依照《公司法》设立的企业不按本通则第五十条第一款第二项规定提取法定公积金的，依照《公司法》的规定予以处罚。

（四）违反本通则第五十七条规定处理国有资源的。

（五）不按本通则第五十八条规定清偿职工债务的。

第七十三条 企业和企业负有直接责任的主管人员和其他人员有以下行为之一的，县级以上主管财政机关可以责令限期改正、予以警告。

（一）未按本通则规定建立健全各项内部财务管理制度的。

（二）内部财务管理制度明显与法律、行政法规和通用的企业财务规章制度相抵触，且不按主管财政机关要求修正的。

　　第七十四条　企业和企业负有直接责任的主管人员和其他人员不按本通则第六十四条、第六十五条规定编制、报送财务会计报告等材料的，县级以上主管财政机关可以依照《公司法》、《企业财务会计报告条例》的规定予以处罚。

　　第七十五条　企业在财务活动中违反财政、税收等法律、行政法规的，依照《财政违法行为处罚处分条例》(国务院令第 427 号)及有关税收法律、行政法规的规定予以处理、处罚。

　　第七十六条　主管财政机关以及政府其他部门、机构有关工作人员，在企业财务管理中滥用职权、玩忽职守、徇私舞弊或者泄露国家机密、企业商业秘密的，依法进行处理。

第十章　附　　则

　　第七十七条　实行企业化管理的事业单位比照适用本通则。

　　第七十八条　本通则自 2007 年 1 月 1 日起施行。

参 考 文 献

[1] 财政部会计资格评价中心. 财务管理[M]. 北京: 中国财政经济出版社, 2017.

[2] 财政部注册会计师考试委员会办公室. 财务成本管理[M]. 北京: 经济科学出版社, 2017.

[3] 王卫星, 赵红梅. 财务管理[M]. 北京: 高等教育出版社, 2012.

[4] 王化成. 公司财务管理[M]. 北京: 高等教育出版社, 2007.

[5] 王化成. 高级财务管理[M]. 北京: 中国人民大学出版社, 2011.

[6] 张春颖. 财务管理学[M]. 北京: 中国铁道出版社, 2016.

[7] 郭复初, 王庆成. 财务管理学[M]. 北京: 高等教育出版社, 2014.

[8] 常叶青, 吴丽梅. 财务管理[M]. 北京: 高等教育出版社, 2013.

[9] 梁钰, 刘儒昞. 财务管理学[M]. 北京: 北京理工大学出版社, 2010.

[10] 刘淑莲. 财务管理[M]. 大连: 东北财经大学出版社, 2013.